Literaturwissenschaft – Gesellschaftswissenschaft
Herausgeber: Theo Buck und Dietrich Steinbach

39

# Zeitgenosse Büchner

herausgegeben von Ludwig Fischer

Klett-Cotta

Literaturwissenschaft – Gesellschaftswissenschaft

Materialien und Untersuchungen
herausgegeben von Theo Buck und Dietrich Steinbach

CIP-Kurztitelaufnahme der Deutschen Bibliothek

**Zeitgenosse Büchner** / hrsg. von Ludwig Fischer. –
1. Aufl. – Stuttgart : Klett-Cotta, 1979.
(Literaturwissenschaft, Gesellschaftswissenschaft ;
39)
ISBN 3-12-913390-9
NE: Fischer, Ludwig [Hrsg.]

1. Auflage 1979

Verlagsgemeinschaft Ernst Klett – J. G. Cotta'sche Buchhandlung Nachf. GmbH.
Stuttgart.
© Ernst Klett, Stuttgart 1979. Nach dem Urheberrechtsgesetz vom 9. Sept. 1965
i. d. F. vom 10. Nov. 1972 ist die Vervielfältigung oder Übertragung urheberrecht
lich geschützter Werke, also auch der Texte, Illustrationen und Graphiken diese
Buches, nicht gestattet. Dieses Verbot erstreckt sich auch auf die Vervielfältigung
für Zwecke der Unterrichtsgestaltung – mit Ausnahme der in den §§ 53, 54 URG
ausdrücklich genannten Sonderfälle –, wenn nicht die Einwilligung des Verlage
vorher eingeholt wurde. Im Einzelfall muß über die Zahlung einer Gebühr fü
die Nutzung fremden geistigen Eigentums entschieden werden. Als Vervielfälti
gung gelten alle Verfahren einschließlich der Fotokopie, der Übertragung auf Ma
trizen, der Speicherung auf Bändern, Platten, Transparenten oder anderen Medien
Umschlaggestaltung: Heinz Edelmann
Satz und Druck: Druckhaus Dörr, Inhaber Adam Götz, Ludwigsburg

# Inhaltsverzeichnis

# Vorwort

Die Deutungsgeschichte von Person und Werk Georg Büchners bekräftigt aufs
nachdrücklichste, daß die Auslegung geschichtlicher Konstellationen immer
Bestandteil je gegenwärtiger gesellschaftlicher Auseinandersetzungen ist.[1] Daß
aber die sogenannte schöne Literatur nicht schon ihr Kunstcharakter von der
umstrittenen Aneignung der Vergangenheit, als Moment erzeugter Gegenwart, beurlaubt, dies scheint offenkundig nur dort, wo Personen und Ereignisse der vertrauten Geschichtsschreibung das stoffliche Thema von literarischen Werken abgeben, etwa in den eigens von daher abgegrenzten Sparten
des 'historischen Dramas' oder des 'historischen Romans'. Das Anverwandeln
nun der Erscheinungsweise des überlieferten Werks wollen traditionelle
Kunsttheorie und Literaturwissenschaft jedoch bloß als Bestandteil desjeni-
gen Prozesses verstehen, in dem literarische Produktion sich mit ihrer verselbständigten, autonom gedachten Vorgeschichte auseinandersetzt. Aber
auch die produktive Aneignung historisch ausgebildeter literarischer Aus-
drucksmöglichkeiten enthält – sei es noch so mittelbar – eine Stellungnahme
zu allgemeineren gesellschaftlichen Spannungen der jeweiligen Zeitgeschichte.[2]
Dafür liefert die Rezeption Georg Büchners in der Kunstliteratur ein zu-
geschärftes Beispiel. Auch das Abarbeiten späterer Autoren an seinen ästhetischen Konzepten gehörte immer wieder zur literarischen Artikulation von
Gesellschaftskritik.[3] Jüngst gibt dies neu Peter Schneiders Erzählung ‚Lenz‘
zu erkennen. Augenfällig wird solcher gesellschaftliche Gehalt am demonstrativen Rückgriff aufs literarisch-konzeptionelle 'Vorbild' Büchner aber,
weil die gesamte noch erkennbare Gestalt Georg Büchners und seines Werks
ihren offen politischen Charakter nur schwer zu unterdrücken erlaubt – wo
dieser an Schriften und Person, selbst um den Preis eines krassen 'Bruchs',
wegdestilliert wird, scheint dann auch die literarisch-thematische und ästhe-
tisch-konzeptionelle Rezeption ein bloß innerliterarischer Vorgang.[4] Der-

---

(1) Mit Georg Lukács' Polemik gegen Viëtor und andere tritt eine aktuelle Kontroverse nur besonders kraß zutage (Lukács, Georg: Der faschistisch verfälschte
und der wirkliche Georg Büchner. In: ders.: Deutsche Literatur in zwei Jahrhunderten. Werke, Bd. 7, Neuwied und Berlin 1964, S. 249–272; zuerst in: Das Wort
2/1937, S. 7–26).
(2) Dies richtet sich also gegen eine 'Rezeptionsästhetik', die das Anverwandeln
überlieferter Konzepte als einen letztlich literaturimmanenten Vorgang begreift.
Zu der inzwischen ausgeuferten Debatte vgl. etwa den Überblick bei Grimm,
Gunter: Einführung in die Rezeptionsforschung. In: ders. (Hrsg.): Literatur und
Leser. Theorien und Modelle zur Rezeption literarischer Werke, Stuttgart 1975,
S. 11–84.
(3) Besonders deutlich tritt das in der Büchner-Rezeption des Naturalismus und
des Expressionismus hervor. Vgl. den Überblick bei Goltschnigg, Dietmar: Rezep-
tions- und Wirkungsgeschichte Georg Büchners, Kronberg/Ts. 1975 (Scriptor Monographien Literaturwissenschaft 22), S. 42–57.
(4) Tendenziell schränkt sich Goltschniggs Abhandlung (s. Anm. 3) auf eine solche
Revue aufgeführter 'Rezeptions- und Wirkungsfälle' ein; so gut wie nirgends wird

artigem Verständnis der Rezeption Georg Büchners in der Kunstliteratur sind alle Aufsätze dieses Bandes entgegengeschrieben.

Bo Ullman spürt der produktiven Anverwandlung des gesellschaftskritischen Gehalts in Büchners ‚Woyzeck' nach, die Alban Berg mit seiner Oper ‚Wozzeck' vollzog. Das Interesse gilt gerade nicht nur den literarischen Aspekten der Umgestaltung bei diesem bedeutsamen Zeugnis der expressionistischen Büchner-Aneignung. Sondern der Charakter der Kunstform Musik gibt es besonders unerbittlich auf, die scheinbar rein ästhetisch-konzeptionell eingesetzten Kunstmittel auf den Ausdruck gesellschaftlicher Auseinandersetzung hin zu interpretieren. Die 'Übertragung' sozialkritischen Gehalts im literarischen Kunstwerk in die musikalische Form spitzt daher die generelle Frage nach der gegenwartsbezogenen Leistung der Kunstmittel bei der Rezeption des überlieferten Werks nur am Sonderfall zu.

Die beiden Aufsätze des Herausgebers behandeln zwei Beispiele aus der Dramen-Literatur, in denen Person und Werk Georg Büchners den zentralen Gegenstand der Darstellung bilden. Franz Theodor Csokors ‚Gesellschaft der Menschenrechte' gehört noch, mit Zeichen der Spätzeit, der expressionistischen Rezeptionsphase an. Gerade was an Konzept und Erscheinung des Dramas expressionistisch ist und was die Charakteristika des 'Verkündigungsdramas' schon bricht, wird daraufhin befragt, wie es sich mit der Vergegenwärtigung der historischen Figur zu Zeitgeschichte verhalte. Gaston Salvatores Stück ‚Büchners Tod', nicht nur durch die Lebensgeschichte des Autors auf die Zeit der zerfallenden Studentenbewegung bezogen, thematisiert unmißverständlich die Analogie zwischen Gegenwart und zitierter historischer Konstellation. Hier muß sich die Aufmerksamkeit auch auf den geschichts- und gesellschaftsanalytischen Entwurf richten, der nicht allein aus dem Drama erschlossen werden kann. Die Kunstmittel des Textes werden vor allem als Vermittlungen dieses Entwurfs untersucht.

Zwei Beiträge interpretieren Peter Schneiders ‚Lenz'. Wilhelm Heinrich Pott geht in seinem Aufsatz am ausführlichsten den verschiedenen Komponenten nach, die an der doppelt gebrochenen literarischen Aneignung von erfahrener Zeitgeschichte mittels eines historischen 'Musters' bei diesem Werk aufzuschlüsseln sind: Vom Autor selbst lebensgeschichtlich vermittelte, noch aktuelle gesellschaftliche Zustände; die erschließbare Kontur der angespielten, literarisch verarbeiteten Erfahrung Büchners wie dann auch der ihrerseits anverwandelten Figur des Jakob Michael Reinhold Lenz; die Funktion eben der literarischen Stilisierung gegenwärtiger Erfahrung mittels der Aufnahme des überlieferten Werks; und, in der Verbindung all dessen, die Erwägung konkreten, individuell artikulierten gesellschaftlichen Gehalts in Differenz und Entsprechung von gegenwärtig Erzähltem und mitgesprochener historischer Erscheinung. Oskar Sahlberg erörtert, mit markanter

---

eine Anstrengung unternommen, in der literarischen Aktualisierung der Vermittlung von Zeitgeschichte nachzugehen. Vgl. auch Emrich, Wilhelm: Georg Büchner und die moderne Literatur. In: ders.: Polemik. Streitschriften, Pressefehden und kritische Essays um Prinzipien, Methoden und Maßstäbe der Literaturkritik, Frankfurt/M./Bonn 1968, S. 131–172.

Konzentration auf einen literaturpsychologischen Ansatz, die verschlüsselten Themen eingebrachter Lebensgeschichte wie Zeiterfahrung. Dabei findet er Übereinstimmung, aber auch charakteristische Unterschiede zwischen der neuen Erzählung und dem aufgegriffenen, überlieferten Werk auf der Ebene verarbeiteter Psychogenese, wodurch in Schneiders Text viel mehr aufscheint als nur das Zeugnis von der Innenseite der Studentenbewegung.

Weder methodologisch noch thematisch geht dieser Band auf größte mögliche Breite des Spektrums zur 'Rezeptions- und Wirkungsgeschichte Georg Büchners' aus.[5] Die Auswahl – deren Grenzen, wie stets, auch von äußerlichen Faktoren mitbestimmt sind – schränkt sich willentlich auf Beispiele der Rezeption Büchners in der Kunst, in erster Linie der Kunstliteratur ein. Allerdings müssen wissenschaftsgeschichtliche Erwägungen in die Interpretationen einfließen. Auch von den vielen Formen der kunstliterarischen Aneignung, die Werk und Person Büchners erfahren haben, sind nur wenige vertreten – es fehlen der historisierende Roman wie die essayistische Beschreibung, die metaphorische Fokussierung im Gedicht wie die freie Reflexion etwa in den Reden der Büchner-Preis-Träger.[6] Und die verschiedenen Stränge, Phasen, Schübe der Rezeptions- und Wirkungsgeschichte Büchners sind nur mit zwei, allerdings wichtigen Abschnitten berücksichtigt: mit dem expressionistischen bzw. spätexpressionistischen und dem politisch markierten in der Bundesrepublik nach der Mitte der sechziger Jahre. Damit bekundet der Herausgeber, daß er diese Phasen für wesentlich hält. Er begründet es damit, daß in ihnen sehr intensiv verarbeitet wird, was das Zentrum der historischen Gestalt Büchners und seines Werkes ausmacht: die bestimmte Kritik an den konkreten gesellschaftlichen Zuständen seiner Zeit, von einem theoretisch-analytischen wie literarisch-produktiven Vermögen aus, das unter den historischen Bedingungen als äußerst fortgeschritten gelten muß. Damit ist gleich gesagt, daß in der Konzentration der literarischen Anverwandlung durch spätere Autoren auf eben dieses Zentrum sich auch die implizite Auseinandersetzung der Rezipierenden mit ihrer Zeitgeschichte verdichtet.

Solchem Zusammenhang von angeeigneter Geschichte mit der Erscheinung eines Schriftstellers und seiner Texte, beurteilter Gegenwart und Vermittlung dieser Stellungnahme in literarischen Ausdrucksformen nachzugehen, unternehmen die Beiträge dieses Bandes. Sie stehen dafür ein, daß 'Rezeptions- und Wirkungsgeschichte' von Literatur nur dort sinnvoll anzugehen

---

(5) Goltschniggs Band mit dem genannten Titel (s. Anm. 3) führt eine lange Reihe der Zeugnisse für die literarische, nicht-wissenschaftliche Aufnahme Büchners und seines Werks vor. Allein der minimale Raum, der der Besprechung der meisten Texte eingeräumt wird, verhindert das Herausarbeiten der Spannung zwischen angeeigneter Geschichte und verarbeiteter Gegenwart bei den Autoren.

(6) Eine verdienstvolle Zusammenstellung einer großen Zahl von Texten aus der Rezeptions- und Wirkungsgeschichte Büchners enthält, wenn auch zumeist nur mit Auszügen, der Band von Goltschnigg, Dietmar (Hrsg.): Materialien zur Rezeptions- und Wirkungsgeschichte Georg Büchners, Kronberg/Ts. 1974 (Scriptor Skripten Literaturwissenschaft 12). Die Büchner-Preis-Reden aus den Jahren 1951–1971 vollständig in: Johann, Ernst (Hrsg.): Büchner-Preis-Reden 1951–1971, Stuttgart 1972 (RUB 9332–34).

sei, wo die Untersuchung sowohl bei der historischen Erscheinung wie bei ihrer aktualisierenden Aneignung über die Grenze innerliterarischer Produktions- und Verarbeitungsprozesse ausschreite. Methodologisch läuft dies auch, wieder einmal, auf die Forderung nach interdisziplinärem Vorgehen hinaus. Die Aufsätze des Bandes beanspruchen, Versuche dazu an vielen Stellen unternommen zu haben; sie müssen zugleich belegen, daß das Vermögen des vereinzelten Fachwissenschaftlers bei diesen Bemühungen seine Grenze findet.

Die Untersuchungen leugnen nicht, daß in ihnen allemal Parteilichkeit statthat. Daß dieses freilich keineswegs bedeutet, methodische Strenge der Reflexion, Nachprüfbarkeit und Schlüssigkeit der Argumentation, Plausibilität des Urteils zu vernachlässigen, hoffen die Autoren einzulösen. Und daß hermeneutisch-kritische Wissenschaft bei der Auslegung des Geschichtlichen stets die gegenwärtigen Zustände mit meint, hebt ihre Verpflichtung auf Wahrheit nicht auf. Solche wissenschaftlich formulierte Wahrheit, die aus der Verstehensarbeit entspringt, kann nur parteilich sein: Sie gehört zu je gegenwärtiger Lebenspraxis, vor deren Ziel – menschenwürdiger zu werden – sie zu verantworten ist. Wo sie danach zu verfahren sucht, beerbt sie auch die historische Erscheinung Georg Büchners.

Berlin, im November 1977                                    Ludwig Fischer

Bo Ullman

# Produktive Rezeption ohne Mißverständnis

## Zur Büchner-Deutung Alban Bergs im ‚Wozzeck'[*]

Sogar einem literarisch Interessierten vom Schlage derer – sie dürften heute immer seltener werden –, die sich in musikalischen Texten nicht weniger heimisch fühlen als in literarischen, mag es abwegig vorkommen, wenn einer im Rahmen von Untersuchungen zur Büchner-Rezeption Überlegungen zur Oper ‚Wozzeck' Alban Bergs anzustellen vornimmt. Gerade solche Opernfreunde, denen Literatur nicht weniger bedeutet als Musik, haben sich wohl immer vor den existierenden Beispielen von 'veroperter' Literatur, keinen bloßen komponierten Libretti, aus guten Gründen schämen müssen. – Aber wenn auch Bergs ‚Wozzeck' tatsächlich kein ‚Faust' von Gounod ist, überdies zu den bedeutendsten Werken der neuen Musik gehört: Er bleibt eine Oper, provoziert die Frage, ob nicht das musikalische Medium, in das der Text übergesiedelt wurde, doch ein zu fernliegendes ist, als daß es da eine eigentliche Rezeption von Literatur zu erörtern gäbe.[1] Dem wäre entgegenzuhalten, daß Berg kein völlig neues, autonomes Werk auf der Grundlage des dramatischen Texts hat errichten können; der Opernkomponist als Hersteller einer Symbiose von Literarischem und Musikalischem hat zu diesem Text – dessen Rang der auch literarisch durch und durch gebildete, selber als Musikschriftsteller hervorragende Berg[2] klar gesehen hat – als produktivkritischer 'Rezipient', also auch als Interpret, Stellung nehmen müssen, hat sich entscheiden müssen, was am Text hervorzuheben sei, und wie. Wenn das Opernwerk am Ende selbständig dasteht, müßte es auch weiter Zeugnis davon ablegen können, wie sich der Komponist als reflektierender Leser zu seinem Text verhalten, ihn also auch notwendig interpretiert hat; und so müßte die Oper ‚Wozzeck' als sinnvoll zu untersuchendes Beispiel der Büchner-Rezeption gelten.

## ‚Wozzeck' im historischen Kontext; Berg ein Expressionist?

Es wird recht allgemein als selbstverständlich hingenommen, daß, abgesehen etwa von der Büchner-Begeisterung des jungen Gerhart Hauptmann, erst der deutsche Expressionismus die Voraussetzungen einer eigentlichen Büch-

---

[*] Dieser Aufsatz ist eine überarbeitete und stark erweiterte Fassung des letzten Kapitels meiner Arbeit: Die sozialkritische Thematik im Werk Georg Büchners und ihre Entfaltung im ‚Woyzeck'.
(1) Vgl. Link: Rezeptionsforschung, S. 91 f.
(2) Vgl. etwa Berg, Alban: Warum ist Schönbergs Musik so schwer verständlich? (Aus dem Sonderheft der ‚Musikblätter des Anbruch' zu Schönbergs 50. Geburtstag, 13. September 1924). In: Reich: Alban Berg, S. 179–193; oder die großartige

ner- und ‚Woyzeck'-Rezeption geschaffen habe[3]; als ebenso selbstverständlich, daß die neue 'atonale' Musik der Wiener Schule in den Jahren um den Ersten Weltkrieg als musikalisches Gegenstück zu jener literarischen Bewegung, als Expressionismus zu betrachten sei. Es scheint angebracht, hier einen kurzen Blick auf den angeblichen musikalischen Expressionismus, zumal des Bergschen ‚Wozzeck', zu werfen.

Das Jahr 1913, das der Uraufführung des ‚Woyzeck', das letzte Vorkriegsjahr, wo die expressionistischen Angstträume Georg Trakls, Georg Heyms, Alfred Lichtensteins zur Not noch als bloß poetische Apokalyptik aussehen konnten, war auch das Jahr der ‚Glücklichen Hand' Schönbergs, der ‚Bagatellen für Streichquartett' Weberns, auch des ‚Sacre du printemps' Strawinskys. Der dritte der Wiener Schule, Alban Berg, arbeitete an den ‚Drei Orchesterstücken', August 1914 vollendet, mit dem gehetzt stöhnenden Marsch am Ende, in den Schlußtakten gleichsam durch eine Reveille des Jüngsten Tages aufgeschreckt. – Im Mai 1914 wurde Büchners ‚Woyzeck' mit Albert Steinrück in den Wiener Kammerspielen aufgeführt; Alban Berg hat der Vorstellung beigewohnt und tief beeindruckt beschlossen, den Text zu komponieren. In den Jahren 1917–21 hat Berg an der Texteinrichtung und der Musik des ‚Wozzeck'[4] gearbeitet. 1925 wurde die Oper in Berlin unter Erich Kleiber uraufgeführt. Die Aufführung war einer der größten Erfolge der neuen Musik, aber auch des Büchnerschen Werkes, das der Oper zugrunde lag. Hans Mayer schreibt:

„Sonderbarer Vorgang: die literarische Aktualität Georg Büchners, eines Verfassers von Schauspielen, entstand auf dem Umweg über die Opernbühne. [...] Die Erfolge der vielen ‚Wozzeck'-Aufführungen trugen damit nicht nur den Namen des Komponisten und Schönberg-Schülers, sondern auch den seines so eigentümlichen Textverfassers in die Welt." [5]

Zutreffender als je in ähnlichen Fällen gilt, Mayer zufolge, von der Bergschen Vertonung des ‚Woyzeck'-Texts, daß sie „aus innerer Affinität zu wesentlichen Elementen Büchnerscher Dichtung" unternommen worden sei.[6] Theodor W. Adorno, Schüler Alban Bergs, hat hervorgehoben, diese Affinität liege zunächst in dem,

„was die beiden der ästhetischen Ökonomie nach zusammenbrachte. [...] Das von Berg Komponierte ist nichts anderes, als was während der vielen Jahrzehnte der Vergessenheit in Büchner heranreifte. [...] Die Oper Wozzeck meint eine Revision der Geschichte, in welcher Geschichte zugleich mitgedacht wird; die Moderne der Musik hebt die des Buches hervor, eben weil es alt ist und sein Tag ihm vorenthalten ward. So wie Büchner dem gequälten, wirren und in seiner menschlichen

---

Analyse der Schumannschen ‚Träumerei' in dem witzig polemischen Aufsatz: Die musikalische Impotenz der „neuen Ästhetik" Hans Pfitzners. In: Reich: Alban Berg, S. 194–206.

(3) Vgl. etwa Mayer: Georg Büchner und seine Zeit, ²1960, S. 392 ff.

(4) Namensform 'Wozzeck': bekanntlich eine der vielen falschen Lesarten in der Edition Franzos' von 1879, dem Berg zugänglichen Text.

(5) Mayer: Georg Büchner und seine Zeit, ¹1946, S. 442.

(6) Mayer: Georg Büchner und seine Zeit, ¹1946, S. 443.

Entmenschlichung über alle Person hinaus objektiven Soldaten Wozzeck Gerechtigkeit widerfahren ließ, so will die Komposition Gerechtigkeit für die Dichtung. Die leidenschaftliche Sorgfalt, mit der sie gleichsam das letzte Komma in ihrer Textur bedenkt, bringt ans Licht, wie geschlossen das Offene, wie vollendet das Unvollendete bei Büchner ist". Die Musik Bergs „trachtet, von sich aus einzuholen, was die hundert Jahre an den Büchnerschen Szenen vollbrachten, die Verwandlung eines realistischen Entwurfs in ein von Verborgenem Knisterndes, darin jegliches Ausgesparte des Wortes ein Mehr an Gehalt verbürgt. Dies Mehr an Gehalt, dies Ausgesparte offenbar zu machen – dafür ist die Musik im Wozzeck da."[7]

Aber nicht nur kommt die Musik Bergs dem Drama in der auslegenden Bemühung einer „Interlinearversion ihres Textes" entgegen[8]; das Stück ‚Woyzeck' selbst beschwört Musik, auf eine Art, die kaum vor der geschichtlichen Stunde des Bergschen ‚Wozzeck' vorgestellt werden konnte. Wenn Hans Winkler zu Recht die Bedeutung der instrumentalen Musik im ‚Woyzeck' hervorgehoben hat: als die Atmosphäre von Kaserne, Zapfenstreich und Jahrmarkt schaffend, als Tanzmusik, die „grell, schmerzend, entsprechend dem grellen, blendenden Licht" Woyzeck verfolgt[9], so ist damit auch ein wichtiges Element der musikalischen Moderne um den Ersten Weltkrieg bezeichnet worden: die Verfremdung harmlos wohlbekannter Formen zum grell Fratzenhaften. Daß Tanzmusik, nicht mehr im Sinne des 'Pastoralen' etwa bei Beethoven und auch nicht in dem schlicht folkloristischer Nationalromantik, der Charakteristik der Welt als irren Jahrmarkttrubel dienen kann, nicht mehr bäuerlich harmloses, sondern teuflisches Scherzando, ist der Musik entdeckt worden nicht erst etwa mit dem ‚Petrusjka' Strawinskys. Schon Gustav Mahler, von der Wiener Schule tief verehrt, dessen ‚Lied von der Erde', mit dem Trauermarschmotiv des letzten Satzes, im ‚Wozzeck' auf dem Höhepunkt des Orchesterepilogs vor der Schlußszene, in der marschähnlichen Abwandlung eines Motivs Wozzecks, anklingt, war ein Meister der Tanzsätze als Gleichnisse eines irr getriebenen Weltlaufs (etwa 7. Symphonie, 3. Satz) und hat – vor der ‚Histoire du Soldat' – von Menschen wie Woyzeck, von Soldaten wie dem „armen Tambourg'selln" erzählt. Das stilistisch 'Unreine', Gebrochene, die Hinneigung zum 'Banalen' ist Mahler und Berg, wie Büchner, und auf dieselbe Art eigen. Exemplarisch für dies Banale, hilflos Authentische ist das Volkslied, wie es Büchner, im ‚Woyzeck' besonders häufig, zitierend in den Text einfügt. Wohlgemerkt, ohne literarisch 'filtrierend' zu verfahren, sondern indem er das Volkslied als Fetzen, als plötzliche fragmentarische Assoziation des Singenden präsentiert, so daß gerade der lückenhafte Zusammenhang, das 'Zersungene' des Lieds charakterisierende Funktion bekommt. Hier erlaubt dem Opernkomponisten die Musik noch eindringlichere Umfunktionierung des Volksliedzitats, weg vom bloß Stimmungsvollen: In der 2. Szene des ‚Wozzeck', „Freies Feld, die Stadt in der Ferne", singt Andres, um Wozzecks unheimliche Phantasien zu verscheuchen, ein Volkslied, „Das ist die schöne Jägerei", singt aber schon

---

(7) Adorno: Berg, S. 92.
(8) Adorno: Berg, S. 92.
(9) Winkler: Georg Büchners ‚Woyzeck', S. 201.

im dritten Takt des Liedes falsch, eine „naturalistisch empfundene 'atonale' Abweichung des – gleichsam unbegleitet in die Natur hineinträllernden – Andres" [10].

**Neues flotteres Tempo** (♩. = 60 – 72)

*Beispiel 1 (I, T. 212 ff.) (S. 31)*

Etwas später in der Szene, wo Andres kaum mehr die von Wozzeck ausgehende Angst von sich fernhalten kann – „Sing lieber mit!" –, zersingt, oder eher zerheult er das harmlos tonale Lied bis zum völligen Auseinander des tonalen Zusammenhangs, die Liedstrophe dabei zerstörerisch kontrapunktiert von Wozzecks paranoidem „Ich hab's! Die Freimaurer! [...]" [11] (Beispiel 2).

---

(10) Redlich: Alban Berg, S. 113; vgl. I, T. 212 ff.
(11) Vgl. Forneberg: Das Volkslied, S. 262.

Im ‚Wozzeck' konnte also jenem Zug mit dem Ergebnis adäquatester Charakteristik gefolgt werden, aber auch mit den überraschendsten Konsequenzen für die Musiksprache selber:

„Vulgärmusik, das arm beschädigte Glück der Dienstmädchen und Soldaten ist in der eigenen dinghaften Fremdheit vernommen und auskomponiert, aber nicht mit Strawinskyschem Spott, sondern zum Ausdruck verhalten, dem fessellosen Mitleids. Aus der dramatischen Phantasie heraus sind dabei die kompositorischen Mittel schon so erweitert, daß vieles dreißig Jahre Spätere vorweggenommen wird: so die Einbeziehung des Rhythmus in die thematisch-variative Kunst, die man dann in der seriellen Musik wieder entdeckte: die rasche rohe Klavierpolka der ersten Takte in der zweiten Wirtshausszene ist das rhythmische Modell alles dessen, was dann in der Szene vorbeihastet." [12]

Genau so überraschend aber wie diese Vorwegnahme konstruktivistischer Modelle viel späterer musikalischer Sprache ist der Gewinn für die psychologische Charakterisierung, der daraus gezogen wird: Wenn in der manifest 'seriellen' Musik von Boulez und Stockhausen deren Konstruktionsprinzipien bald als Zwangsjacke der Musiksprache empfunden werden konnten, so wird bei Berg, vorwegnehmend, auch solche Wirkung in eine der schlagendsten Charakterisierung verwandelt: vor der Stelle, wo Wozzeck als Mörder ver-

*Beispiel 2 (I, T. 259–263) (S. 35)*

(12) Adorno: Berg, S. 96; vgl. III, T. 198 ff.

dächtigt wird – „Aber was hast du an deiner Hand?" –, läßt Berg Wozzeck (zu Worten, die nur teilweise Büchnersche sind) protzend ausbrechen: „Nein! Keine Schuh, man kann auch bloßfüßig in die Höll' geh'n. Ich möcht heut raufen, raufen" (III, T. 180–184) (Beispiel 3).

Plötzlich noch langs

*Beispiel 3 (III, T. 180–184) (S. 203/204)*

Die Musik dazu zitiert Abschnitte aus der ersten Wirtshausszene (II, T. 589 ff.); dies im Rhythmus von II, T. 670 ff., der Stelle, wo das erste Mal der Mordgedanke in Wozzeck hell auflodert; aber zu den Worten „Ich möcht heut raufen, raufen" das stolzierende Marschmotiv des Tambourmajors, die Fanfare, zu der dieser erst Marie und dann Wozzeck besiegt hatte (I, T. 666; II, T. 789 ff.) (Beispiel 4).

Beispiel 4 (I, T. 666) (S. 74)

Jedoch, die Pose des 'Mordskerls' gelingt dem Verlierer Wozzeck nicht; das entlehnte Motiv ist in die unerbittliche isorhythmische Konstruktion der ganzen Szene hineingezogen, deren sich ruckartig schleppend fortbewegende Kanonik sich dann wie ein Netz um Wozzeck zusammenzieht. Die Szene gestaltet so, auf Wozzeck selber psychologisch bezogen, durchs Heranziehen höchst differenzierter musikalischer Mittel, zweierlei: den desperat vergeblichen Versuch, das hinwegzuzaubern, was er begangen hat, und die ebenso vergebliche Selbstpreisgabe des Menschen Wozzeck, seine grotesk-verspätete Identifikation mit dem unmenschlich anonymen Angreifer und Zerstörer seines Lebens.

Was hier, ohne jeden Anspruch auf Vollständigkeit, aus der Musiksprache des ‚Wozzeck' herausgegriffen werden konnte: grelle Verfremdung herkömmlichen volkstümlichen Vokabulars, vorwärtszeigende, stark konstruktivistische Neigung der Musik, ausgeklügelt technisch differenzierte psychologische Charakterisierung – wie verhalten sich solche Merkmale der ‚Wozzeck'-Musik zu einem Begriff 'Expressionismus' in der Musik, wenn nun vorläufig davon ausgegangen wurde, daß Berg als Vertreter eines musikalischen Expressionismus auf dieselbe Weise und aus denselben Gründen wie der literarische das Werk Büchners rezipiert habe? – Zunächst ist kaum vorstellbar, daß Berg sich von dem ‚Woyzeck' Büchners so angezogen gefühlt hätte, wenn er dort nicht einer Anzahl von Motiven begegnet wäre, die tatsächlich der literarischen Moderne seiner eigenen Zeit wesentlich waren. Wenigstens liegt auf der Hand, daß er bei der Wahl seines Textes sich in Einklang hat wissen können mit Tendenzen der Motivwahl im literarischen Expressionismus: apokalyptisch getönte Untergangsstimmung, der Wahnsinnige nicht als

16

pikant-skurriler Sonderling, sondern als Märtyrer eines allgemeinen gesellschaftlichen Deformationsprozesses – um nur zwei wichtigste Motive aufzugreifen –, das ist dem literarischen Expressionismus, zumal dem frühen, wesentlich als Elemente von dessen wenn auch verschwommener Gesellschaftskritik. [13] Dieselbe Funktion erfüllen diese Motive im ‚Woyzeck‘ Büchners, obwohl, für die Späteren beschämend, im Grunde viel bewußter und durchdringender. So steht bei Büchner die Apokalyptik nicht bloß für ein vages Gefühl von 'Weltende', sondern ist, wie die paranoide Projektion Woyzecks, exakte Diagnose: schäbig Volkstümliches als geistige Notlage, unbeholfene Umschreibung der Ahnung vom sozialen Unrecht. Zum Großartigen an Bergs ‚Wozzeck‘-Konzeption gehört gerade, daß er dies Soziale nicht, wie in einigen Fällen expressionistische Dichter, stilisierend eskamotiert hat, sondern hervorgehoben.

Aus dem, wofür im literarischen Expressionismus ein Welterlebnis im Zeichen von 'Ende' und 'Wahnsinn' steht, läßt sich auch eindeutig der Gehalt des musikalischen Expressionismus ableiten: der Ausdruck von Angst. Das hat Adorno an einem exemplarischen Werk der atonal expressionistischen Phase Schönbergs, der „Erwartung", dargelegt:

„Die seismographische Aufzeichnung traumatischer Schocks wird [...] das technische Formgesetz der Musik. Es verbietet Kontinuität und Entwicklung. Die musikalische Sprache polarisiert sich nach ihren Extremen: nach Schockgesten, Körperzuckungen gleichsam, und, dem gläsernen Innehalten dessen, den Angst erstarren macht. Es ist diese Polarisierung, von welcher die gesamte Formwelt des reifen Schönberg und ebenso Weberns abhängt. Sie zerstört die von ihrer Schule zuvor ungeahnt gesteigerte musikalische 'Vermittlung', den Unterschied von Thema und Durchführung, die Stetigkeit des harmonischen Flusses, die ungebrochene melodische Linie." [14]

Das dürfte auf den ersten Blick auch den ‚Wozzeck‘-Stil treffend beschreiben können; aber genau so treffend bleibt, trotz seiner späteren Modifizierung seines Urteils, Adornos Charakteristik des ‚Wozzeck‘ als einer 'großen Oper', als 'Zurücknahme der eigenen Ausgangsposition', die wie jene des literarischen Expressionismus, wie die Büchners schon, eine der Kritik am Verfälschenden gesicherten 'Aufbaus' war:

Der ‚Wozzeck‘ „gleicht der 'Erwartung' im Detail so gut wie in der Konzeption, als Darstellung von Angst. [...] Aber es wäre Berg beim Gedanken, er habe im ‚Wozzeck‘ erfüllt, was in Schönbergs expressionistischen Stücken als bloße Möglichkeit angelegt war, nicht wohl gewesen. Für seine extensive Fülle und die kontemplative Weisheit der Architektur hat das komponierte Trauerspiel den Preis zu zahlen. Die unvermittelten Aufzeichnungen des expressionistischen Schönberg werden zu neuen Bildern der Affekte vermittelt. [...] Das Leiden des ohnmächtigen Soldaten in der Maschinerie des Unrechts beruhigt sich zum Stil. [...] Die ausbrechende Angst wird musikdramafähig, und die Musik, welche die Angst widerspiegelt, findet sich ins Schema der Verklärung resigniert-einverstanden zurück." [15]

13) Vgl. Vietta/Kemper: Expressionismus, S. 49 f., 56–59.
14) Adorno: Philosophie der neuen Musik, S. 27 f.
15) Adorno: Philosophie der neuen Musik, S. 20.

Dieses 'Schema der Verklärung' ist aber vor allem eines der großformalen Disposition. Gerade besonders gelungene Teile des ‚Wozzeck', wie I, 2, „Freies Feld, die Stadt in der Ferne", oder die große Wirtshausszene II, 4, ziehen ihre Wirkung aus Wiederholung und Symmetrie; besonders deutlich I, 2, wo der Kontrast der genial erfundenen 'Freimaurer'-Akkordik (S. 28 f., Beispiel 10) Wozzecks und des verfremdet tonalen Jägerlieds des Andres hineingezwängt wird in die Form einer – eher Brahmsschen – 'Rhapsodie'[16], die am Ende das expressionistisch Einmalige für eine vom Standpunkt der Schönbergschen ‚Erwartung' aus gesehen veraltete Formdisposition gebraucht.

## Der Komponist als Dramaturg und Regisseur

Solche Ambivalenz bezeugt nicht erst die Musik des ‚Wozzeck'; schon Bergs Angaben über die vorbereitende Arbeit am Büchner-Text zeugen davon. Denn offenbar hat er sich dabei kaum von der Vorstellung etwa eines 'Stationendramas' im Sinne Strindbergs und der Expressionisten – oder schon Büchners – leiten lassen, sondern eher von einer des 'aristotelischen' Dramas; in seinem ‚Wozzeck'-Vortrag von 1929 sagt Berg:

> „Und selbst als es gelungen war, eine dreiaktige Anordnung zu finden, die in dreimal fünf Szenen Exposition, Peripetie und Katastrophe des Dramas deutlich auseinanderhielt und damit die Einheit der *Handlung,* die dramatische Geschlossenheit erzwang, war noch keinesfalls die *musikalische* Einheit und Geschlossenheit gegeben." (Hervorhebungen im Original)[17]

Jedoch, schon aus diesen Worten Bergs, und vor allem aus der Musik selber, wie unten andeutungsweise aufgezeigt werden soll, dürfte hervorgehen, daß es bei dieser 'aristotelisch' gliedernden, sogar klassizistisch anmutenden Ambition eher um eine Art Respekt und Pflichtgefühl des nur allzu Gebildeten gegenüber dem überlieferten Text ging, als um etwas akademisch rücksichtslos Verwirklichtes. Schönberg hatte für seine „Erwartung" recht bedenkenlos sich von einem literarischen Dilettanten einen passenden Text verfertigen lassen; Berg geht eben mit der allergrößten Genauigkeit vor, und er hat sich dazu gezwungen gesehen. Als er daranging, den ‚Wozzeck' zu komponieren, stand ihm kein fertiges Libretto zur Verfügung, nicht einmal ein abgeschlossenes Drama, aus dem durch Streichungen ein handlicher Text hätte hergestellt werden können, sondern eine Reihe von „26 losen, teils fragmentarischen Szenen Büchners"[18], und auch diese Fragmente in einer Fassung – der Franzosschen[19] –, die durch falsche Lesarten, Vergröbe-

---

(16) Vgl. Reich: Alban Berg, S. 118.
(17) Berg: ‚Wozzeck'-Vortrag. In: Redlich: Alban Berg, S. 312.
(18) Berg: Das „Opernproblem". In: Mayer: Georg Büchner, S. 160.
(19) George Perle hat darauf hingewiesen, daß Berg die späteren, zuverlässigeren ‚Woyzeck'-Editionen nicht nur, wie man angenommen hat, zur Kontrolle herangezogen hat; die Worte Wozzecks in der ersten Wirtshausszene, „Das Weib ist heiß, heiß!" (II, T. 534–537; vgl. Lehmann, S. 178), hat er nur in Witkowskis Ausgabe (1920) finden können (Perle: Wozzeck, S. 220).

rungen und willkürliche Hinzufügungen verunstaltet war. Daran hat Berg nur wenig ändern können, aber um so mehr ist hervorzuheben, daß auch, wer den ‚Woyzeck'-Text, wie er heute wohl möglichst authentisch vorliegt, genau kennt, von dem ‚Wozzeck' Bergs kaum einen anderen Eindruck bekommen könnte, als daß hier eben schlichte 'Gerechtigkeit für die Dichtung' erstrebt worden wäre. Das betrifft nicht nur die Treue der Musik dem Text gegenüber, wie sie im Detail nachweisbar ist, sondern auch die dramaturgische Aufgabe, die hier, Berg selber zufolge, der kompositorischen innewohnte. Die Forderung, die sich Berg stellte, hat er in seinem Aufsatz ‚Das Opernproblem' (1928) so formuliert:

„Abgesehen von dem Wunsch, gute Musik zu machen, den geistigen Inhalt von Büchners unsterblichem Drama auch musikalisch zu erfüllen, seine dichterische Sprache in eine musikalische umzusetzen, schwebte mir [...] nichts anderes, auch kompositionstechnisch nichts anderes vor, als dem Theater zu geben, was des Theaters ist, das heißt also, die Musik so zu gestalten, daß sie sich ihrer Verpflichtung, dem Drama zu dienen, in jedem Augenblick bewußt ist – ja weitergehend: daß sie alles, was dieses Drama zur Umsetzung in die Wirklichkeit der Bretter bedarf, aus sich allein herausholt, damit schon vom Komponisten alle wesentlichen Aufgaben eines idealen Regisseurs fordernd." [20]

Als 'Regisseur' und Komponist eines musikalischen Bühnenwerkes, das an sich mehr Zeit zur Entfaltung seines Mediums und somit einfach weniger Text brauchte, als ein literarisches, hat Berg streichen müssen; durch „Auswahl und Zusammenziehung" [21] entstand ein Text von 15 Szenen, die auf drei Akte verteilt sind:

I. 1 „Zimmer des Hauptmanns" (:H4, 5) [22], 2 „Freies Feld, die Stadt in der Ferne" (:H2, 1; H4, 1), 3 „Mariens Stube" (:H2, 2; H4, 2), 4 „Studierstube des Doktors" (:H2, 6; H4, 8), 5 „Straße vor Mariens Wohnung" (:H4, 6).
II. 1 „Mariens Stube" (:H4, 4), 2 „Straße in der Stadt" (:H2, 7; H4, 9), 3 „Straße vor Mariens Wohnung" (:H2, 8; H4, 7), 4 „Wirtshausgarten" (:H1, 5(11); H2, 4; H4, 11), 5 „Wachstube in der Kaserne" (von Berg neu erschaffene Szene, wo nach dem nächtlichen Gespräch Wozzeck-Andres der Tambourmajor besoffen hereinpoltert; es folgt die Schlägerei Wozzeck-Tambourmajor (:H1, 8: einige Sätze; H4, 14).
III. 1 „Mariens Stube" (Maries Bibelszene, ohne den Narren; eingefügt der Anfang vom Märchen der Großmutter aus H1: H4, 16; H1, 14), 2 „Waldweg am Teich" (:H1, 15), 3 „Schenke" (:H1, 17), 4 „Waldweg am Teich" (von Berg neu zusammengestellte Szene: H1, 19 und 20 – ohne Weglaufen Wozzecks – aufeinanderfolgend, Wozzeck ertrinkt [23]; dann die Szene H1, 16 „Es kommen Leute". Die 'Leute', bei Büchner 1. und 2. Person genannt, sind hier der Doktor und der Hauptmann, die das mutmaßlich Geschehene kommentieren), 5 „Straße vor Mariens Wohnung" (gleichfalls von Berg aus Elementen Büchnerscher

(20) Berg (Anm. 18), S. 160.
(21) Berg (Anm. 18), S. 160.
(22) H4, 5: die Bezeichnungen der handschriftlichen Fassungen des ‚Woyzeck' (H1–H4) nach der Edition Lehmanns.
(23) Zum angeblichen 'Ertrinken' Wozzecks, zunächst eine Notlösung der Herausgeber, dann geliebte fixe Idee mancher ‚Woyzeck'-Interpreten, vgl. Ullman: Die sozialkritische Thematik, S. 30–33.

Szenen neu gestaltet: Maries und Wozzecks Knabe, auf einem Steckenpferd reitend (vgl. H3, 2); Kinder spielen und singen: „Ringel, Ringel, Rosenkranz" (aus H1, 14), andere Kinder kommen gelaufen und erzählen von Maries Tod: „Du! Dein Mutter ist tot! [...] Kommt – anschaun!" (vgl. H1, 18). Der Knabe, der von allem nichts versteht und zu spielen fortfährt, „zögert einen Augenblick und reitet dann den anderen Kindern nach. Vorhang fällt").

In Büchners Drama war eine Form angestrebt worden, die weder den ungebrochen logisch motivierenden Fortgang, oder die daraus resultierende, vorläufige Summierung von Akten kennt, statt dessen aber zu der raffiniertprimitiven Technik der Wortmotivik greift, wenn nicht, im 'Integrationspunkt' des Großmuttermärchens sogar über das 'Spiel' hinweg, der Dichter das Wort ergreift.[23a] Der ‚Wozzeck' Bergs ist ein Dreiakter; das aber möchte der Komponist eigentlich vergessen machen: Die ersten Takte des zweiten Aktes zitieren die letzten des vorhergehenden, die Musik der rauschhaften Selbstpreisgabe Maries (I, T. 715 ff.; II, T. 1 f.); das Ende des zweiten Aktes[24] und der Anfang des dritten machen vier bzw. zwei Takte aus, die einander entsprechen sollen, vom Dirigenten durchtaktiert werden müssen, damit das Publikum sich still verhalte (II, T. 815 ff.; III, T. 1 f.); die Einteilung ist Reverenz dem mit gutem Grund mißtrauten und in rührender Schlauheit gefoppten Opernpublikum.[25]
Es ist hier nicht möglich, näher auf die historischen 'absoluten' musikalischen Formen einzugehen, die Berg im ‚Wozzeck' verwendet hat, zumal er selbst darauf Wert legte, daß es im Publikum keinen gebe, „der etwas von diesen diversen Fugen und Inventionen, Suiten und Sonatensätzen, Variationen und Passacaglien merkt"[26]. (Gerade von der Tripelfuge, in der Szene II, 2, „Straße in der Stadt", dürfte das kaum uneingeschränkt gelten; diese Fuge kehrt – mit den trockenen Holzbläsern und dem hüpfenden Staccato der Themen von Hauptmann und Doktor – das Zopfige am Fugenwesen hervor, hier die Vertreter einer erstarrten Gesellschaft karikierend. So hat schon der Wiener Klassizismus, wie in Mozarts ‚Die Alte', Züge des musikalischen Spätbarocks parodistisch gebraucht [vgl. II, T. 286 ff.; T. 292 ff.].) – Der wagnerischen Tradition schämt sich das Musikdrama ‚Wozzeck' nicht; es kennt Leitmotive, die aber nicht nur starr assoziativ verwendet werden, sondern eben – wie in der Tripelfuge – zur entwickelnden thematischen Arbeit taugen.

---

(23a) Zur Wortmotivik, bzw. zum 'Integrationspunkt', vgl. Ullman: Die sozialkritische Thematik, S. 122 ff., bzw. S. 134, „Das Märchen als 'epische Integration'".
(24) Vor dem übrigens auch ein ins Bedrohliche umgedeutetes, als solches kaum erkennbares Zitat jener Musik steht (II, T. 810 ff.). Vgl. Berg: ‚Wozzeck'-Vortrag: Eine Befestigung der Großform im Harmonischen wurde „dadurch erreicht, daß jeder Akt dieser Oper auf ein und denselben Schlußakkord, quasi Kadenz bildend, zusteuert und, wie auf einer Tonika, dort verweilt." (Berg. In: Redlich: Alban Berg, S. 312)
(25) Vgl. Blackall: Büchner and Alban Berg, S. 433.
(26) Berg: Das „Opernproblem". In: Mayer: Georg Büchner, S. 161; vgl. Redlich: Alban Berg, S. 136–148.

## Das sozialkritische Moment

Wenn die Büchner-Rezeption des Bergschen ‚Wozzeck' in stilistischer, zumal in formaler Hinsicht sich als viel mehrdeutiger erwiesen hat, als die angebliche Position Bergs als Vertreter musikalischen Expressionismus hatte vermuten lassen, wie verhält sich der Opernkomponist Berg zu dem Menschenbild des Büchnerschen ‚Woyzeck', zu dessen Charakterisierung der Menschen als nicht geradesweges 'kreatürlich' Leidende, sondern als durch und durch gesellschaftlich Formierte und Deformierte?[27] Hier hätten nicht erst zurückblickende, traditionalistische Neigungen Bergs, sondern tatsächlich auch die zeitgenössische Moderne trügerisch verlockende Modelle einer stilisierenden Verfälschung Büchners anbieten können, wie sie expressionistische 'Verkündigungsdramen' an mythischer Überhöhung und Verflachung des Gesellschaftlichen ins 'Menschliche' demonstrieren. Aber in diesem Punkt erscheint, verglichen etwa mit Schönberg, der von den erwähnten Tendenzen nicht ganz frei blieb, der weichere, scheinbar weniger strenge Künstler Berg als ehrlich und nicht verführbar; das Musikdrama ‚Wozzeck' begeht keinen Verrat am sozialkritischen Gehalt von Büchners Drama.

Bergs ‚Wozzeck' ist eben ein Musikdrama, steht zu Wagner im kritischen Weiterentwickeln wie überhaupt die Musik der Wiener Schule. Wenn es der Ehrgeiz – und das Verhängnis – Wagners war, im Musikdrama, zumal im ‚Ring', endlich einen jeden angehende Sachverhalte auf der musikalischen Bühne abzuhandeln, so ist in solchem Ernst Alban Berg sein treuer Nachfolger. Wenn aber schon im ‚Ring' die gesellschaftlichen Konflikte zu allgemeinmenschlichen und gar mythischen monumentalisiert und zugleich verdünnt wurden, so hört hier bei Berg die Treue auf. Berg ist dem Schicksal Wagners entgangen, den tragischen Ernst durch die mit der mythischen Stilisierung renovierte 'Fallhöhe' garantieren zu müssen; er läßt die Figuren gesellschaftlicher Ober- und Unterschicht so erscheinen, wie sie Büchner gegeben hat –, was am Ende als für die Bewertung der Bergschen Büchner-Rezeption viel wichtiger scheinen will als die in den meisten Fällen einfach von den Umständen der Textüberlieferung bedingten Änderungen Bergs am ‚Woyzeck'-Text. Daß er im Ton seiner Musik der sozialkritischen Intention des Büchnerschen Texts gerecht geworden ist, dürfte keinem Hörer des ‚Wozzeck' entgehen, läßt sich aber schwerlich hieb- und stichfest 'belegen'. Dafür gibt ein dem Werk Bergs eigentlich Sekundäres den leichter ablesbaren Hinweis auf solche Intention auch bei Berg: das, worin er am auffälligsten Wagner folgt, die Leitmotiv-Technik der Oper.

In den ‚Woyzeck'-Interpretationen eines großen Teils der Büchner-Forschung gehört es fast zum guten Ton, vor allem bei der Figur Marie von allem Gesellschaftlichen abzusehen und lieber vom 'animalisch Triebhaften' zu reden.[28] Berg dagegen unterstreicht leitmotivisch gerade die sozialen Voraussetzungen ihres Schicksals. Das Motiv, das bei ihrer Ermordung und

---

(27) Vgl. Ullman: Die sozialkritische Thematik, vor allem Kap. II und IV.
(28) Vgl. Ullman: Der unpolitische Büchner, passim.

*Beispiel 5 (I, T. 363 f.) (S. 44)*

dann in der Schlußszene erklingt (III, T. 104 ff.; T. 381 ff.), wird zuerst eingeführt in der Szene I, 2, wo sie von der Nachbarin als 'Frau Jungfer' beschimpft worden ist, zu den Worten: „Komm, mein Bub!" – die den Anfangsintervallen des Motivs unterlegt sind –, mit der Fortsetzung: „Was die Leute wollen! Bist nur ein arm Hurenkind [...]" (I, T. 363 f., Beispiel 5). Dieses Motiv ihrer Einsamkeit als Mutter eines 'Hurenkindes' kehrt dann am Ende der Szene zurück, wo Marie, aufgeschreckt durch Wozzecks 'vergeistertes' Wesen, schließlich wegläuft (I, T. 466 ff.). Das Motiv wird hier von einer Fortspinnung der Figur „arm Hurenkind" aus T. 366 begleitet; dazu singt Marie die Worte: „Ach! Wir arme Leut." (aus H2, 2; in H4, 2 entfallen. Vgl. Lehmann, 342 f.). Als Leitmotiv ist das „Wir arme Leut" sonst Wozzeck vorbehalten, aber dieselben Worte bei Marie werden einer Intervallkonstellation unterlegt, die, ihr „Komm, mein Bub" abwandelnd, sich zu dem Motiv Wozzecks – dies zuerst in I, T. 136 (vgl. Beispiel 8) – als Umkehrung in der Krebsbewegung und Verkleinerung verhält. (Den Eckintervallen der Terzen bei Wozzeck entsprechen hier die kleinen Sekunden, dem mittleren Intervall, bei Wozzeck die Quinte – später auch Sexte, so in I, T. 148 f. –, entspricht hier die kleine Terz.) (Beispiel 6).

In der Szene II, 1: Marie mit den 'Ohrringlein', wo Marie ihre Situation mit jener der 'großen Madamen' vergleicht, kehrt als Bestätigung ihrer Lage das Motiv „Komm, mein Bub!" zurück. Dazu kombiniert die Gesangslinie der Worte „bin nur ein armes Weibsbild!" das Motiv Wozzecks, „Wir arme Leut", in der Umkehrung, mit dem ihren (II, T. 79 f.). (Seite 24, Beispiel 7.)

Aus diesen Beispielen dürfte hervorgehen, daß Berg schon in der Charakterisierung Maries die Verbundenheit mit Wozzeck, das Gemeinsame in gerade ihrer sozialen Situation hat hervorheben wollen.

Daß der Musikdramatiker Berg sich nicht zu vornehm oder zu seelenvoll dünkte, die ökonomische Situation Wozzecks und Maries musikalisch in den Vordergrund zu rücken, bezeugt vor allem die Einführung des Motivs „Wir arme Leut". Deren Ort ist die Szene I, 1 (Wozzeck und der Hauptmann;

*Beispiel 6 (I, T. 467 f.) (S. 53)*

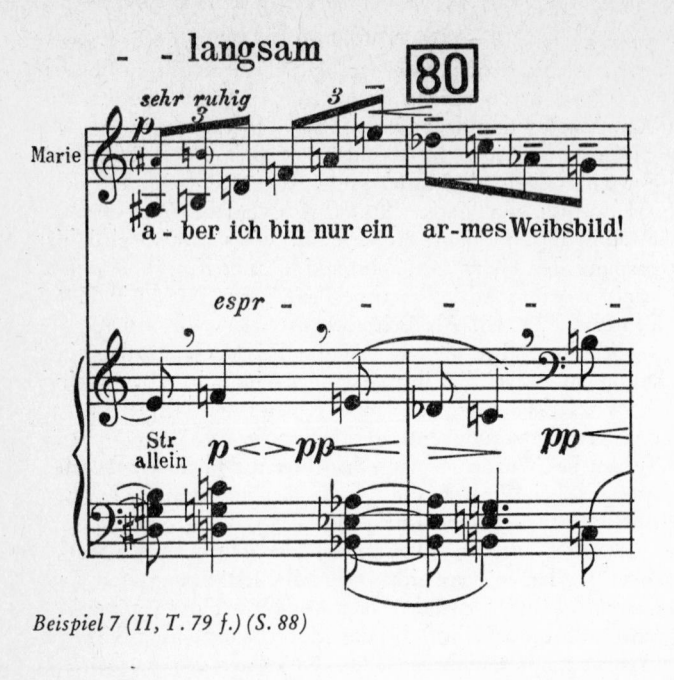

*Beispiel 7 (II, T. 79 f.) (S. 88)*

entspricht H4, 5), die als 'Suite' von Tanztypen des musikalischen Barocks
aufgebaut ist; eingeleitet von einem 'Präludium', dessen Reprise die Szene
abschließt. Die sentimentalen Reflexionen des Hauptmanns über Welt und
Ewigkeit begleitet eine 'Pavane', seinen 'pfiffigen' Versuch, Wozzeck mit
dessen Zerstreutheit zu vexieren, eine spitze 'Gigue'; seine moralisierende
Abkanzelung Wozzecks unterstützt eine pfauenhaft würdevolle 'Gavotte',
die zu Trompetenakkorden das „Er hat ein Kind ohne den Segen der Kirche"
predigt. Daß Wozzeck durch seine Antwort, „Der Herr sprach: 'Lasset die
Kleinen zu mir kommen!'", den Vorgesetzten bei aller Untergebenheit mit
dessen eigenen Waffen schlägt und zurecht 'konfus' macht, deutet Berg fein
an: Wozzecks Worte gebrauchen die Gesangslinie „ohne den Segen der
Kirche", aber deren Starre von Vierteln und Achteln ist zur Triolenbewe-
gung gelockert, die Orchesterbegleitung den weicheren Hörnern übergeben
worden. So wird dem Vorgesetzten sanft auf die Finger geklopft. Mit dem
nächsten Satz der 'Suite' folgen dann die Reflexionen Wozzecks über das
Verhältnis zwischen Armut und 'Tugend'. Hier hat Berg zwei verschiedene Textstellen der Büchnerschen Szene H4, 5 so kombiniert, daß ein musikalischer Geschlossenheit Entgegenkommendes entstand: zuerst das „Wir arme
Leut [...]" bis „Man hat auch sein Fleisch und Blut", dann das „Wenn ich
ein Herr wär [...]" bis „Aber ich bin ein armer Kerl"; schließlich das „Uns-
eins ist doch einmal unseelig in der und der andern Welt [...]" (I, T.
136–153; vgl. Lehmann, 172). Die Gesangslinie der ersten Worte formuliert das Leitmotiv, das dann vom Orchester aufgegriffen wird und in der

Singstimme reihenartig, mit veränderter Rhythmisierung, dreimal wieder auftritt (I, T. 145, 148 f.). (Siehe Seite 26, Beispiel 8.)

Durch solche embryonale Reihentechnik im Leitmotivischen unterstreicht Berg noch mehr Wozzecks Herleitung des Mangels an 'Tugend' aus dem an Geld: Die Linie „(Es muß was) Schönes sein um die (Tugend)" ist als reihenartige Tonfolge mit dem „Geld! Wer kein Geld hat!" identisch (I, T. 137; 146). Überdies, das „Wer kein Geld [...]", zu der Tonfolge kleine Terz-kleine Sekund, ist auch mit dem „Komm, mein Bub!" Maries und mit dem „[...] Du jetzt an? [...]" bzw. dem „[...] und kein Mann [...]" ihres Wiegenliedes, „Mädel, was fangst Du jetzt an? Hast ein klein Kind und kein Mann!" (I, T. 372–375) identisch. (Siehe Seite 27.)

Dazu wäre hervorzuheben, daß diese Intervallkombination in den früheren atonalen Werken Schönbergs und dann bei Anton Webern fast wie eine Art atonaler Dreiklang als melodisch-harmonisches Allerweltsmotiv fungiert; nicht aber bei Alban Berg: Im ‚Wozzeck' und noch mehr dann in der ‚Lulu' dominieren diatonische und 'ganzton'-ähnliche Gebilde; deshalb bleibt bei Berg diese Tonfolge durch ihre Seltenheit einer deutlich erkennbaren, charakterisierenden Absicht des Komponisten noch verfügbar.

Wie ernst es Berg um dieses fatalistische Credo der Armut war, darauf geben die Assoziationen einen Hinweis, die sich zu der Stelle unwiderstehlich aufdrängen. Wenn im 19. und schon im 18. Jahrhundert die Komponisten den Ausdruck des höchsten Ernstes erstrebt haben, dann haben sie sich immer wieder auf mehr oder weniger archaisierende Stilmittel der Kirchenmusik angewiesen gesehen. Nicht nur greift Beethoven im Streichquartett Op. 132, im „Heiligen Dankgesang", zum imitatorisch figurierten Choral „in der lydischen Tonart"; das säkularisierte Pathos diesseitiger Humanität der ‚Zauberflöte' verschmäht, mit der Szene der 'Geharnischten', solche Wirkung nicht, noch der Schluß der Wagnerschen ‚Götterdämmerung' braucht für seine Erhabenheit „den der Kirchenmusik abgeborgten plagalen Effekt" [29], muß den ursprünglichen, gleichsam über sich selbst nicht aufgeklärten Goldglanz des Walhall-Motivs in einen durch kirchentonartliche Nebenstufen verdunkelten Choral des – wiewohl immer noch paradierenden – Sündenbewußtseins der Macht umdeuten. Das Credo Wozzecks nimmt in der 'Suite' der Eingangsszene die Stelle eines ruhigeren Satzes ein; es ist ein 'Air', und somit nach dem gezierten Hüpfen und Daherschreiten von Gigue und Gavotte der Ort des gesanglich Unmittelbaren.[30] Aber noch mehr als an solche gesanglichen Tanzsätze erinnert die Stelle an ein 'Arioso' wie das große zu den Worten des ersten Abendmahls aus der Matthäuspassion, mit dem Bergs 'Air' den der Air-Form eigentlich fremden 3/2–6/4-Takt gemein hat; erinnert an Züge etwa Bachscher Choralbearbeitungen: Um die Worte „Wir arme Leut! [...] Geld, Geld! Wer kein Geld hat!", um die von der schönen 'Tugend' zeichnet das Orchester eine Gloriole der Streicherstimmen wie die um alle Worte des Heilands in der Matthäuspassion. Die Streicher-

---

(29) Adorno: Versuch über Wagner, S. 190.
(30) Vgl. Apel: Harward Dictionary of Music, S. 20: „Air" (3).

*Beispiel 8*
*(I, T. 136–138) (S. 22)*

akkorde zu dem Nachsatz des ersten Teils dieses Airs sind selber zugleich Begleitung eines Ariosos und von der Singstimme figurierter Choral: Der Schlußtakt des Nachsatzes nimmt, in orgelartigen Flötenklängen und über dem 'Orgelpunkt' eines liegenden Akkords, sequenzierend und zuendesingend, die 'Figuration' „Man hat auch sein Fleisch und Blut!" des vorhergehenden Taktes auf (I, T. 136–142). Der Schlußteil des Airs dann enthüllt mit der finsteren Tonmalerei des „wenn wir in den Himmel kämen, so müßten wir donnern helfen" (I, T. 148–153), daß dem sakral Feierlichen nur der Ernst, nicht die Hoffnung entnommen werden konnte.

rr Hauptmann, Geld, Geld! Wer kein

in)

## Sehr breit ($\quarternote$ = 30)

Es muß was Schö-nes sein um die

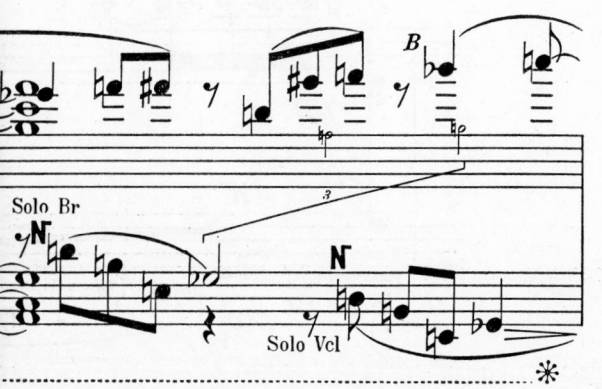

Solo Br

Solo Vcl

*Beispiel 9*
*(I, T. 146) (S. 23)*

**Sehr langsam** ( ♩ = 42 - 48)    Andres und W

Frag'    Er    den  Woz-zeck

Stöcke im Gebüsch

*Beispiel 10*
*(I, T. 201–204) (S. 30)*

...ht eine Schnapsflasche aus der

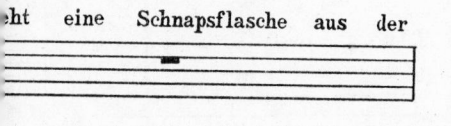

*Beispiel 11 (II, T. 776 f.) (S. 175)*

Daß es bei der sakralen Tönung von Wozzecks Credo nicht etwa um ei[n]
geradeswegs christliche Auslegung Büchners ging, wird an einem ander[e]
Moment des ‚Wozzeck' deutlich. In der Szene II, 5 sucht Wozzeck sei[n]
Mordgedanken durch ein (von Franzos hinzugedichtetes) Gebet zu ve[r]
scheuchen (II, T. 753–758). Die Gesangslinie des fragmentarischen Gebe[t]
und die instrumentalen 'Nebenstimmen' dazu zitieren nicht etwa eine[n]
Choral, sondern, durch die Nebenstimme der Posaune interpoliert (II, T. 75[4]
f.), die abergläubischen Worte aus der 'Freimaurer'-Szene I, 2 vom rollende[n]
Kopf: „Hob ihn einmal Einer auf, meint', es wär' ein Igel. Drei Tage un[d]
drei Nächte drauf, und er lag auf den Hobelspänen" (I, 2; T. 237–243; v[gl.]
II, 5; T. 752–760). Damit wird auch Wozzecks „und führe uns nicht i[n]
Versuchung, Amen!" zu der Akkordik jener wahnhaften Projektion g[e]
sungen, die in Büchners Drama schonungslos-mitleidig als unentrinnbar[er]
Schatten der von Woyzeck immer wieder versuchten Reflexion nachgezeic[h]
net wird [30a], und die in der 'Freimaurer'-Szene als wahrhaftige 'idee fix[e']
fungiert, eine harmonische Prägung von derselben Art wie „Tarnhelm"- un[d]
„Vergessenheit"-Motiv in Wagners ‚Ring', alles Prägungen des nebelha[ft]
Undurchdringlichen, der manipulierten Blindheit. (Seite 28 f., Beispiel 10.)
Im weiteren fungiert das Motiv „Wir arme Leut" folgerichtig als Hinwe[is]
auf das sozial Bedingte an dem, was das Schicksal Wozzecks ist. – Dabei m[a]
hervorgehoben werden, daß Wozzeck auch, ganz wagnerisch, ein 'persö[n]

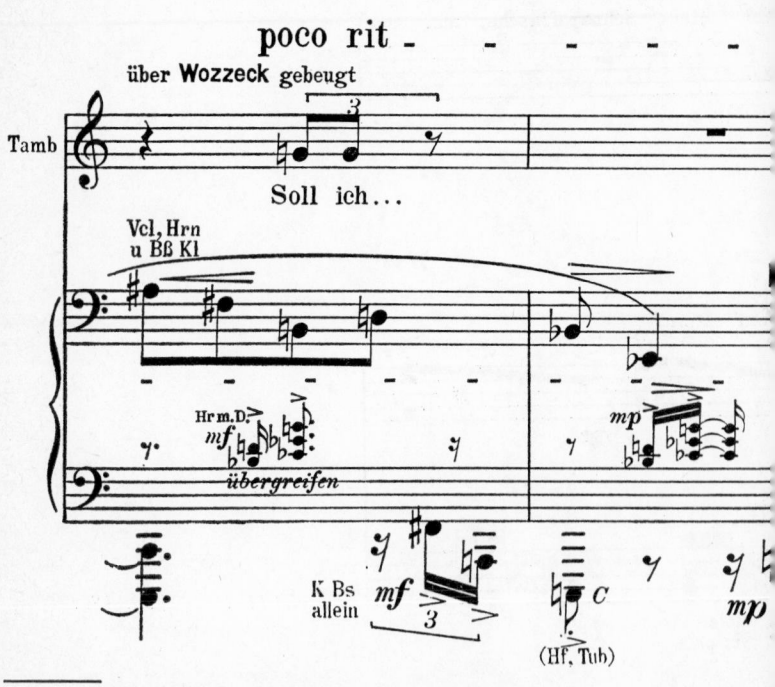

**30** (30a) Vgl. Ullman: Die sozialkritische Thematik, Kap. IV.

liches' Motiv hat, das sein ruheloses, 'verhetztes' Wesen charakterisiert (etwa I, 3; T. 427; 454 [Umkehrung]), außerdem eines, das seinen tastenden Verdacht Marie gegenüber abbildet (angedeutet in II, 1; T. 93 ff.; endgültige Form in: II, 2; T. 273 f.). – In der Szene II, 5, wo der betrunkene Tambourmajor vor den Soldaten mit seiner Eroberung renommiert, antwortet dieser auf die Frage des Andres, „Wer ist es denn?", mit dem höhnischen „Frag' Er den Wozzeck da!". Dazu bringt das Orchester in hoher Lage die gellende Fanfare seines Leitmotivs und im Baß, als 'Hauptstimme', das Motiv „Wir arme Leut" (II, T. 776 f.; ähnlich T. 781 f.). (Siehe Seite 28 f., Beispiel 11.)

Sein Wozzeck weiter demütigendes „Da Kerl, sauf'", „Sauf', Kerl, sauf'" singt der Tambourmajor zu diesem Motiv Wozzecks, wie ebenfalls das nachher triumphierende „Jetzt soll der Kerl pfeifen!" (II, T. 778 f., 783 f., 800). Das Unterliegen Wozzecks im Ringen mit dem Tambourmajor begleitet das „Wir arme Leut" als orchestrale Hauptstimme; in den Baß hinabsinkend, treten die Töne des Motivs schließlich zu einem vierstimmigen Akkord zusammen (Beispiel 12 a). Der Akkord bleibt, während die Oberstimmen den Sieger triumphieren lassen, fünf Takte liegen, um sich dann (II, T. 804, Beispiel 12 b) – durch seine Auflösung – als Zitat und als Hinweis auf die Mordabsicht Wozzecks zu erweisen; als Zitat aus dem Schluß der großen Wirtshausszene, wo Wozzeck, die Worte des 'Narren' „Ich riech Blut!" aufgreifend, in wütender Verzweiflung ausbricht: „Blut, Blut! Mir wird rot vor den Augen" (II, T. 667–678). (Siehe unten Beispiel 13, Seite 32.)

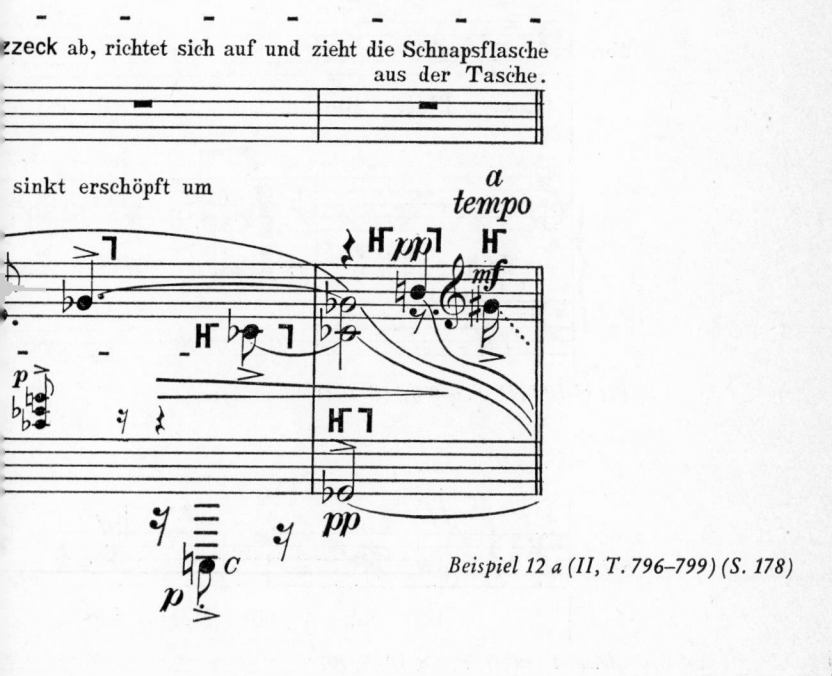

*Beispiel 12 a (II, T. 796–799) (S. 178)*

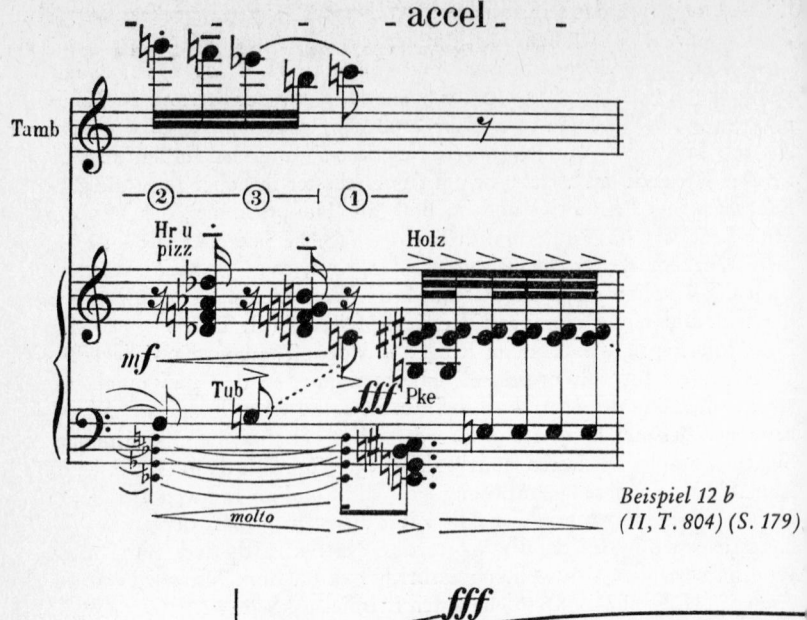

Beispiel 12 b
(II, T. 804) (S. 179)

Beispiel 13 (II, T. 669 ff.) (S. 162)

Beispiel 14 (III, T. 206 f.) (S. 207)

Solchen Hinweis auf den gesellschaftlichen Zusammenhang, dem er erliegt, muß zuletzt in schauriger Ironie Wozzeck selbst aussprechen: Als er, in der zweiten Wirtshausszene, den ihn verdächtigenden Leuten sein „Bin ich ein Mörder?" entgegenschleudert, so bringt hier die Singstimme sein „Wir arme Leut" in der Umkehrung (III, T. 206 f., Beispiel 14).


## Der Orchesterepilog

Der 'Integrationspunkt' in Büchners Drama, das Märchen der Großmutter, ist nicht als Ganzes Alban Berg zur Komposition geeignet erschienen und war es in der apokryphen, weinerlich wortreichen Fassung Franzos' wohl auch nicht.[31] Aber was dem Dramatiker der epische Stillstand des Märchens gewährt, das ermöglicht dem Opernkomponisten die wortlose Musik. Der Ort, wo diese sich breiter entfalten konnte, war in der älteren Oper die Ouvertüre. Berg aber stellt diesen Formteil, mit dem großen Orchesterzwischenspiel vor der letzten Szene, an den Schluß der Oper; so wird die Handlung eigenmächtig durchbrochen, somit jedoch die Möglichkeit, 'direkt' zu sprechen[32], nicht an dem Moment eines zerstreut zugehörten Prologs vertan. Die Bergsche Vertonung des Märchens – nur dessen Anfang wird, als 5. Variation des Themas von Maries Bibelszene, verwertet (III, T. 33–41) – wirkt als Skizze und Vorbote des Orchesterepilogs. Das Thema der Bibelszene ist „aus Legendentonalität und ausbrechender Atonalität" montiert.[33] Die tonalen Abschnitte vom Thema und von dessen Variationen beziehen sich auf das, was der Marie schon nur halb Geglaubtes ist, den in der Religion gesuchten Trost, die atonalen aber auf das Verzweifelte, Vergebliche daran; die Tonalität steht für die Illusion, die Atonalität für die unerbittliche Wirklichkeit (vgl. III, 1; etwa Thema und 1. Var.). Nun war aber, wie man weiß, das Verhältnis Alban Bergs zu der vergangenen Tonalität ein nostalgisches[34]; und so klingt wiederum das in der Märchen-Variation mit aller Süße von Streicherchor, Horn und Harfe exponierte Moll wie ein ersehntes 'Es war einmal', wie eine verlorene 'Natur' der musikalischen Sprache. – Jedoch, eben nur das Moll; Dur-Klänge sind im ‚Wozzeck' als kompromittiert, als falsch gekenn-

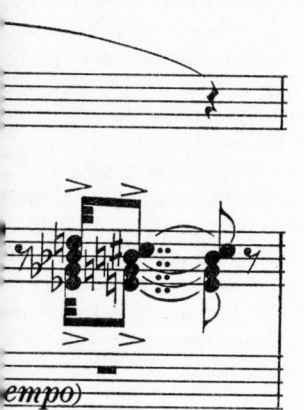

(31) Vgl. Blackall: Büchner and Alban Berg, S. 433.
(32) Vgl. Reich: Alban Berg, S. 134.
(33) Adorno: Berg, S. 95.
(34) Vgl. Adorno: Berg, S. 13; 27.

zeichnet.[35] – Was in der Märchen-Variation der Bibelszene hervorbrechen möchte und dort schroff abgeschnitten wird (III, T. 42), das entfaltet sich im Epilog des Orchesterzwischenspiels, ohne daß etwas zitiert würde. Gemeinsam ist der Märchen-Variation und dem Anfang des Orchesterzwischenspiels die Betonung des die Tonalität unmißverständlich definierenden Kopfintervalls der Quarte, verwandt die wie im Weinen gelöste Gestikulation der Geigenstimmen, die an beiden Stellen das Thema fortspinnen (III, T. 36 f.; 327–332), ähnlich das abgesanghafte Sich Aussingen in der Mitte der Märchen-Variation (T. 38 f.) und das in den Takten 335–338 des Orchesterzwischenspiels. Aber vor allem: Nach den nicht tonalen, schwarz impressionistischen Klängen der Szene, die dem Ertrinken Wozzecks folgt, die mit Unkenrufen, Mondlicht und Nebel das Bild einer Natur entwirft, die ebenso mitleidlos unbeteiligt ist wie das in die Musik hinein gesprochene Kommentieren des Hauptmanns und des Doktors (III, T. 285–319)[36], klingt das d-Moll des Orchesterepilogs wie die Stimme menschlicher Natur, ein 'Es war einmal', das mit Wahrheit melden kann, wie alles dies geschah.

In dieser umfunktionierten 'Ouvertüre' wird zuerst ein neues, in der Oper selber nicht gebrauchtes Thema[37] gesetzt; dann folgen aneinandergereiht die wichtigsten Motive der Oper, als anti-triumphales Gegenstück zur Trauermusik der ‚Götterdämmerung'[38] die Geschichte von Wozzeck und Marie im Rückblick erzählend; bis zu dem Höhepunkt, wo das Motiv „Wir arme Leut", in kurzer Engführung gesteigert, im schmetternden Ausbruch zu einer Kadenz führt – quasi einer von d-Moll –, die aber in sich dissonant bleibt. Melodisch bezieht diese Kadenz ihr Material aus dem ersten, symphonischen Thema, das hier in sonatenhafter Reprise zurückkehren darf. Aber so, daß trotzdem das episch Aneinanderreihende gewahrt, die Reprise nicht als solche bewußt wird: Wenn dem Thema melodisch eigentümlich die Wiederholung der Quarte a-d war, hier wird diese Quarte, nicht melodisch, sondern dreimal als Baßgang des trauermarschähnlichen Motivs des Höhepunkts gebracht, vom ganzen Thema nur der Vordersatz, dessen schließende, kadenzierende Triolen-Figur endlich in die Oberstimme gelangt (III, T. 365–370). Die Stelle vor der Kadenz ist ein Zitat; sie war schon in der Szene da, wo Wozzeck Marie mit den 'Ohrringlein' überrascht und dann, sein schlafendes Kind betrachtend, nochmals sein „Wir arme Leut" spricht. Das Motiv wird dort als Kulminationspunkt einer Steigerung eingesetzt, die durch ihre Linienführung noch deutlicher als das erste Mal, im Gespräch

---

(35) Vgl. Adorno: Philosophie der neuen Musik, S. 38, Anm.: „In ‚Wozzeck' sowohl wie in ‚Lulu' erscheint, in sonst von der Tonalität losgelösten Zusammenhängen, der C-Dur Dreiklang, so oft von Geld die Rede ist. Die Wirkung ist die des pointiert Banalen und zugleich Obsoleten. Die kleine C-Dur-Münze wird als falsch denunziert." Eine scheinbare Ausnahme ist die Stelle von Bergs Eingangsszene, wo Wozzeck zum Hauptmann sein „Geld, Geld! Wer kein Geld hat!" spricht (I, T. 136 ff.), sozusagen theoretische Besprechung; das nächste Mal aber, in der Szene mit Marie, ist das Geld – und das C-Dur – buchstäblich da.
(36) Eine ingeniöse Änderung Bergs am Büchner-Text; vgl. oben, Seite 19.
(37) Vgl. Reich: Alban Berg, S. 134, Anm.: „Der Beginn des Adagios gehörte einer Symphonie an, an der Berg 1913/1914 arbeitete."
(38) Vgl. Reich: Alban Berg, S. 134.

mit dem Hauptmann (I, 1), von Wozzeck eine direkte Anklage erwarten läßt; das „Nichts als Arbeit unter der Sonne, sogar Schweiß im Schlaf. Wir arme Leut!" wird vom Komponisten so gesetzt, daß der Hörer von der Musik – und vom Text – irgendeine Art von Durchbruch ins offen Negative erhoffen muß. Der Durchbruch bleibt aus; es folgt, als harmonischer 'Trugschluß', im plötzlichen Pianissimo eine im Kontext grotesk ausdruckslos wirkende C-Dur-Harmonie, unter der sich die Gesangslinie Wozzecks in der gewohnten Demut duckt, während er vom Geld spricht, von seiner Löhnung, die er der Marie übergibt (II, T. 112–123, Beispiel 15).[39]

Beispiel 15 (II, T. 114–117) (S. 92/93)

(39) Vgl. Anm. 35.

*Beispiel 16 (III, T. 362–366) (S. 228)*

Wenn im Orchesterzwischenspiel, „alles übertönend", diese Steigerung ans Ziel kommt, dann wird aber der lösende Höhepunkt gerade von jenem Motiv Wozzecks bestritten, das seine tappende Hilflosigkeit darstellt und das in der fugierten Szene II, 2 als drittes Thema eingeführt wurde, zu den Worten „Man könnte Lust bekommen, sich aufzuhängen! Dann wüßte man, woran man ist!" kulminierend (II, T. 341–345). Auch der Ausbruch des Orchesterepilogs bleibt verzweifelt-aussichtsloses Anrennen gegen die Mauer der Individualität, deren Schicksal nicht zu ändern war (Beispiel 16).

Berg, der sich bewußt war, daß die dramatische Handlung Büchners zwei parallelen Linien folgt, der Woyzecks und der Maries, hat demzufolge den Schluß der Oper so gestaltet, daß eigentlich von zwei Schlüssen zu reden wäre: Mit dem Orchesterepilog, der Wozzeck und sein Schicksal meint, die Themen von Maries Einsamkeit nicht zitiert[40], ist das Werk eben nicht zu

---

(40) Höchstens das auf Wozzeck bezogene Sekundenmotiv, zu den Worten Maries: „Der Mann! So vergeistert! Er hat sein Kind nicht angesehn!" (I, T. 456 ff.; vgl. III, T. 343 ff.).

Ende. Ihm folgt ohne Pause, sogar ohne daß dessen Schlußakkord verklärend abklingen dürfte, die letzte Szene des Werkes; die, wo das jetzt verwaiste Kind Wozzecks und Maries schließlich allein auf der Bühne zurückbleibt, während der Vorhang fällt „riding out, like Parzival, into a world of brutality, torment and insensibility", so das bei Berg nur angefangene Märchen selber zuendeerzählend.[41] Die Musik zu der Szene aber erinnert zitierend an die Einsamkeit und soziale Ausgestoßenheit Maries, an ihr Verlangen nach Glück; bringt die leeren Quinten ihres vergeblichen Wartens[42], bringt das zugleich leidenschaftliche und geduckte Motiv, zu dem sie sich und ihr Kind zu trösten suchte, und schließlich ihr träumerisch-rebellisches Wiegenlied. All das, jetzt gespenstisch fern, rhythmisch in versickernder Achtelbewegung entkörpert wie später der Ausklang der 'Lyrischen Suite', mündet mit den Schlußtakten des Werkes in jene rauschhafte Musik, mit der die 'Liebesszene' der Oper endet, hier aber so schattenhaft vergeblich, wie von Anfang der Versuch Maries, aus ihrem gedrückten Dasein auszubrechen (III, T. 379–387; 389 ff.; vgl. I, T. 425 f., 363 f., 372 ff., 715 ff.). Beide Schlüsse – der verzweifelte Aufschrei des Orchesterepilogs und das müde Hinnehmen, mit dem das Werk verklingt – bedeuten nichts anderes und täuschen nichts anderes vor, als die traurige Bestätigung dessen, was nun so ist.

Wie es in dem Büchnerschen ‚Woyzeck'-Fragment nichts gibt, was einem auch nur angedeuteten 'guten Ende' gliche, so ist der Opernkomponist Berg zu ehrlich gewesen, um durch zusätzliche Lichtblicke, wie in Musik bekanntlich spielend leicht zu suggerieren, oder gar durch optimistisch revolutionäre Perspektive den Büchner-Text mildernd zu verfälschen – man denke an den Fehlgriff eines so verantwortungsbewußten Komponisten wie Brahms, das ‚Schicksalslied' Hölderlins ins Tröstliche zu verbiegen –; durch gerade jene Wahrhaftigkeit, die schon das Büchnersche Drama auszeichnet, erscheint das von Berg komponierte als treueste Interpretation.

---

(41) Blackall: Büchner and Alban Berg, S. 435.
(42) Vgl. Berg: ‚Wozzeck'-Vortrag. In: Redlich: Alban Berg, S. 318.

# Literaturverzeichnis

(In eckigen Klammern stehen die in den Fußnoten verwendeten Kurztitel.)

Berg, Alban: Georg Büchners Wozzeck. Oper in drei Akten (15 Szenen). op. 7. Klavierauszug von Fritz Heinrich Klein. Universal Edition (UE 7382) o. J. [1959]; hier mit Angabe von Akt- und Taktzahl zitiert.

Büchner, Georg: Woyzeck. In: ders.: Sämtliche Werke und Briefe. Historisch-kritische Ausgabe, hrsg. von Werner R. Lehmann, 1. Bd., Christian Wegner Verlag, Hamburg o. J. [1967]. [Lehmann]

Adorno, Theodor W.: Philosophie der neuen Musik. J. C. B. Mohr (Paul Siebeck) Verlag, Tübingen 1949.

–: Versuch über Wagner. Suhrkamp Verlag, Berlin und Frankfurt/M. 1952.

–: Berg. Der Meister des kleinsten Übergangs. Verlag Elisabeth Lafite/Österreichischer Bundesverlag, Wien 1968. Reihe: Österreichische Komponisten des XX. Jahrhunderts, Bd. 15. [Berg]

Apel, Willi: Harward Dictionary of Music. Cambridge. Massachusetts 1947.

Berg, Alban: Das „Opernproblem". In: Mayer, Hans: Georg Büchner, Woyzeck. Dichtung und Wirklichkeit. Vollständiger Text und Paralipomena. Dokumentation. Frankfurt/M./Berlin 1963.

–: ‚Wozzeck'-Vortrag. In: Redlich, Hans Ferdinand: Alban Berg. Versuch einer Würdigung. Universal Edition, Wien/Zürich/London 1957, S. 311–327.

Blackall, Eric A.: Büchner and Alban Berg: Some thoughts on ‚Wozzeck'. In: The German Quarterly 34 (1961), S. 431–438. [Büchner and Alban Berg]

Forneberg, Erich: Das Volkslied als expressionistisches Symbol in Alban Bergs ‚Wozzeck'. – In: Neue Zeitschrift für Musik 1959, H. 5, S. 261–265. [Das Volkslied]

Link, Hannelore: Rezeptionsforschung. Eine Einführung in Methoden und Probleme. Verlag W. Kohlhammer, Stuttgart/Berlin/Köln/Mainz 1976. [Rezeptionsforschung]

Mayer, Hans: Georg Büchner und seine Zeit. Wiesbaden [1]1946 (Berlin 1947); neue, erweiterte Ausgabe [2]1960.

–: Georg Büchner, Woyzeck. Dichtung und Wirklichkeit. Vollständiger Text und Paralipomena. Dokumentation. Frankfurt/M./Berlin 1963. [Georg Büchner]

Perle, George: Wozzeck: Ein zweiter Blick auf das Libretto. In: Neue Zeitschrift für Musik 1968, H. 5, S. 218–221. [Wozzeck]

Redlich, Hans Ferdinand: Alban Berg. Versuch einer Würdigung. Universal Edition, Wien/Zürich/London 1957. [Alban Berg]

Reich, Willi: Alban Berg. Leben und Werk. Atlantis Verlag, Zürich 1963. [Alban Berg]

Ullman, Bo: Die sozialkritische Thematik im Werk Georg Büchners und ihre Entfaltung im ‚Woyzeck'. Mit einigen Bemerkungen zu der Oper Alban Bergs. Reihe: Stockholmer germanistische Forschungen 10. Almqvist & Wiksell, Stockholm 1972. [Die sozialkritische Thematik]

–: Der unpolitische Büchner. Zum Büchner-Bild der Forschung, unter besonderer Berücksichtigung der ‚Woyzeck'-Interpretationen. In: Studies in Modern Philology (Studier i modern språkvetenskap utg. i samverkan med Nyfilologiska sällskapet), New series, 4, 1972. [Der unpolitische Büchner]

Vietta, Silvio/Kemper, Hans-Georg: Expressionismus. Reihe: Deutsche Literatur im 20. Jh., Bd. 3. Wilhelm Fink Verlag, München 1975.

Winkler, Hans: Georg Büchners ‚Woyzeck'. (Diss.) Greifswald 1925.

# Ludwig Fischer

## Der unhistorische Erlöser

## Notizen zu Franz Theodor Csokors Drama ,Gesellschaft der Menschenrechte'

1963 erschienen in einer Neuausgabe, verklammert vom Buchtitel ,Der Mensch und die Macht', drei Stücke Franz Theodor Csokors. Der Autor schrieb in einer Nachbemerkung:

> „Die unter diesem Titel verbundene Trilogie umfaßt Stücke, die ich in der Abenddämmerung der ersten österreichischen Republik, zwischen dem Brand des Wiener Justizpalastes 1927 und dem Ausbruch des zweiten Weltkriegs 1939 schrieb, zu dem die Iden des österreichischen März 1938 das Signal gaben. Der Einzelne, der sich vorher im Schutze einer gesellschaftlichen Organisation geborgen gefühlt hatte, wurde nun unmittelbar Zeuge und später, wenn er sich diesem Los nicht durch die Flucht aus der Heimat entzog, Mitverantwortlicher oder Opfer seiner Zeit. 1927 schloß ich mein Stück um Georg Büchner, ,Gesellschaft der Menschenrechte', ab, das nach Uraufführungen in München und Weimar über die größten deutschen und österreichischen Bühnen ging und erst nach 1933 von den Spielplänen verschwand."[1]

Die ersten Sätze könnten nahelegen, ein so kräftiger Akzent auf dem zeitgeschichtlichen Rahmen der Entstehungsbedingungen signalisiere, daß politische Erkenntnis- und Erlebnisfähigkeit des Autors auch in dem Stück aufzuspüren seien. Aber – so soll gleich eingangs befunden werden, ein Deutungsergebnis voranstellend – der Text des Dramas bekundet ein charakteristisches Widerspruchsverhältnis zwischen politischer Wahrnehmung und literarischem Gehalt. Daß Csokor durchaus mit kritischem Sinn beobachtete, was sich in der österreichischen und der deutschen Gesellschaft der zwanziger Jahre vollzog, zeigen zum Beispiel die Erläuterungen zur Bearbeitung von Georg Büchners ,Dantons Tod'.[2] Zunächst befremdlich steht dem entgegen, daß er mit ,Gesellschaft der Menschenrechte' noch 1926/27 ein Werk schrieb, an dem die expressionistischen Eigenarten geradezu aufdringlich hervortreten und das mit wesentlichen Elementen das Muster des hochexpressioni-

---

(1) Csokor, Franz Theodor: Der Mensch und die Macht. Drei Stücke (Jadwiga/ Der tausendjährige Traum/Gesellschaft der Menschenrechte). Wien/Hamburg 1963, Nachbemerkung S. 117.
(2) Z. B. „Solchen dunklen Grundakkord also galt es zu verstärken und leitmotivisch durchzuführen, ihn, den wir ebenso kennengelernt haben mit Arbeitslosigkeit, Inflation, Preistreiberei und leerem Magen. Ein 'Amalgam' sollte versucht werden mit unseren Tagen. Elemente dazu sind genug da. Die Assignaten und die Mark von 1923 erlitten das gleiche Schicksal, und der Bruderzwist unter den revolutionären Parteien ist auch uns nicht fremd geblieben." Csokor, Franz Theodor/Martin, Karlheinz: Dantons Tod. In: Die Szene 19/1929, S. 312. Zitiert nach: Goltschnigg, Dietmar: Csokors Drama ,Gesellschaft der Menschenrechte'. Zur Rezeption und Wirkung Georg Büchners im Expressionismus. In: Jahrbuch des Freien Deutschen Hochstifts 1974. Tübingen 1974, S. 344–361; hier Anm. 10, S. 355 f.

tischen 'Verkündigungsdramas' wiederholt.[3] Das Stück nimmt sich aus, als
hätten nicht Krieg und Entstehungsgeschichte der Weimarer Republik, was
die Kunstliteratur angeht, vor allem am 'messianischen Pathos' des Expressionismus den hohlen Klang hörbar gemacht; als wäre nicht das aufwendig
Abstrakte am literarischen Ausruf der 'Menschheitserneuerung' mit den
Revolutionsjahren vors politisch Konkrete gefordert worden.[4] Freilich,
nichts Verspätetes wächst ganz und gar ungleichzeitig im gesellschaftlichen
Ensemble. Csokors Stück führt Stockungen und Gegenläufiges in der expressionistischen Gebärde vor, in denen sich die Bewegung der Zeitgeschichte
verrät.

Den bedeuteten Spannungen gilt im weiteren die Aufmerksamkeit, nicht
allem Bemerkenswerten am Stück.[5] Dessen Schema hält – mit der kleinen
Ausnahme einer Spuk-Episode[6] – ganz am üblichen Illusionstheater fest,
durchbricht nirgends die fiktive Identität der gespielten Figuren, erzeugt
in den zwölf Szenen jeweils geschlossene Komplexe der Handlung und
bietet Theaterwirklichkeit durchgehend als glaubhaften Schein an. Damit
sperrt es sich nicht nur gegen die Veränderungen des Theaterkonzepts, die
allen voran Erwin Piscator in Berlin mit den ‚Zeitstücken' seit 1924 erprobt
hatte.[7] Sondern Csokor nimmt ebensowenig auf, was schon vorher in den
hochexpressionistischen Dramen und Dramaturgien an Elementen eines
'Zeigetheaters' ausgebildet worden war.[8] Einiges vom Charakter des 'offenen
Dramas' weist das Stück insofern auf, als es strenge Kontinuität einer Fabel
nicht herstellt, sondern die 'Stationen' der zwölf Szenen mit harten Schnit-
ten der Chronologie und Personenentwicklung aneinanderreiht. Verbunden
sind sie durch 'komplementäre Stränge' des Geschehens: Etappen der Lebensgeschichte Georg Büchners zum einen, der Mitglieder der 'Gesellschaft der
Menschenrechte' – besonders Pfarrer Weidigs – zum anderen; zusätzlich noch
Schlüsselszenen für die Intrigen des Verräters Johann Konrad Kuhl und
des Hofgerichtsrats Georgi. Die Verflechtung dieser Stränge bildet die dramatischen Konflikte aus, deren mehrere aufeinander folgen und nicht eine
Linie von einer Exposition bis zu einer Katastrophe erzeugen.[9] Csokors

3) Zu diesem Terminus vgl. Lämmert, Eberhard: Das expressionistische Verkündigungsdrama. In: Steffen, Hans (Hrsg.): Der deutsche Expressionismus. Göttingen
1965, S. 138–156; Vietta, Silvio/Kemper, Hans-Georg: Expressionismus. München
1975, S. 195 ff.
4) Vgl. dazu Lämmert (Anm. 3), S. 152 f.; Kaufmann, Hans: Krisen und Wandlungen der deutschen Literatur von Wedekind bis Feuchtwanger. Berlin und Weimar
1976, S. 347 ff.
5) Eine Gesamtdeutung des Stücks versucht Goltschnigg in seinem Aufsatz (s. o.
Anm. 2). Die Interpretation verhält sich durchgehend affirmativ zu den Tendenzen
des Werks.
6) In Szene 10 verwandelt sich die Promotionsfeier in ein geisterhaftes Tableau
aus dem Darmstädter Gefängnis; vgl. Goltschnigg (Anm. 2), S. 349 f.
7) Piscators Inszenierung von Paquets ‚Fahnen' fand 1924 statt, im gleichen Jahr
richtete Piscator mit Felix Gasbarra die ‚Revue Roter Rummel' ein; damit begann
die Reihe der ‚Zeitstücke' und das Bemühen um ein antibürgerliches Theater.
8) Lämmert (Anm. 3), S. 143 f.
9) Zur Charakterisierung der 'geschlossenen und offenen' Dramenform s. Klotz,
Volker: Geschlossene und offene Form des Dramas. München [5]1970, bes. S. 25 ff.
und 99 ff.

Stück bietet also traditionelles Einfühlungstheater einer offeneren Form; der gestaltete Gehalt folgt bis in die Schreibung hinein den expressionistischen Denkformen und ihren literarischen Ausdrucksweisen. Sie treten kraß am Büchner des Textes hervor. Der erscheint – nach klassischem Muster des Drameneingangs – in der dargestellten Sitzung der 'Gesellschaft der Menschenrechte' erst nach einigem Geplänkel übriger Figuren, ist sofort Zentrum der Szene und steht bald als entflammter Ankläger von Engstirnigkeit, Arroganz und Gefühllosigkeit anderer da.[10] Gleich auch erfährt er schon die indirekte Charakterisierung, die – im Fortgang des Stücks immer kräftiger herausgestrichen – ihn den 'messianischen Helden' hochexpressionistischer Dramen zuordnet: als ein biblisch beglaubigter Auserwählter, ja als säkularisierte Erlöserfigur, als weltgeborener Christus redivivus. Zuerst wird er von Weidigs ätherisch verhauchter, kranker junger Frau Amalie mit Glanz umgeben:

> Amalie
> (schüchtern): Mein Mann – – (Sie erblickt Büchner, stockt.)
>
> Büchner
> (der noch reden wollte, schweigt, betroffen von ihrem Blick.)
>
> Gravelius
> (läßt den Stuhl fallen): Er – ist frei?!
>
> Amalie
> (immer Büchner im Auge): Ja –! Aus einer Zelle – mitten ins Licht – –[11]

Daß eigentlich Büchner das 'Licht' verbreitet, könnte bei solcher elliptischen Redeweise mit den unaussprechlichen doppelten Gedankenstrichen noch undeutlich bleiben, gar für den Zuschauer – wenn ihm nicht der Beleuchter zu Hilfe kommt. Deshalb kommentieren gleich nach Büchners und Amaliens Abgang der Verräter und der spätere Überläufer, einfache Psychologie zur Erklärung liefernd, mit bekundeter Eifersucht:

> Kuhl
> (den beiden nachblickend): Zum erstenmal, daß mich Madame übersah. Das zumindest blieb mir bisher vergönnt bei unserer Seelenfreundschaft. Blendete sie so sehr der junge Saul, den sie jetzt ihrem Samuel zuführt? Samuel salbte zwar Saul, – aber Saul fiel doch in der Schlacht. Stimmt es so im Buch Ihrer Väter, Herr Lessing?
>
> Lessing
> (schreckt auf, verbissen): Um den raufen sie, eh er ein Wort sagt! Ich biete mich an: Man verlacht mich.[12]

Die alttestamentarische Anspielung Kuhls wird im Stück sehr schnell durch den Rückgriff auf stilisiertes Material aus neutestamentlichen Zeugnissen

---

(10) Csokor, Franz Theodor: Gesellschaft der Menschenrechte. Stück um Georg Büchner. Berlin/Wien/Leipzig 1929, S. 15 ff. [Im folgenden wird der Text nach diesem Erstdruck zitiert, wo eine bloße Seitenzahl angegeben ist.]
(11) S. 20.
(12) S. 21.

überdeckt: Immer deutlicher tritt dieser spätexpressionistische Büchner in die Christus-Analogie. Beim Gespräch mit der Mutter, zwischen Sezierarbeit an einer Woyzeck-ähnlichen Leiche[13] am Anatomietisch im väterlichen Hause, wird ihm seine Messias-Rolle zugesprochen:

> Büchner
> (schmiegt sich an sie): Ein Toter – gab mir zu schaffen. Du rufst mich ans Leben zum anderenmal.
>
> Mutter
> (nimmt seinen Kopf zwischen ihre Hände): Georg! Soll ich denn auch unterm Kreuz stehen?
>
> Büchner
> (erstickt): Leiden [...] darfst du nicht, Mutter!
>
> Mutter
> (küßt ihn): Kann ich's verhüten? Wir sind jede einmal die Mutter Marie.[14]

Und am Ende der vorletzten Szene bestätigt der Freund Schulz, unmittelbar nachdem Büchner „verloschen" ist, solche Stilisierung:

> Schulz
> (leise): Wie der tote Erlöser. Sie sterben ja alle am Kreuz, auch wenn sie nicht daran glauben.[15]

Solche Passagen belegen zugleich eine kennzeichnende Unbestimmtheit, die hier die fast typologische Entsprechung dieses Literatur-Büchner zur evozierten Christusgestalt hat: Zwar erhält die Büchnerfigur als singuläre Erscheinung messianische Züge. Aber die typologische Entsprechung soll doch auch wieder, in universaler Verallgemeinerung, 'allen' gelten. Die enthaltene Unentschiedenheit weist auf zweierlei: auf die hochgradig abstrakte Art der konstruierten Typologien und auf die Spannung, die das Schema der Erlöser-Analogie im Stück zu dem formulierten 'Willen' der Büchnerfigur erzeugt. Beides hängt aneinander.

Abstrakt bleiben die typologischen Bezüge eben, weil sie den Figuren nur von außen aufprojiziert sind, sie gewissermaßen nur heller strahlen machen sollen, ohne daß das dargestellte Verhalten der Entsprechung auch nur einigen Gehalt gäbe. So kann der Büchner des Textes sowohl immer erneut mit Christus-Analogie ausgestattet, als auch zum Saul oder Absalom berufen werden.[16] Gegenläufig werden Christus-Reminiszenzen dann auch anderen

---

13) Dazu Goltschnigg (Anm. 2), S. 357 f. (Goltschnigg erkennt darin eine 'Interation von Dichtung und Wirklichkeit' – und setzt dabei auf eine merkwürdige Weise 'Wirklichkeit' mit literarischer Fiktion gleich, als ob es sich nicht um eine *literarische* Adaption von Literatur handelte.)
14) S. 33.
15) S. 162.
16) Bei der Nachricht von Büchners Tod schreit Weidig im Gefängnis „Absalom! Absalom!" (S. 171); vorher hatte er Büchners Klage über den verhafteten Minnierode kommentiert mit „David ruft Absalom!" (S. 95).

Figuren zugewiesen. Ein Selbstgespräch Weidigs, in dem er seine gestorbene Frau anredet, macht solche Entleerung der typologischen Anklänge zur fast beliebig transportierbaren Metaphorik deutlich:

> Ich ringe auf dem Ölberg meiner Gedanken, bang ist mir, bis ins innerste Blut! Ich weiß nur von dir, wie du sonst zu mir kamst mit der treuen Wärme des Tieres, das sich hinschmiegt an seinen Gefährten. Weib, bleibt bei mir, denn es will Abend werden; der Tag hat sich geneigt! Das ist Lästerung, was tut's? Ich wand mich um Trost im Blick nach dem Kreuz, und der Heiland trug deine Züge! [17]

In einer früheren Szene hatte Amalie denn auch, bevor sie sich zum Sterben zurückzieht – so wird das tatsächlich dargeboten –, den um 'Vergebung' bittenden Büchner mit einer „Segensgebärde" bedacht[18]; und den Verräter Kuhl identifiziert sie an gleicher Stelle mit dem Zitat aus der Jesus-Überlieferung – „Du hast das Zeichen. Was du tun willst, tue es bald!" [19] Derart isoliert und aufgesetzt, geraten die Typologie-Konstrukte zu beinah substanzlosen Stilfiguren. Das literarische Verfahren erneuert die expressionistische Ausdrucksweise, deren vielbeschriebenes 'leeres Pathos', das gekennzeichnet ist von der Diskrepanz zwischen dem aufgesteilten Anspruch auf Absolutes im sprachlichen Gestus und der Unbestimmtheit darstellbaren Erkenntnisgehalts.[20] In den vielen ekstatischen Bekenntnissen der Büchnerfigur schäumt dieses Pathos besonders auf; so in der 'Eröffnung' über die literarische Arbeit am Danton-Drama, gegenüber dem undurchschauten Verräter Kuhl:

> Büchner
> (glühend): Mit Sinn zu beseelen das Chaos des Seins! Verkünden den Abgrund, den man nicht meistert! Hören Sie mich nun in Ruhe! Tat in der Wirklichkeit dünkte mir wichtig, mir Narren?! Hier – – fand ich sie, meine atmende Tat, als ich mich in ihr Gleichnis versenkte, in die große Revolution! Hier – – waren wir jeder schon da. [...] Ja, nach unserem Ebenbild forme ich Menschen, doch ihr Atem ist Raserei, ihr Trieb vermählt sich dem Tode, ihre Gedanken entthronen Gott! Ich greife in eine riesige Wolke aus Blut, die mir zu zucken anhebt unter den formenden Fingern! Ich erschaffe die Welt noch einmal im Werk, ja: ich hinfälliger verweslicher Mensch, ich, zwischen Nichts und Nichts schmale Vergänglichkeit [...]
> (Läßt das Haupt sinken.) [21]

---

(17) S. 101.
(18) S. 66.
(19) S. 67 (vgl. Joh. 13, 27).
(20) Diese Beobachtung ist von Beginn an ein wichtiger Punkt in der 'Expressionismus-Debatte', die vor allem von sozialistischen Intellektuellen in der Exilzeitschrift ‚Das Wort' 1937/38 geführt wurde. Vgl. bes. die 'Vorgabe' in Georg Lukács' Aufsatz ‚Größe und Verfall des Expressionismus' von 1934 (u. a. in: Raddatz, Fritz J. (Hrsg.): Marxismus und Literatur. Bd. II. Reinbek 1969, S. 7–42; hier S. 33 ff.) und die wichtige Antwort von Ernst Bloch: Diskussionen über Expressionismus. In: Schmitt, Hans-Jürgen (Hrsg.): Die Expressionismusdebatte. Materialien zu einer marxistischen Realismuskonzeption. Frankfurt/M. 1973, S. 180–191; hier S. 183 f. Vgl. auch Vietta (Anm. 3), S. 191 ff.
(21) S. 116.

n diesem Textstück sind Schlüsselwörter des 'messianischen Expressionismus' gehäuft: „Werk", „Tat", „Revolution" – und auch „Chaos", „Nichts".[22] Ihr Stellenwert in Csokors Drama muß noch erwogen werden.

Nicht die hier bewerkstelligte Selbststilisierung des dichtenden Büchner zum Demiurgen ist es, was die vorhin erwähnte Spannung zwischen dem Schema der Erlöser-Analogie und dem formulierten 'Willen' der Figur hervorruft. Auch solche unausgeglichene Addition der übermenschlichen Züge bildet der vorgegebenen Tendenz des Verkündigungsdramas zur „simultanen Häufung der Heilsformen und -zeichen" nur nach.[23] Vielmehr tritt im Stück das proklamierte Ziel der 'Erlösung' in einen wenigstens latenten Gegensatz zu der Büchner aufmodellierten typologischen Entsprechung überhaupt. Denn indem die Büchnerfigur zu einer Christus-Analogie zurechtgeschrieben wird, erhält sie notwendig die Kontur des Außerordentlichen, der sich seinem 'Wesen' nach vor den Menschen der Umgebung ausgezeichnet und vor ihnen auserwählt ist. Das bezeugt nicht nur die geradezu magische Kraft, die Büchner auf die übrigen Gestalten ausübt – so daß sogar die penetrant aufgetragene Judas-Entsprechung des Verräters Kuhl durchbrochen wird: In Haßliebe auf Büchner fixiert, liefert er ausgerechnet ihn an die Schergen nicht aus, fragt sich: „Wie glückt Ihnen das nur, Herr Büchner, bei mir?"[24] Dieser Büchner selbst versteht sich als gänzlich ungleich den übrigen, als Auserwählter. Bezeichnend genug weiß er zunächst noch nicht, wofür eigentlich er ausersehen sei, will sich aber 'erniedrigende' Versuchung vom Leibe halten:

> Büchner
> (leise): Kuhl! Ich kenne das alles; ich halt es nur fest von mir weg, Kuhl; sonst frißt es mich auf! Denn wo bliebe dann das, wofür ich mich spare, Tat, Werk oder Menschheit, – weiß selbst noch nicht, was und wohin?[25]

Unter der ganzen Menschheit tut's ja ein messianischer Held des Expressionismus nicht.[26] Dieser Büchner aber scheint sie zu 'erlösen', indem er sich dem Ansinnen auf praktisches Wirken gerade versagt und im – dichterischen – 'Werk' seine übermenschliche 'Bestimmung' findet:

> Büchner
> (ihm ausweichend, weicht hinter den Anatomietisch): Kein fremder Wille erobert mich, Kuhl! Anders – bin ich verpflichtet jetzt: Hoch hinaus über euch![27]

Solche menschheitserlösende Übergröße schreiben ihm die gefangenen Mitverschwörer noch nach dem Scheitern des Agitationsversuchs und nach der

---

22) Zur Rezeption Nietzsches im Expressionismus instruktiv Vietta (Anm. 3), S. 134 ff.; überhaupt enthält der Band in dem von Vietta verfaßten Hauptteil (S. 21–213) wichtige Erörterungen über die ideengeschichtlichen und konzeptionellen Prämissen des Expressionismus.
23) Lämmert (Anm. 3), S. 149 (s. a. S. 152 ff.).
24) S. 87.
25) S. 38.
26) Dazu Vietta (Anm. 3), S. 195 ff.
27) S. 115.

Flucht zu: „Vor ihm – sind wir Stückwerk! Er – wird die Tat!"[28] Der Erlöserrolle entspricht, daß Büchners Geschick menschlichen Absichten ganz
entrückt erscheint. Ihn schützt der Agent Kuhl vor dem Zugriff des verfolgen-
den Richters Georgi und liefert als 'Gegenleistung' Weidig ans Messer, kommentiert: „Der Büchner – gehört seinem Schicksal."[29]
Die Büchnerfigur, stilisiert zu einer immer wieder mit Christus-Ähnlichkei
ausgestatteten Erlösergestalt, ist derart ganz kraß über die gewöhnlicher
Sterblichen herausgehoben und sieht darin auch selbst die Verpflichtung au
seine Berufung. In unaufgehobenem Widerspruch dazu steht aber die Sozial
kritik, die gleich in der Eingangsszene seinem 'Tatwillen' Grund und Rich
tung zu geben scheint. Denn sie zentriert sich um das scharf formuliert
egalitäre Prinzip, das über seine bürgerlich bewerkstelligte, konkrete Auf
hebung hinaus festgehalten wird, seinem eigentlichen Sinn nach also scho
sozialrevolutionär. Den Bundesgenossen, die sich verächtlich über die niedri
gen Empfindungen der kleinen Leute äußern, als das Schreien eines ausge
peitschten Häftlings herübertönt, donnert Büchner entgegen:

> Büchner
> (schlägt auf den Tisch): Verfluchtes Wort! Verruchter Gedanke! Habt Ih
> feineres Fleisch um die Knochen? Euer Kot, riecht er besser als seiner? Un
> krepiert Ihr, zerfressen Euch noblere Würmer?[30]

Und wenig weiter im Wortwechsel gibt er die Bindung auf den tendenziel
sozialrevolutionären Gleichheitsgrundsatz sogar als leitende Maxime seine
Wollens aus: „Ich achte Weidig wie Ihr! Aber auch dem Geringsten de
Menschen, auch dem Menschen, den sie jetzt schlagen und hängen, bleib
ich nicht minder verpflichtet – !"[31] In der nächsten Szene wird im Streit
gespräch mit dem Vater die Sozialkritik auch an der nachrevolutionäre
bürgerlichen Gesellschaft bekräftigt:

> Vater
> (aus ehrlicher Wärme): Der Trommelschlag in deinem Blut – ist auch durc
> mich gegangen. Auch ich sah mich, helligen Scharen verbunden, auf der
> Sturmweg zu einer Freiheit empor, die dann Gleichheit wurde in Niedrig
> keit. Denn wer stieß sich wieder nach vorne? Die Fratzen von früher, i
> anderen Masken: Die Frechen! Die Rohen! Die Geilen! – nackte Horder
> stumpf, unverschämt, ohne Ziel, das blicklose Antlitz der Masse!

> Büchner
> (erregt): Blicklos? Durch wen? Wer ließ jene gedeihen in verrammelte
> Höhlen? Du! Deine Väter! Großväter! Ahnen! Ihr Ritter vom trostlose
> Geist! Ihr – Rebellen? – Ja: Ewig für euch! Hinter euch die, die euch halfe
> dabei, euere Kerker zu sprengen, dazu waren sie recht. Nachher? Was schie
> ten sie euch nachher?[32]

---

(28) S. 170.
(29) S. 83.
(30) S. 19.
(31) S. 20.
(32) S. 27.

Der Gleichheitsgrundsatz – die revolutionäre Parole des Bürgertums gegen Feudalherrschaft, nun schon gegen das Bürgertum gewendet – wird von einer Figur proklamiert, die selbst als Auserwählter markant über die Menschen der Umgebung herausgehoben ist. Die Spannung löst sich nicht einfach auf, wenn man verschiedene Bezugsebenen veranschlagt: die einer aufs Konkrete gerichteten Sozialkritik und die einer schon fast metaphorischen Erlöser-Analogie. Denn die Erlöser-Funktion ist dem Text nach durchaus real gefaßt, wie die Koppelung einer 'Revolution' an den 'Einzigartigen' zu verstehen gibt.[33] Der erörterte Widerspruch wird im Stück selbst angezielt, im Vorwurf der Scheinhaftigkeit der sozialkritischen Absicht, den die Büchner-figur vom Hofgerichtsrat Georgi erfährt: „Er ist ein Seigneur, der sich wärmt am Pöbel, weil es Ihn friert in der eigenen Haut. Weil Er niemanden liebt außer sich, möchte Er die Menschheit umhalsen!"[34] Nicht die Unterstellung der Eigenliebe, wohl aber die Spannung zwischen egalitärer Maxime, zwischen sozialrevolutionärem Willen und messianischer Rolle wird später indirekt vom Angegriffenen bestätigt.[35] Diese Spannung tritt aber im Stück nicht augenfällig zutage. Beide Komponenten bleiben so im Ungefähren, daß sie sich verschwommen überlagern können: Die dem Büchner des Stücks zugewiesene Sozialkritik gelangt über eine moralisch urteilende, sympathetische Parteinahme für die 'Masse' der 'Verachteten', der 'Erniedrigten' auch dort nicht hinaus, wo sie – wie in dem eben zitierten Szenenausschnitt – auf reale historische Bewegungen hinzielt.[36] Und die mitfühlende Brüderlichkeit, die der hochgespannte 'Wille' erreicht, ist wiederum auf die Selbstverwirklichung des Auserwählten zurückgebogen.[37] Das sozialrevolutionäre Pathos tönt heftig und angestrengt, aber gerade angesichts des möglichen historischen Befundes für dieses dem historischen nacheifernde Drama tritt die Unbestimmtheit hervor: Die sozialanalytischen Einsichten des authentischen Büchner drangen viel tiefer in reale Verhältnisse ein.[38] Auf der an-

---

33) Vgl. die in Anm. 28 nachgewiesene Stelle sowie u. S. 58.
34) S. 42.
35) S. 111.
36)

    Vater
[. . .] Georg, du irrender Ritter, der Drache verschlingt dich, den du erlegen willst, denn er ist nicht da ein Fürst, dort ein Vogt, ein Bürger, ein Wesen aus Fleisch – er ist die Gemeinheit selbst, die keine Klasse kennt, die immer nur nach dem Schwächeren tritt, ob er in Lumpen geht oder in Seide!

    Büchner
(leise): Bist du so glücklich, Vater, seit du so verachten kannst?
(S. 28)
37) An den 'Woyzeck'-Leichnam auf dem Anatomietisch richtet Büchner eine lange Anrede, die endet mit: „[. . .] Doch ehe ich dir die Stirn spalte, die auch ein Zelt der Gedanken war wie die meine, kleiner niedriger Gedanken vielleicht, verdunkelt im Göpel der Arbeit, dein Schicksal aus unserer Schuld – ja, laß dich grüßen vorher, Bruder in Kummer, Bruder in Armut, Bruder in Finsternis! Könnte ich Menschen errichten in Worten, Farben und Formen, du – würdest mein einziges Werk sein! Mich ekelt es, Barde schimmernder Helden zu werden. Gib mir deine Zunge, deine stumpfe, einfältige Zunge, um zu weissagen von dir! [. . .]" (S. 30)
38) Vgl. dazu besonders Mayer, Hans: Georg Büchner und seine Zeit. Frank-    **47**

deren Seite wird auch die typologische Anspielung auf den Erlöser Christus nicht strenger durchgeführt; sie fungiert, wie erwähnt, oft nur als stilistisches Versatzstück. Sie verhält sich ganz unausgeglichen zu anderen Bestandteilen der Büchnerfigur, etwa dem erklärten Atheismus[39] oder der gelegentlich besinnungslosen erotischen Gier[40] oder der krassen Selbstbezogenheit, die manchmal den 'Willen' zu steuern scheint.[41] So steht schon die Figur des Protagonisten für jene kennzeichnende Tendenz zum 'Synkretismus' ein, die man am expressionistischen Verkündigungsdrama identifiziert hat.[42] Was die Elemente des literarischen Konstrukts einer solchen Figur zusammenhalten soll, ist allein noch das sprachlich aufgegipfelte 'Extreme' an den überlagerten Haltungen. Dies in der Tat läßt sich als 'Formalismus' charakterisieren.[43] Er bewirkt, als seinen Ausdruck, unter anderem die Häufung hochgewerteter Abstrakta in den „leidenschaftlichen Ausbrüchen" der Figuren.[44]

Eine wichtige Stelle im Stück widerspricht derartiger Auslegung. Sozialkritik und revolutionäre Absicht werden dort, so scheint es, präzise. In der fünften Szene wird die revolutionäre Aktion mit dem ,Hessischen Landboten' entworfen. Von vornherein zentriert sich der Plan um Büchner.

> Becker
> [. . .] Wer macht der Freiheit die Gasse, wenn du nicht?

> Büchner
> Wer macht der Gasse die Freiheit? Das – fragt!

> Minnigerode
> Dann zeige doch: Wie? Oder bangt dir vielleicht vor dem Weg in die Menge, den du forderst von uns?

> Kuhl
> Ideen zur Wirklichkeit wandeln fällt schwerer als sie zu verkünden.

> Büchner
> (sein Gesicht strafft sich): Ihr – wollt das also unerbittlich? Ihr tragt, was immer daraus kommt? Wie ich es trüge? Ja –?

> Minnigerode
> Braucht es noch Schwüre zwischen uns?[45]

---

furt/M. 1972, S. 90 ff. und 257 ff.; Jancke, Gerhard: Georg Büchner. Genese und Aktualität seines Werkes. Kronberg/Ts. 1975, S. 75 ff.

(39) Z. B. S. 57.
(40) Z. B. S. 44.
(41) Z. B. S. 134.
(42) Lämmert (Anm. 3), S. 152.
(43) Der 'Formalismus'-Vorwurf war eines der zentralen Themen der Expressionismus-Debatte, an dem besonders auch Blochs und Brechts Polemik gegen Lukács ansetzte und die Erörterungen in grundsätzliche Fragen der 'realistischen Schreibweise' überleitete. Vgl. die Nachweise in Anm. 20; Brechts Beiträge finden sich auch bei Schmitt (Anm. 20), S. 302–336, zusammengestellt. Über die „Formalisierung religiöser und ethischer Werte" auch Lämmert (Anm. 3), S. 151.
(44) Die Formulierung findet sich gleich zu Anfang schon in einer Regieanweisung (S. 11).
(45) S. 69.

Daß Büchner derart als verantwortlich für den Plan und seine Ausführung dasteht, wird entscheidend für die Darstellung des Umschlags, den die Figur nach dem Scheitern der Aktion vorzuführen hat. Hier beschäftigt zunächst die geraffte Analyse, die Büchner dem Entwurf zum ‚Hessischen Landboten' vorausschickt:

> Büchner
> (sieht sie an): Führer und Fahnen genug! Fehlt nur eine Kleinigkeit noch: Die Armee! Wo rekrutieren wir sie? Handwerker, – unstete Köpfe. Arbeiter, – wenig und wechselnd bei uns. Soldaten, – kuschen im Heerbann. Bürger, Studenten, – Ihr wißt was sie wert sind. Was bleibt –? (Pause.) Etwas, das steht in der Erde, das hat schon einmal Aufruhr getragen über ganz Deutschland –!

> Minnigerode
> Der Bundschuh – muß wieder wandern!

> Büchner
> Ja, Bruder: Der Bauer! Der Bauer mit ewiger Ursach, zu hassen! Der Bauer seit dreihundert Jahren gemetzgert! Ein Sendbote soll in seine Dörfer schlagen! Ein Blatt, das dort die Fäuste ballte und den Faulsten noch aus dem Schlaf brüllt! [46]

Übergangen sei an dieser Stelle, daß Entstehen von „Aufruhr" in dem Text als „Rekrutierung" derer, die solchen Aufruhr tragen sollen, durch einige entschlossene „Führer" erscheint – nach dem Mißlingen wird es heißen: „Wir haben versagt an der Masse." [47] Was Büchner in der Passage für unterschiedliche soziale Gruppen an revolutionärem Potential veranschlagt, könnte man für die gemeinte Zeit ungefähr auch aus neueren historischen Untersuchungen bestätigen. [48] Gerade in Hessen-Darmstadt war bei den Unruhen von 1830 das Zaudern und sogar der direkte Verrat des liberalen Bürgertums, die Fügsamkeit des Militärs, die Unentschlossenheit auch kleinbürgerlicher Insurgenten sichtbar geworden. [49] Fabrikarbeiter machten höchstens ein bis zwei Prozent der arbeitsfähigen Bevölkerung aus. [50] Der Sturm auf die Frankfurter Wache 1833 hatte das Illusionäre an dem Vorgehen burschenschaftlicher Oppositioneller erwiesen. [51] Andererseits: Obwohl offiziell seit 1813 die Leibeigenschaft aufgehoben war, lebten besonders in Oberhessen noch nach 1830 viele Bauern in fast unveränderten feudalen Ab-

---

(46) S. 70.
(47) S. 111 (s. u. S. 58 f.).
(48) Verwiesen sei hier nur auf Mottek, Hans: Wirtschaftsgeschichte Deutschlands. Ein Grundriß. Bd. II. Berlin (DDR) ²1974, S. 221 ff.; Conze, Werner: Vom 'Pöbel' zum 'Proletariat'. Sozialgeschichtliche Voraussetzungen für den Sozialismus in Deutschland. In: Wehler, Hans-Ulrich (Hrsg.): Moderne deutsche Sozialgeschichte. Köln ⁴1973, S. 111–136; Kuczynski, Jürgen: Die Geschichte der Lage der Arbeiter unter dem Kapitalismus. Bd. I. Berlin (DDR) 1961; für das Großherzogtum Hessen eine Zusammenfassung bei Schaub, Gerhard: Georg Büchner ‚Der Hessische Landbote'. Texte, Materialien, Kommentar. München 1976, S. 95 ff.
(49) Vgl. den Überblick bei Schaub (Anm. 48), S. 100 ff., Mayer (Anm. 38), S. 171 f.
(50) Nach den Referaten bei Schaub (Anm. 48), S. 96.
(51) Vgl. Schaub (Anm. 48), S. 104 f.; Mayer (Anm. 38), S. 138 ff.

hängigkeitsverhältnissen.[52] Der Pauperismus unter der Landbevölkerung nahm in Teilen des Großherzogtums krasse Formen an.[53]

Im zitierten Textausschnitt durchbricht Csokor, so ist zu folgern, die Unbestimmtheit eines sozialkritischen Pathos, wie es in den Formen des expressionistischen Verkündigungsdramas vorgebildet war. Er läßt die Büchnerfigur von einer vergleichsweise scharfen Gesellschaftsanalyse aus die Aktion entwerfen.[54] Symptomatisch genug aber verursacht nach dem Konzept des Stücks gerade ein solchermaßen angelegter revolutionärer Versuch die – wiederum nahezu metaphysisch aufgehöhte – Verschuldung des Protagonisten. Obwohl breit ausgespielt wird, daß der Versuch aufgrund gezielten Verrats schon im ersten Anlauf zerbricht, nimmt Büchner das daraus folgende Schicksal seiner Freunde als persönliche Schuld auf sich – jetzt kommt zum Tragen, daß allein sein 'Wille' das Zentrum der Aktion zu sein hatte. Er folgert aus dem Scheitern der geplanten Agitation, jegliche politische Handlung sei sinnlos – „Tat in der Wirklichkeit dünkte mir wichtig, mir Narren?!" [55] Csokor koppelt diesen Schluß aus erfahrenem Mißlingen mit der Einsicht in den 'Fatalismus der Geschichte'; diese Einsicht legt er seiner Bühnenfigur als buchstäblich genommenes Zitat des authentischen Büchner in den Mund.[56] Der Büchner des Stücks erklärt:

> Büchner
> Ich wollte Paris destillieren für uns, und was fand ich? Unsere Worte! Unsere Pläne! Unsere Menschen beinahe! Eine gewaltige, sinnlose Zeit, deren äffische Fratze wir schneiden! Fatalismus der Weltgeschichte: Blut, Blut und Blut immer wieder – für Nichts! [57]

Solche Deutung von des historischen Georg Büchners Lektüre der Revolutionsgeschichtsschreibung übergeht, daß nicht Analogie der – gar personalen – Konstellationen zum Stein des Anstoßes wurde, sondern die Erkenntnis des Resultats einer als allgemeine verkündeten und als bürgerliche endenden Revolution.[58] Wieder schlägt die Zentrierung von 'Revolution' auf der

---

(52) Schaub (Anm. 48), S. 94 f.

(53) Vgl. Schaub (Anm. 48), S. 97 ff.

(54) Der authentische Büchner freilich war, mit saint-simonistischen Kategorien analytisch schon wesentlich tiefer vorgedrungen. S. die in Anm. 38 genannte Literatur.

(55) S. 116.

(56) Der berühmte und berüchtigte 'Fatalismus-Brief' ist über ganze Generationen von Büchner-Forschern hinweg, zusammen mit den gleichklingenden Passagen au ,Dantons Tod', der Grundstein für die Gesamtdeutung des 'Dichters Büchner' gewesen; besonders die lange dominierende Deklarierung Büchners als 'Pessimisten' oder 'Nihilisten' hat diesen Brief als alles definierendes Beweisstück benutzt. Musterstück dieser Interpretation ist Karl Viëtors Aufsatz ,Die Tragödie des heldischen Pessimismus'. In: Deutsche Vierteljahresschrift für Literaturwissenschaft und Geistesgeschichte 12, 1934, S. 173–209. Eine neuartige Deutung legt Jancke (Anm. 38) S. 125–135 (vgl. auch S. 107 ff.), vor. Der Brief in: Lehmann, Werner R. (Hrsg.) Georg Büchner: Sämtliche Werke und Briefe. Bd. 2. München 1972, S. 425 f.

(57) S. 109.

(58) Dazu Mayer (Anm. 38), S. 200 ff.; polemisch dagegen Jancke (Anm. 38) S. 159–232; vgl. auch schon Lukács, Georg: Der faschistisch verfälschte und de wirkliche Georg Büchner. In: ders.: Deutsche Literatur in zwei Jahrhunderte

'Willen' einzelner im Drama durch. Einsicht in „Fatalismus der Weltge-schichte" zwingt den Bühnenbüchner, seine eigentliche 'Bestimmung' zu er-fassen – 'das Werk'.

> Becker
> [...] Fort mußt du mit jeder Sekunde! Die Sache der deutschen Freiheit steht auf dem Spiele mit dir!

> Büchner
> Auch ich weiß, ich darf jetzt nicht fallen, und wenn alles verdürbe um mich! Aber nicht für das, was du meinst! Unsere Sache, Becker, ist die meine nicht mehr!

> Becker
> (greift sich an die Stirne): Jetzt, wo sie einzig dein Wille beseelt? [59]

Dichtung fungiert nun, wenn nicht als 'Erlösungswerk', so doch als erkanntes Mittel und Ziel der Selbstverwirklichung des Außerordentlichen:

> Büchner
> Was schiert mich mein Heil oder Unheil? Vielleicht ist das nur ein anderer Rausch, den ich brauche, weil ich mich nicht vor Altären zerpeitschen kann oder nicht in Weiber verlieren! Aber es ist eben der mir bestimmte seit je. Und einzige Rechtfertigung all des Elends, das ich entfesselt habe um mich, als ich mich in Taten verirrte! [60]

'Verirrung' nennt der, den seine Umgebung als Erlöser auch vom sozialen 'Unheil' sieht, die Anstrengung zu eingreifendem Handeln. Damit wird auch die vergleichsweise scharfsichtige sozialkritische Analyse, die dem Plan zur Aktion zugrunde lag, zurückgenommen. Wo das Scheitern gedeutet wird, greift die Erklärung wieder zu unspezifischen Kategorien und endet in der Abstraktheit eines 'allgemein Menschlichen':

> Büchner
> (melancholisch): Arme Freunde! Alles ist aus! Wir haben versagt an der Masse. In der Hexenchemie dieses Weltalls sind wir nur gärende Tropfen; wir werden verbunden, geschieden, bleiben Hefe, lösen uns auf. Aber sie wollens nicht wahr. Sie predigen fort, – man hört sie nicht an. Sie schrei-ben, – es liest sie keiner. Sie handeln, – niemand springt ihnen bei. Nur einander schreien wir zu wie im Schlaf. Ich bin jetzt sehr einsam, Kuhl [...] [61]

---

(Werke Bd. 7). Neuwied und Berlin 1964, S. 249–272 [zuerst in: Das Wort 2/1937, S. 7–26].
(59)  S. 108.
(60)  S. 117; vgl. die unmittelbar voraufgehende Passage:

> Büchner
> (stößt den Atlas vor sich zurseite, packt das daruntergelegene Manuskript, schiebt es Kuhl hin): Hier – mein Geheimnis! Mein Sinn! Mein Gesetz! Wo bleiben Sie davor? Wo – Ihr alle?
> (S. 115 f.)

(61)  S. 111 (vgl. den zitierten Brief vom Juni 1833: Büchner: Werke ed. Lehmann, Bd. 2, S. 418; dazu Jancke (Anm. 38), S. 107 ff.).

Der zu Großem Ausersehene ist seinen Mitmenschen nun auch darin voraus, daß er das Vergebliche nicht nur sozialrevolutionären Handelns, sondern der 'Tat' überhaupt einsieht. Damit deutet sich schon an, womit dieses Stück im genauen Sinne spätexpressionistisch zu nennen ist: Es hält sich an Schema und Gestus des Verkündigungsdramas, wie es im sogenannten expressionistischen Jahrzehnt [62] ausgeformt worden war; aber es setzt zugleich Gegenläufiges um, mit dem dieses Schema und dieser Gestus abgebogen, ja umgekehrt werden. Charakteristische Widersprüchlichkeit sitzt also der expressionistischen Gestalt dieses Dramas im Mark.

So aufdringlich die Büchnerfigur mit Einzelverweisen zu einem Erlöser in Christus-Analogie stilisiert wird – entsprechend dem aufgegriffenen literarischen Modell –, anders als in den frühen Dramen von Kaiser, Toller, Hasenclever, Bronnen und so fort, vollendet der Heilsbringer hier sein Erlösungs- und Opferwerk nicht, hält auch seinen 'Tatwillen' in ekstatischer Verkündigung nicht durch.[63] Selbstverwirklichung und erlösende 'Tat' treten, nach der Einsicht in die 'Bestimmung' des Protagonisten, unvereinbar auseinander –

> Büchner
> (verfinstert): Um Klemm ist mir weh. Er vermag auch die Welt immer nur aus einem Punkte zu umfangen: Ob es ein Weib ist oder eine Idee. Der kriecht zu Kreuz im Arresthaus!

> Turner
> (gehässig): Und Sie –? Wie, meinen Sie, halten Sie sich?

> Büchner
> (beißt sich in die Lippen): Vielleicht genau so wie er. Jeder kann nicht um andere leiden.

> Nievergelter
> Damit scherzt man nicht, Bruder! Willst du dich verleugnen und deine Tat?

> Büchner
> Die Tat! Nur die Tat! Nicht mich![64]

Daß der Ausersehene stellvertretendes Leiden ausdrücklich verweigert, läuft einem dominierenden Modell des Verkündigungsdramas zuwider.[65] Dennoch behält er in diesem Stück, wie schon belegt, für die ihn umgebenden Menschen bis zum Schluß die Kontur einer Erlösergestalt.[66] Entfaltung und Widerruf des expressionistischen Typus werden bis in die Büchnerfigur hin-

---

(62) So wird in der Forschung vielfach die Spanne zwischen 1910 und 1920 bezeichnet; vgl. dazu die einleitende Forschungsdiskussion in Vietta/Kemper (Anm. 3), S. 11–20.
(63) Zu den angeführten Autoren s. Lämmert (Anm. 3), S. 145 ff.; Vietta/Kemper (Anm. 3), S. 195 ff.; Kaufmann (Anm. 4), S. 254 ff.
(64) S. 134.
(65) Besonders deutlich wird das Modell etwa in Kaisers ,Die Bürger von Calais' (s. bes. Vietta/Kemper (Anm. 3), S. 195 f.).
(66) Vgl. die oben in Anm. 15 und 28 nachgewiesenen Stellen.

ein zusammengezwungen. Denn daß dieser Büchner sich dem erwarteten Erlösungswerk durch weltumwälzendes Handeln entzieht, hebt paradoxerweise den von ihm selbst angenommenen Anspruch auf die Erlöserrolle nicht auf. In einem schon fast wahnhaften Ausbruch legt er das Credo ab:

> Büchner
> (rast durch den Garten): Gott!? – Wo ist Gott?

> Idiot
> (springt ihm aus dem Gebüsch ins Genick, daß er in die Knie sinkt): Hier! Und du bist mein eingeborener Sohn, den ich an meine Scheune nageln werde!

> Büchner
> (versucht sich vergeblich aufzurichten; zähneklappernd): Gott, an den ich nicht glaube –! Gott, an den ich nicht glaube –! Ich habe getötet und nichts erlöst! Ich war ein Heiland, der andere kreuzigt! Nein einmal das! Selbst das Böse trägt Früchte. Und ich bin leer geblieben in allem! Nur Mörder gewesen! Nur Kain! Mein Hirn wälzt sich mir glühend im Schädel! Das – ist dein Zeichen! Gott! Tritt mich aus![67]

Noch in der extremen Umkehr der Christus-Analogie wird an ihr festgehalten. Im Fieber, auf dem Sterbebett, hat Büchner den unaufgehobenen Anspruch zu bestätigen: „Man soll niemanden martern! Auch mich nicht! Ich schlage mich selbst schon ans Kreuz! Ihr – seid da zu spät gekommen. Oder war ich zu früh? Ich, Georg Büchner, ermordet von Gott im dreiundzwanzigsten Jahre?"[68] Mit solchem gewissermaßen negativ gefaßten Anspruch auf Selbstopferung greift Csokor wiederum auf ein vorgebildetes Element des Verkündigungsdramas zurück.[69] Aber auch dies bleibt nur zugezogenes Versatzstück, steigert allenfalls die Unausgeglichenheiten. Denn wie der Erlöser-Habitus, der noch mit der Verweigerung der heilbringenden 'Tat' aufrecht erhalten wird, so führt auch seine Umkehrung zum Selbsterlösungswillen nur zur Erkenntnis schuldhaften Scheiterns. Daß praktisch werdender 'Tatwille' unabgeltbare Schuld erzeugt, ist vielleicht – im Rahmen des Erlöser-Konstrukts – die entschiedenste Brechung des verwandten expressionistischen Modells. Daß er sich „in Taten verirrte", mit denen er – so das Postulat – für das fürchterliche Schicksal der Mitverschwörer verantwortlich wurde, eben als der vor den anderen Ausgezeichnete, erzeugt dem Bühnenbüchner eine entsprechend riesenhaft dimensionierte Schuld, die auch durch die Selbstverwirklichung im 'Werk' nicht aufgehoben werden kann. Die Arbeit am 'Werk', nach dem Umschlag, war ja der Versuch, entschlossen der 'Bestimmung' zu folgen; das wurde mit einer Nuance von Aufopferung versehen.[70] Auch dieser Anlauf zu einer beispielhaften Selbstverwirklichung scheitert, dem Bewußtsein des Protagonisten zufolge. Dem 'Willen' – als der

---

(67) S. 152.
(68) S. 158.
(69) Vgl. Lämmert (Anm. 3), S. 151.
(70) Vgl. die oben in Anm. 27, 59, 64 und 67 nachgewiesenen Stellen.

Sehnsucht nach „einer einzigen lichten Vollendung" [71] – steht die Erkenntnis gegenüber, daß das „Werk" nicht „vollendet" sei und das durch die „Tat" bewirkte „Elend" nicht „rechtfertigen" könne.[72]

Mehrfach konstruiert also Csokor in dieses Verkündigungsdrama dessen Widerrufung hinein. Daß abstrakter sozialrevolutionärer Erlösungswille zurückgenommen wird, läßt sich sehr wohl als ein Reflex der zeitgeschichtlichen Erfahrung deuten, die den Expressionisten mit Kriegsende und Revolutionsphase zugemutet wurde: Ein synkretistisches, auch Sozialkritik einschließendes, allgemeines Erneuerungs- und Heilspathos wurde obsolet angesichts der realen, politisch unmißverständlich artikulierten Anstrengungen, radikale gesellschaftliche Umwälzungen wirklich durchzuführen. Csokor zieht aber gerade nicht die Konsequenz, zu der sich viele Expressionisten veranlaßt sahen: mit der Präzisierung ihres sozialkritischen Impetus auf politische Praxis hin auch in ihrer Literaturproduktion über einen abstrakt messianischen Gestus hinauszugelangen.[73] Mit prägenden Elementen erneuert Csokor den Typus des Verkündigungsdramas. Für dessen Anachronismus steht die mehrfache Brechung des Konstruktionsbogens ein. Beides, das Festhalten am gesellschaftlich überholten Ausdrucksmittel literarischer Produktion wie dessen wieder inkonsequent durchgeführte Umkehrung, verweisen aber auch auf eine wesentliche Erfahrung aus Zeitgeschichte: auf das Mißlingen revolutionär angelegter Umwälzung als dem Entstehungspunkt der Republik nach dem Ersten Weltkrieg. Das Scheitern der gesellschaftlichen Konkretion sozialrevolutionären Willens spiegelt sich nicht unmittelbar im Stück, in der vorgeführten Rücknahme genauer zielender aufrührerischer 'Tat'. Mit solcher Interpretation, die nach inhaltlichen Analogien sucht, liefert Sozialgeschichte der Literatur die Parodie ihrer selbst – sie enthebt sich gerade der Aufgabe, das Literarische an den Texten als Moment größerer gesellschaftlicher Bewegungen zu identifizieren. An dieser Stelle ist vielmehr zu veranschlagen, daß Csokor durch alle Brechungen hindurch die frühe expressionistische Fassung seines sozialkritischen Strebens beibehält, auch literarisch. Das unspezifische sozialkritische Element bildet daher nur eine Facette der schriftstellerischen Haltung insgesamt, die Csokor über alle zeitgeschichtlichen Umbrüche hinweg dokumentiert. Franz Werfel hat, in einer Eloge zum 50. Geburtstag Csokors 1935, in apologetischer Weise auf diese Kontinuität des frühexpressionistischen Habitus hingewiesen, bei dessen Prägung um 1910 ansetzend:

„Die geistigen Menschen, die damals jung waren, hatten eine sehr hohe Vorstellung vom dichterischen Beruf. Es war ein fast apostolisches Ideal. Der wahre Dichter erschien uns als ein einziger Träger der Inspiration in einer entgötterten Welt, als

---

(71) S. 127.
(72) S. 117, 126 f. und 160 f.
(73) Dazu Kaufmann (Anm. 4), S. 347 ff. Bloch wies bereits in der 'Expressionismusdebatte' nachdrücklich darauf hin, daß die revolutionären Umwälzungen von 1918/19 eine Scheidelinie für die Beurteilung eines abstrakten Pazifismus und der bloß subjektiven Revolte im Expressionismus bilden müßten (Bloch: Diskussionen, in: Schmitt (Anm. 20), S. 183 f.).

reinigender Erneuerer einer im Umgang mit den Zeitmächten besudelten Sprache, ja als ein prophetischer Wiedererwecker der heiligen Ursprünglichkeit in den Menschen und Dingen. Wir träumten von seiner großen Verantwortung in die Zukunft hinein. Wir glaubten kindlich an seine revolutionäre Kraft, das Schlecht-Gebundene neu zu binden und die natürlichen haßerfüllten Gemeinschaften mit der übernatürlichen Botschaft einer allumfassenden Liebe zu durchglühen [...].
Heute, nach einem langen und schweren Vierteljahrhundert, kann ich nichts Schöneres über Franz Theodor Csokor sagen, als daß er diesem apostolischen Ideal restlos treu geblieben ist. Seine restlose Treue war nicht billig erkauft. Sie hat Opfer gefordert bis auf den heutigen Tag. [...] Und trotz dieses Werkes, trotz seiner fünfzig Jahre lebt er heute noch dasselbe Jünglings- und Studentenleben wie damals, als er mich in Hamburg besuchte. Das hat zweierlei Gründe. Ein echtes dichterisches Ingenium altert nicht. Das erste Erstaunen, die erste Spannung der Seele, die den Vers gebiert, das Nie-Erwachsene, Ewig-Knabenhafte bleibt länger erhalten als bei irgendwelchen Menschen sonst. Und dann: Csokor hat, er konnte niemals eine Konzession in seiner Arbeit machen. [...]
Er ist mit Fünfzig derselbe junge Dichter, der er mit Zwanzig war, und er wird es bleiben." [74]

Zweifellos betreibt Werfel hier auch Selbstrechtfertigung. Aber auch an ihm wäre zu erörtern, wie die ichbezogene Stilisierung des 'ewig jungen Dichters' sich zum objektiven Sachverhalt eines starr festgehaltenen literarischen Gestus verhalte. Zwischen den verquasten Verallgemeinerungen des Textes soll hier nur so viel gelesen werden: Offenbar entsprach dem widerspruchsreich fortgeführten expressionistischen Literaturkonzept bei Csokor ein Selbstverständnis, das über alle historischen und lebensgeschichtlichen Brüche hinweg konstant geblieben war. Auch die gesellschaftsanalytisch und praktisch-politisch begründete Entwicklung von Kunstmitteln, die gerade auf den Expressionismus scharf antithetisch gerichtet waren, hat Csokor nicht zur Revision des einmal als zeitgemäß angenommenen Grundmusters veranlaßt.[75] Zum Anachronismus gerät solche fast gewaltsam behauptete Kontinuität, wo sie die kraß veränderte, aber ja ausdrücklich reflektierte zeitgeschichtliche Erfahrung nicht mehr produktiv im literarischen Erzeugnis anzueignen erlaubt. Gegenüber möglicher, sehr wohl transformierter Auseinandersetzung mit erlebten gesellschaftlichen Konflikten erscheint eine solche literarisch manifeste Haltung eher als Verweigerung; sie muß das gewollte Engagement in die Sphäre abstrakten, schon fast metahistorischen

---

(74) Zitiert nach Müller, Artur: Vorwort zu: Franz Theodor Csokor: Gesellschaft der Menschenrechte. Emsdetten (o. J.). (Dramen der Zeit 21), S. 5–10; hier S. 6 f. [dort nur die ungenaue bibliographische Angabe: zuerst in Fledermaus, 1935].
(75) Noch im Nachwort zu Csokor ,Der Mensch und die Macht' läßt sich eine analoge Attitüde erkennen: „Das andere Theater, das Theater des humanistischen Engagements im Sinne einer Verteidigung des Rechtes der Kreatur gegen die Vergewaltigung durch die Macht, dem ich mich auch in diesen drei Stücken verpflichtet fühle, dünkt mich damals wie heute auf welche Form immer unabweislich in einer Welt, die seiner nach so grauenhaften Zerstörungen um uns und in uns nicht mehr zu entraten vermag." (S. 118) Csokor wendet sich mit solcher Begründung scharf gegen die Kunstmittel des absurden Theaters und des Surrealismus: „Die großen geschichtlichen Horizonte und ihre Menschen bleiben ja trotz allen 'absurden' Theaters [...]" (S. 118).

Widerstreits, etwa zwischen 'dem Menschen' und 'der Macht', entrücken.[76]
In ‚Gesellschaft der Menschenrechte' schlägt das Anachronistische des Gesamtentwurfs, wie gesagt, in den unverarbeiteten Widersprüchen zwischen expressionistischem Gestus – bis zu den aufgegriffenen Darstellungsmitteln – und seiner inkonsequenten Brechung durch. Noch das Umbiegen des Schemas der Erlöser-Analogie wird, mit Hilfe tradierter Elemente expressionistischer Dramatik, widerrufen: Obwohl die Büchnerfigur an sich als dem 'negativen Erlöser' verzweifelt – „Was ich berühre, mißglückt!"[77] –, befinden die Freunde am Totenbett: „Wie der tote Erlöser."[78] Das Recht derartiger Charakterisierung soll aus einem wiederum zentralen expressionistischen Postulat entspringen: daß „allein *Intensität* der Empfindung und der *Grad* des Hingabewillens" die Wahrheit und den Rang des 'Wollens' erweisen.[79] Der Gehalt dieser abstrakten Radikalität verflüchtigt sich – die Intensität ungefüllten Büchnerschen Willens setzt sich in der letzten Szene des Stücks noch in der 'Unbedingtheit' von Weidigs Haltung fort, der Selbstmord begeht, nachdem er erklärt hat: „Es hängt nicht an der Sache, ob sie falsch oder recht ist!"[80] Der Büchner dieses Dramas kann zuletzt, trotz der Umkehr des typologischen Konstrukts, doch zur Erlöser-Entsprechung geadelt werden, weil sein 'Wille' – gleich ob zur Heilstat für die Menschheit oder zur Selbstverwirklichung – unvergleichlich intensiv trieb:

> Minna
> (die Hand ihm an die Stirn legend): Deine Stirn steht in Flammen, Georg!
>
> Büchner
> Feuer im Dornbusch! Es frißt nur die andern, nie mich! Und ich sehne mich so, zu verbrennen![81]

Daß diese Sehnsucht ihr Ziel nicht findet, ergibt sich einleuchtend aus der Verarbeitung authentischer Biographie: mit dem frühen Tod. Im Stück wird Büchner keineswegs zum Frühvollendeten. Auf dem Sterbebett klagt er:

> Büchner
> Ich scheide so jung! In mir war unendlicher lodernder Wille, – und so erbärmlich ist es, was bleibt: Stückwerk, Anbruch, Suche, –! Wer weiß noch von mir übers nächste Geschlecht? Vollendet war ich in Einem nur: In deiner Liebe![82]

Um dennoch einen erlösten Erlöser portraitieren zu können, greift Csokor, den Schlußsatz des Zitats ausspinnend, zu einem schon reichlich grotesken

---

(76) Vgl. die Erläuterung des Titels des angeführten Sammelbandes im Nachwort (Zitat in Anm. 75).
(77) S. 144; vgl. auch die in Anm. 64, 67 und 68 nachgewiesenen Stellen.
(78) S. 162 – s. o. S. 43.
(79) Lämmert (Anm. 3), S. 151; vgl. S. 149 und 152.
(80) S. 166 – s. u. S. 58 f.
(81) S. 136.
(82) S. 160.

Einfall: Der absolute 'Wille' Büchners soll sich darin 'vollenden', daß sich die Braut um seinetwillen weiterer Lebenserfüllung versagt:

> Büchner
> Irgendwo – will ich bewahrt sein! Irgendwo Werk bleiben, Tat! [...]
> Überwindest du dich für mich, – das formt dann mein rundes Werk! Das – ist meine atmende Tat! Das – nimmt meinem Tod den Stachel! Keinem gehöre mehr, du! Doch du schlachtest dein Herz an meinem Grab damit! Besinne dich also davor![83]

Minna gibt dem 'Verloschenen' das geforderte Versprechen. Dieses 'Opfer' – es ist nicht das erste[84] – verdeutlicht noch einmal die ganze Ambivalenz des verwendeten und gebrochenen Erlöser-Schemas: Der Erlöser scheitert zweifach und muß verzweifeln an sich und wird dennoch 'vollendet'. Der auszeichnende, hochgradig intensive 'Wille' wird dabei so abstrakt, daß er sich in der bloßen Verweigerung der Geliebten vor der 'Welt' zum 'Werk formen' kann. Jede Tendenz auf praktische Tätigkeit ist damit an der 'Tat' getilgt.

Der Gegensatz zwischen „Tat in der Wirklichkeit" und entwirklichtem „Werk", den Csokor hier mit der interpersonalen Übertragung der substanzlosen 'Tat' grotesk überspannt, kann durchaus noch etwas von der objektiven Spannung von Alltagspraxis und literarisch reflektierender Produktivität enthalten.[85] Bei Csokor wird daraus – nicht nur in diesem Stück – so etwas wie Kompensationsvorstellung: Das literarische Werk wird zum Ersatz für praktisches Handeln deklariert. Gerade aus den Schriften Georg Büchners liest Csokor Bestätigung für diese Selbstdeutung heraus: „Zweifel und Verzweiflung an der Berufung zur Tat, die ihn nach dem Versagen seiner Flugschrift ‚Der Hessische Landbote' durchkämpften, ließen das Drama ‚Dantons Tod' aus ihm entstehen. Wie ja jedes Werk aus einer Tat wird, die man sich in der Wirklichkeit verwehrt, um sie auf einer anderen irrealen Ebene als Schöpfung in Geist, Idee oder Kunst wieder zu begehen."[86] Schon die Begrifflichkeit zeigt an, daß hier aus der idealistischen Ästhetik die Antinomie Realität-Kunst ein deformiertes Nachleben führt; ihr ist die ursprüngliche dialektische Spannung mit einem platten 'Das eine statt des anderen' ausgetrieben. Literatur als Ersatzhandlung jenseits der 'Wirklichkeit' – das erhält im zeitgeschichtlichen Kontext durchaus einen politischen Akzent: Mit einem derartigen Postulat kann sich ein

---

(83) S. 160 f. – Goltschnigg (Anm. 2), S. 350, meint, es werde angedeutet, daß Minna nicht recht 'fähig' sei, dem Wunsch des Sterbenden nachzukommen; ihr Ausruf „Wer – war das?" (S. 162) ist aber eher als eine der pathetischen, abstrakten Exklamationen dieses Dramentyps zu betrachten und gehört in den Kontext der Christus-Stilisierung.
(84) So wird schon die Gefangennahme Klemms – wie der übrigen Freunde – als 'Opfer' für Büchner bezeichnet (S. 133).
(85) Zum Verhältnis von Alltagspraxis und literarischem 'Reflexionsakt' bes. Warneken, Bernd Jürgen: Der Begriff der literarischen Produktion als Ausgangspunkt einer Sozialtheorie der Literatur. Diss. (masch.) Tübingen 1975, S. 59 ff. und 141 ff.
(86) Csokor/Martin: Dantons Tod, zit. nach: Goltschnigg (Anm. 2), S. 360.

Schriftsteller der expressionistischen Generation der Arbeit entziehen, die viele der Geistesverwandten aus dem expressionistischen Jahrzehnt spätestens nach Kriegsende meinten aufnehmen zu müssen: die dezidierte, auch tagespolitisch manifeste Parteilichkeit in den gesellschaftlichen Auseinandersetzungen der zwanziger Jahre in die literarische Produktion zu integrieren.[87] Es soll keineswegs unterschlagen werden, daß Csokor gegenüber dem staatspolitisch etablierten Nationalsozialismus offen Einspruch erhoben hat und mit Exil, Flucht und aktivem Engagement auf Seiten der Alliierten auch lebensgeschichtlich harte Konsequenzen aus seiner Oppositionshaltung gezogen hat.[88] Aber das Festhalten des expressionistischen Habitus insgesamt in den Werken gibt eine Verweigerung zu erkennen, die schlechte Antinomie von 'Tat' und 'Werk' – den unbegriffenen Reflex der Spannung zwischen erfahrener Zeitgeschichte und einmal angeeignetem literarischem Verfahren – auch nur der Intention nach im Literaturkonzept selbst aufzuheben. Diese Verweigerung zeichnet dann auch die literarischen Arbeiten: Die Diskrepanz zwischen der Intensität des proklamierten 'Willens' und der Unbestimmtheit des ermittelbaren Gehalts dieses Willens nimmt bis ins Extreme zu. Im vorliegenden Stück wird versuchte Präzisierung der sozialkritischen Absicht radikal widerrufen. Der revolutionäre Impetus verliert sich im Substanzlosen eines nur als erinnernde Entsagung 'vollendeten Werks'. Und noch eines: Das im Ansatz revolutionäre Streben ist scharf auf den herausgehobenen einzelnen zentriert. Der Ausruf der gefangenen Mitverschwörer vor ihren Peinigern „Er – ist die deutsche Revolution, die euch ja doch nicht erspart bleibt!"[89] wird nicht definitiv zurückgenommen; er bündelt auch nur noch einmal, was das Stück hindurch der Büchnerfigur fortwährend zugemutet wurde: allein die entscheidende Inkarnation des Veränderungswillens zu sein. Das Verhalten der gefangenen Freunde in der Schlußszene wiederholt noch einmal die Ambivalenz des gesamten Entwurfs: Büchners Rücknahme des konkret werdenden 'Tatwillens' scheint ihrerseits aufgehoben, zugleich jedoch bleibt Büchner die maßgebende Instanz – auch darin, daß Weidigs 'revolutionäres Testament', statt in genauem Bezug auf sozialkritischen Befund, in diffusen Ausdrücken apokalyptischer Prophetie for-

---

(87) Daß solche Parteilichkeit, vom Ausgangspunkt einer abstrakten Sozialutopie des messianischen Expressionismus, auch höchst bedenkliche Auslieferung an schnell ergriffene 'Heilslehren' bedeuten konnte, zeigt die Entwicklung einer ganzen Reihe von expressionistischen Literaten. Vgl. Lämmert (Anm. 3), S. 151 ff. Gegenüber dem von Lukács und Kurella erhobenen Vorwurf, 'der' Expressionismus habe den Faschismus mit vorbereitet oder gar zu ihm hingeführt, betont Bloch mit Nachdruck die latent revolutionäre Komponente im genuinen expressionistischen Habitus (vgl. die Artikel in Schmitt (Anm. 20) bzw. Raddatz (Anm. 20).

(88) Andeutungen über die Lebensgeschichte Csokors, in dieser Hinsicht, bei Goltschnigg (Anm. 2), S. 361, und Müller (Anm. 74), S. 7 ff.

(89) S. 170. – Mit der Personifizierung der Revolution im 'Auserwählten' schlägt zweifellos ein bürgerliches Denkmuster durch, das die „bloß subjektive Revolte" (Bloch) des Expressionismus insgesamt kennzeichnet. Es verbindet sich mit der Tradition der Erhöhung des 'Dichters' zum Seher, Propheten usw. (vgl. Vietta/Kemper (Anm. 3), S. 98).

muliert ist.[90] Über alle Brechungen und gegenläufigen Momente hinweg wird, widersprüchlich genug, der Gestus des messianischen Expressionismus weitergeführt, in der Abstraktheit sozialutopischer Verkündigung gleichermaßen wie in der Ballung des 'Tatwillens' in der auserwählten Einzelfigur und in ihrer Stilisierung zum letztlich doch erlösten Erlöser. Aber die unentschlossene Umkehrung oder Negativfassung einzelner Elemente muß den Anachronismus solchen Beharrens dokumentieren.[91]

Die spätexpressionistischen Züge an Csokors Drama vermögen sich nur abzuheben vor dem Muster, das die noch ungebrochene expressionistische Bewegung ausformte – und vor den durchgreifenden Wandlungen des Selbstverständnisses wie der literarischen Produktion, zu denen viele Expressionisten der 'ersten Stunde' sich veranlaßt sahen. Csokor erneuert die Zwiespältigkeit, die der Aneignung von Leben und Schriften Georg Büchners im Expressionismus eigen ist: Sie setzt im Zentrum der überlieferten Kontur an, beim gesellschaftskritischen, sozialrevolutionären Impuls. Aber sie enthistorisiert, gegen die klare Absicht der geschichtlichen Figur, diesen Impuls

---

(90) Weidig 'bekennt' vor den Staatsvertretern: „Mich habt ihr genarrt! Wozu warb ich um euch? Nimmt man Tigern den Blutdurst durch Predigten weg? Das heißt Mitschuld: Mein Leben – zur Sühne dafür! Aber euer Verbrechen – ist schon, daß Ihr *seid!* Schlechte und Reine! Sünder und achtlose Erben der Sünde! Darum muß man euch ausjäten, alle! Auch die Guten, die euch ertrugen, mit euch! Denn Ihr zählt nicht als einzelne mehr, Ihr klammert an euerer Kaste, und verdammt ist die Kaste zum ewigen Feuer! Schreib das alles nieder, Mensch, daß ich es dir unterzeichne! Euer Todesurteil – euch unterzeichne!" (S. 174 f.) Goltschnigg (Anm. 2), S. 361, behauptet, mit dieser 'Auferstehung Büchners in Weidig' (vgl. S. 350) werde das Grundanliegen des Dramas insofern verdeutlicht, „als *Büchners* Sendung, die Forderung nach der totalen, radikalen Revolution, über seine Person hinausreichen und eine Massenbewegung entfachen soll." Nicht nur wird in solch großzügiger Interpretation übergangen, wie widersprüchlich gerade 'Büchners Sendung' in diesem Drama vorgestellt wird. Auch die erstaunliche Verbindung zwischen Weidigs apokalyptischer Prophetie – im Gefängnis! – und dem 'Entfachen einer Massenbewegung' kann nur herstellen, wer die unhistorische, personalistische Revolutions-Vorstellung des Stücks einfach wiederholt und darauf verzichtet, in derartigen ideologischen Elementen von Literatur nach der Aneignung zeitgeschichtlicher Antinomien zu suchen. Damit wird aber auch die Möglichkeit verspielt, die Rezeption Büchners in Kunstliteratur als Verarbeitung erfahrener Gegenwart des jeweiligen Autors zu deuten.

(91) Goltschnigg (Anm. 2) verkündet mit dem ersten Satz seiner Studie: „Mit dem österreichischen Dramatiker Franz Theodor Csokor erreicht die Rezeption und Wirkung Georg Büchners ihren Höhepunkt." (S. 344) Bei allem Verständnis für einen gewissen Nationalstolz – das vorausgesetzte Modell vom definitiven 'Höhepunkt' (und dem entsprechenden Verfall danach) in der Rezeptions- und Wirkungsgeschichte zeigt allein schon eine erschreckende Begriffslosigkeit vor dem Charakter historischer Prozesse an. Ausgerechnet die gewaltsam expressionistische Stilisierung Büchners bei Csokor, die manchmal schon fast parodistische Verwendung eines obsoleten Pathos, die unverarbeitete Widersprüchlichkeit der Darstellung so zu prämieren, kann einem nur einfallen, wenn man vermeidet, Literatur – gerade mit ihrer Kunst-Gestalt – auf den bezeugten Gehalt an konkreter Geschichte zu befragen. Darin verfährt Goltschnigg denn auch ziemlich konsequent, in seinem Aufsatz wie in dem breit angelegten Buch (Goltschnigg, Dietmar: Rezeptions- und Wirkungsgeschichte Georg Büchners. Kronberg/Ts. 1975 [Scriptor Monographien Literaturwissenschaft 22]).

zu einem diffusen 'Tatwillen', ja zu dessen bloßer substanzloser Intensität.[92] Derartige Zwiespältigkeit trifft mit der Deutung der geschichtlichen Erscheinung auch die allemal mitgemeinte Gegenwart. Wo solche – sei es literarische produktive – Aneignung der als fordernd empfundenen Geschichtskonstellation sich der Aufnahme fortgeschrittener gesellschaftlicher Erfahrung, ihrer möglichen Durchdringung verweigert, entzieht sie sich gerade der Aufgabe, die mit der vergangenen Erscheinung Georg Büchners gegenwärtigem Bemühen gestellt ist.

(92) Bei Kasimir Edschmid, einem anderen der lebenslang am Expressionismus Orientierten, findet sich Ähnliches sogar zu Beginn eines biographisch angelegten großen Essays: „Um Büchners einzigartige Erscheinung zu verstehen, braucht man nur, einerlei wo, einige seiner Sätze zu lesen. Man ist sogleich vom Flügel, aber auch vom Schwert des Genius angerührt. Die Frage, wann oder wie er lebte, wie seine Umwelt war und wohin seine geheimsten Gedanken zielten, wird dann ohne Bedeutung. Sie verblaßt vor der Glut des Dämons, der seine Bücher durchatmet." (Edschmid, Kasimir: Georg Büchner. München 1970 [zuerst 1963], S. 5).

Ludwig Fischer

# Erkennen und Wiedererkennen

## Über die Aneignung von Gegenwart und Vergangenheit in Gaston Salvatores Stück ‚Büchners Tod'

### I. Nachricht, unvermittelt nackt

Das Hessische Staatstheater Darmstadt plant, für die Eröffnung seines Kleinen Hauses einen Dramen-Wettbewerb auszuschreiben. Die Stücke sollten sich um das Thema 'Büchner' zentrieren. Aus verschiedenen Gründen kommt der Wettbewerb nicht zustande, die Überlegungen des Theaters werden aber im Kulturbetrieb bekannt. Zur fraglichen Zeit, etwa Herbst 1971, arbeitet der deutsch schreibende Chilene Gaston Salvatore in Berlin an einem Stück über Büchner. Es entsteht Kontakt zum Darmstädter Theater; im November 1971 legt Salvatore der Dramaturgie ein Exposé seines Stückes vor. In den folgenden Monaten wird der Text ausgearbeitet, phasenweise in enger Zusammenarbeit mit dem Darmstädter Theater. Fast kann man schließlich von einer Art Auftragsarbeit sprechen.[1] Im Frühjahr 1972 erhält Salvatore vom Suhrkamp-Verlag die Hälfte eines mit 12 000,– DM angesetzten Dramatiker-Stipendiums für die Fertigstellung seines Büchner-Stücks zuerkannt.[2] Am 7. Oktober 1972 wird das neue Haus mit der Uraufführung von Gaston Salvatores ‚Büchners Tod' eröffnet. Die Skala der Reaktionen auf Stück und Inszenierung reicht bei den Theaterkritikern der großen Blätter und der hessischen Regional-Zeitungen von wohlwollend-kühler Anerkennung bis zu genüßlichem oder auch unwirschem Verriß.[3] Die Ablehnung des Dramas überwiegt.

---

1) Herrn Paris Kosmidis, Schauspielhaus Düsseldorf, bin ich für Auskünfte über den geplanten Wettbewerb und die Arbeit mit Salvatores Stück zu Dank verpflichtet. Vgl. die ungenauen Informationen etwa bei Eberhard Seybold: . . . und Büchners Tod. In: Frankfurter Neue Presse, 9. 10. 1972.
2) Nach freundlicher Auskunft des Suhrkamp-Verlages wird das Stipendium in unregelmäßigen Abständen an junge, noch unbekannte und für förderungswürdig erachtete Autoren vergeben. Salvatore erhielt das Stipendium zusammen mit G. F. Jonke im Frühjahr 1972.
3) Der Suhrkamp-Verlag machte freundlicherweise eine Reihe von Kritiken zugänglich. Genannt seien: Hensel, Georg: Abschied von der Revolution? Darmstädter Echo, 9. 10. 1972; Schultz, Uwe: Totenbett-Tiraden. In: Stuttgarter Zeitung, 9. 10. 1972; Maass, Max Peter: Komödiantische Schau um eine Agonie. In: Darmstädter Tageblatt, 9. 10. 1972; Hensel, Georg: Die Revolution – vom Kunstdünger überholt? In: Süddeutsche Zeitung, 9. 10. 1972; Iden, Peter: Ein Sterbefall. In: Frankfurter Rundschau, 9. 10. 1972; Beck, Ferdinand: Der lange Weg in Büchners Sterbezimmer (Vorschau). In: Darmstädter Echo, 27. 9. 1972; Eberhard Seybold s. Anm. 1); g. r.: Das wiederholbare Sterben Georg Büchners. In: Frankfurter Allgemeine, 9. 10. 1972; im April 1973 wurde die Inszenierung innerhalb der Reihe ‚Die aktuelle Inszenierung' des ZDF als Aufzeichnung ausgestrahlt, vgl. E. J.: Das Büchner-Festspiel. In: Frankfurter Allgemeine (Stadtausgabe), 27. 4. 1973.

Noch im gleichen Jahr erscheint der Text des Stückes als Buch.[4] Die Auflage beträgt immerhin 10 000 Exemplare; seit einiger Zeit ist das Buch vergriffen. Das Theaterstück wird nach der Uraufführung in keiner weiteren Inszenierung nachgespielt.[5]

Gaston Salvatore reicht sein Stück auch für die Konkurrenz um den Gerhart Hauptmann-Preis 1972 ein, den die Freie Volksbühne Berlin an noch nicht etablierte Autoren vergibt. Die Jury teilt Salvatore im November 1972 unter 72 Mitbewerbern den Preis zu; am 2. Dezember wird der mit 5000,– DM dotierte Preis im Rahmen des 'Theatersprechtages' im Theater Freie Volksbühne öffentlich überreicht.[6]

„Gaston Salvatore wurde 1941 in Valparaiso/Chile geboren. Jurastudium in Santiago, seit 1965 in West-Berlin; hier Studium der Soziologie an der FU. Im Januar 1969 wurde er wegen schweren Landfriedensbruchs zu neun Monaten Gefängnis verurteilt. Rückkehr nach Chile; von August 1969 bis Oktober 1970 in Rom als Mitarbeiter von Antonioni. Seit Ende Oktober 1970 lebt Salvatore wieder in West-Berlin."[7]

Vor seinem Stück ‚Büchners Tod' hatte Salvatore einen größeren Essay ‚Intelligenz und Organisation von Zukunft' in dem von Paul A. Baran und Erich Fried mitverfaßten Band ‚Intellektuelle und Sozialismus' veröffentlicht[8], außerdem im Frühjahr 1971 den Gedichtband ‚Der langwierige Weg in die Wohnung der Natascha Ungeheuer'.[9] Das Thema des Essays sind Chancen und Möglichkeiten der Intelligenz, durch die Beförderung einer 'Kulturrevolution' an einer radikalen Umwälzung der kapitalistischen Gesellschaft hin zu einer sozialistischen tätig zu werden; erörtert wird dies an den damals aktuellen politischen Bestrebungen und organisatorischen Ansätzen der 'Studentenbewegung' – der Aufsatz wurde „im Juli 1968 geschrieben"[10]. Der Lyrikband enthält 33 Gedichte, die alle – oft schon in den Titeln angezeigt – von den subjektiven Voraussetzungen revolutionärer Denkens und Handelns, von den Schwierigkeiten des 'Klassenverrats' eines bürgerlichen Individuums, von den Widersprüchen zwischen spontanen Be-

Vgl. auch die Hinweise auf und Zitate aus Kritiken in Goltschnigg, Dietmar: Rezeptions- und Wirkungsgeschichte Georg Büchners. Kronberg/Ts. 1975 (Scripto Monographien Literaturwissenschaft 22), S. 133 ff.

(4) Salvatore, Gaston: Büchners Tod. Stück. Frankfurt/M. 1972 (edition suhrkamp 621). [Fortan wird der Text nach dieser Ausgabe mit Nennung der bloßen Seitenzahl zitiert.]

(5) Die Angaben nach freundlicher Auskunft des Suhrkamp-Verlages.

(6) Vgl. Blätter der Freien Volksbühne Berlin. Heft 1/1973, S. 3 f. In der Laudatio sagte Frau Hanny Herter, Mitglied des Gutachterausschusses, unter anderem „Der Gutachter-Ausschuß fand sich einstimmig in dem Urteil, daß Salvatores Stück an dramatischer Kraft, mutigem Anpacken zeitkritischer Probleme und deren phantasievoller und ideenreicher Umsetzung allen anderen 72 eingereichten Arbeiten überlegen war."

(7) Klappentext von Salvatore, Gaston: Der langwierige Weg in die Wohnung der Natascha Ungeheuer. Gedichte. Neuwied und Berlin 1971.

(8) Baran, Paul A./Fried, Erich/Salvatore, Gaston: Intellektuelle und Sozialismus. Berlin 1968 (Rotbuch 2).

(9) Vgl. Anm. 7.

(10) Impressum des Bandes (s. Anm. 8).

dürfnissen und gesellschaftskritischen Einsichten sprechen. Der Band blieb von der Kritik fast unbeachtet; ein erheblicher Teil der Auflage von 1200 Exemplaren wurde im Winter 1976/77 verramscht.[11]

## II. Kurzer Abriß eines längeren Stücks

Das Drama ‚Büchners Tod' ist in zwei ungleich lange Akte eingeteilt; der erste enthält zehn, der zweite fünf Szenen. Innerhalb der beiden Akte werden die Szenen mit ihren Überschriften durchgezählt, obwohl sie sich jeweils in drei deutlich unterschiedene Gruppen teilen: solche mit dem Schauplatz von Büchners Kranken- und Sterbezimmer in Zürich (I, 1–4; II, 1–2 und 5 teilweise), solche mit der Verwandlung dieses Schauplatzes in die hessischen Untersuchungsgefängnisse mit den Zellen der Inhaftierten aus der 'Gesellschaft der Menschenrechte' (I, 5–9; II, 3 und 5 – diese teilweise, s. o.) sowie je einer Szene, die in Florenz bzw. Rom kurz vor und nach 1500 spielt und fiktive Rekonstruktion aus dem verlorenen Stück Büchners über Pietro Aretino ist (I, 10 und II, 4). Bei der ersten Verwandlung des Krankenzimmers in das Untersuchungsgefängnis heißt es in der Regieanweisung: „Das Krankenzimmer und dessen Atmosphäre bleiben erhalten."[12] Und auch die Aretino-Szenen werden direkt in die strenge Einheit von Ort, Zeit und Handlung eingebunden, durch Ankündigung, durch Verwandlung der Darsteller und durch kausale Verschränkung von Handlungsabläufen.[13] Die beiden räumlich-zeitlichen Konkretisationen jenseits der letzten Stunden Büchners in seinem Krankenzimmer – die Verhöre also und die Renaissance-Szenarien – sind schon früh und unmißverständlich in den Unterhaltungen an Büchners Bett als nur dramaturgische Verdichtungen seiner Vorstellungen und Phantasien angekündigt. Bereits in der ersten Szene hält Büchner im Fieberwahn seine Freunde, die Ärzte und die Pfleger für seine ehemaligen Mitverschworenen beziehungsweise für Untersuchungsrichter und Gefangenenwärter. Entsprechend verwandeln sich die Darsteller dann auch für die Gefängnis-Szenen, wie ein weiteres Mal für die Aretino-Episoden, die wiederum als Ausgeburten des Büchnerschen Hirns im Dialog gekennzeichnet werden. Außerdem schieben sich die verschiedenen dramaturgischen Ebenen ineinander, wenn Büchner – so wie er seine Freunde, die Ärzte und Pfleger anspricht, als rede er unmittelbar zu den Gefangenen und ihren Peinigern – in die Gefängnis-Szenen fragend, argumentierend eingreift und es zu einem regelrechten Dialog kommt[14], wenn innerhalb ein und derselben Szene die

---

(11) Rezensionen von Karl Krolow (Der Tagesspiegel, 1./2. 5. 1971), Christoph Kuhn (Tages-Anzeiger Zürich, 7. 8. 1971), Heinz-Joachim Heydorn (Frankfurter Rundschau, 28. 8. 1971). Hans Werner Henze vertonte Gedichte des Bandes. Nach freundlicher Auskunft des Luchterhand-Verlages wurden 635 Exemplare des Bandes verkauft.
(12) S. 33.
(13) Vgl. die Regieanweisung am Ende der Aretino-Szene: „Büchner, der durch den Lärm wach geworden ist, steigt aus seinem Bett." (S. 81).
(14) Z. B. I, 6 (S. 37); I, 7 (S. 40 f.); I, 8 (S. 44); I, 9 (S. 46, 49, 50); II, 3 (S. 70–75).

Schauplätze gleitend ineinander übergehen, ja mit dem Kausalzusammenhang von Text und Gestus Vermischungen stattfinden.[15]

Salvatore fand Vorbilder für die dramaturgische Vergegenständlichung Büchnerscher Gedanken und Phantasien zum Beispiel in den Halluzinationsszenen von Peter Weissens ,Marat/Sade'.[16] Außerdem stand eine durchaus gängige Technik der Film-Komposition seit langem bereit zur Übertragung. Für Salvatores Stück ist jedoch das Verfahren der dargestellten Objektivation Büchnerscher Vorstellungen sowie die Verquickung der Spielsphären mehr als nur ein verdeutlichender Einschub, eine Methode für szenische Rückblende oder Simultaneität. Denn die Anlage jener Objektivationen trägt überhaupt den Gehalt des Dramas: Es ist eigentlich ein Diskurs des sterbenden Büchner mit sich selbst. Mit Ausnahme weniger Stellen – kurze Gesprächsabschnitte zwischen Büchner und dem Chefarzt Dr. Schönlein, längere Dialoge Büchners mit seiner Braut Minna – liegt der inhaltliche Kern in den Auseinandersetzungen der Ausgeburten Büchnerscher Phantasie miteinander und mit ihrem Hervorbringer. Der Diskurs des fiebernden, dabei äußerst scharf und hart analytisch phantasierenden Büchner über seine szenisch konkretisierten Zweifel, Ängste, Wünsche, Einsichten, Rechtfertigungen, Anklagen, Schlüsse, Voraussagen bleibt aber nicht ein übliches 'Traumspiel'.[17] Denn die gedachten und gefieberten Figuren erhalten einen guten Teil ihrer literarischen Substanz aus der bezeugten Geschichte selbst: Es sind historische Personen. In den Dialogen werden von den beim kranken Büchner Anwesenden seine Halluzinationsgestalten immer wieder auf ihr geschichtlich verbürgtes Substrat gebracht, durch unterscheidende und zugleich bestätigende Erläuterungen, etwa so:

> Weber: Es geht wieder los. Wer ist dieser Becker?
> Schulz: Becker ist ein Freund von ihm. Er sitzt im Gefängnis.[18]

Oder, deutlicher schon auf die Gefängnis-Szenen vorbereitend:

> Schulz (zu Dr. Braun): Er glaubt, in Deutschland im Kerker zu sein.
> Schmidt: Mich hat er mit Clemm verwechselt.[19]

Wenn dann die von Büchner phantasierend 'verwechselten' Personen sich die Identität eben der nur vorgestellten Gestalten überstreifen und sozusagen

---

(15) I, 9 (S. 50); II, 3 (S. 75); II, 4 (S. 81).
(16) Weiss, Peter: Die Verfolgung und Ermordung Jean Paul Marats dargestellt durch die Schauspielgruppe des Hospizes zu Charenton unter Anleitung des Herrn de Sade. Frankfurt/M. [8]1967 ('Marats Gesichte' S. 85 ff.).
Die Darstellung von Halluzinationen und Gedanken-Figuren auf der Bühne hat natürlich eine lange Tradition, die nicht erst mit Shakespeare beginnt und für die in der Moderne Strindbergs ,Traumspiel' und ,Nach Damaskus' wichtige Modelle bilden.
(17) So Goltschnigg (Anm. 3), S. 133, über das Stück: Es sei „ein mißratener Zwitter zwischen einem politischen Thesenstück und einer phantastischen Traumrevue". Die Begründung für dieses und weitere verächtlich abwertende Urteile entbehrt bei Goltschnigg der argumentativen Sorgfalt und der genauen Auseinandersetzung mit Gehalt wie Erscheinung des Dramas.
(18) S. 12.
(19) S. 15.

die Phantasien Büchners darstellend aktiv übernehmen, sind sie einerseits als historische Figuren und ihr Reden und Tun als Inszenierung historischer Vorgänge beglaubigt, andererseits bleiben sie in ihren konkreten Äußerungen und Handlungen Produkte des Büchnerschen Hirns. Dieses wiederum changiert ständig zwischen klarer, wacher, illusionsloser Analyse und vom Fieber erzeugten, aber nicht weniger präzisen und schonungslosen Halluzinationen, durchgespielten 'Inszenierungen'.

Durch diese Konstruktion hat Salvatore die Möglichkeit, zum einen die grundsätzliche Schwierigkeit zu umgehen, vor die der Entwurf 'historischer Dramen' in der Weiterentwicklung der Modelle von Klassik und Romantik bis heute führt: Die 'Wahrheit der Geschichte', als des wirklich Geschehenen, durch die Konkretion im ausdrücklich Fiktiven, und durch die Mittel des Illusionstheaters, vergegenwärtigen zu wollen; anders: den gegenwärtig gefundenen, wirklichen Gehalt der Geschichte durch die ausdrücklich fingierte Wiederholung des vergangenen Geschehens darstellen zu sollen.[20] Salvatore verlegt diese theatralische Geschichtsfiktion in die Tätigkeit einer wiederum als historische fingierten Bühnenfigur selbst. Die Vermengung der beiden Fiktionsebenen schafft für beide wechselseitig sowohl die notwendige Beglaubigung von bezeugter Geschichte her, wie auch ihre brechende, distanzierende Kennzeichnung eben als Fiktion.

Zum anderen kann Salvatore den gedanklichen Diskurs eines Menschen mit sich als Teilhabe an, als Aneignung von historischem Geschehen auf die Bühne bringen. Es liefert also die gewählte Konstruktion nicht bloß die dramaturgische Mechanik, um dem handlungs- und konfliktarmen, diskursiven Konzept des Stücks zur theatralisch ergiebigeren Aufmachung zu verhelfen. Sondern es eröffnet sich die Chance, in den Gedanken und Empfindungen eines Menschen den Gehalt an wirklicher Geschichte gewissermaßen leibhaftig vorzuführen, wenn auch ausschnittartig. Die Gefahr liegt gleich auf der Hand: die szenisch ausgebreitete Innenwelt dieses Menschen so mit hereingeholter und zugleich herausphantasierter Historie aufzuladen, daß die modellhaft fingierte Denk- und Phantasiearbeit von der in ihr bezeugten Geschichte zerdehnt, zersprengt wird, wodurch dann wieder szenisch fingierte Realgeschichte als solche hervorträte.

Der Diskurs des fiebernden Büchner mit den von ihm imaginierten Figuren, aber auch stellenweise mit den Personen an seinem Zürcher Krankenlager handelt vom Scheitern revolutionärer Bestrebungen in Deutschland: von den äußeren und inneren Gründen für Verrat und Aushebung der 'Gesellschaft der Menschenrechte'; von Schuld oder Verantwortung der einzelnen Ver-

---

(20) Friedrich Sengles Habilitationsschrift über das 'historische Drama' (Das historische Drama in Deutschland. Geschichte eines literarischen Mythos. Stuttgart ²1969) enthält zu dieser literaturtheoretischen, historisch-hermeneutischen und auch dramaturgischen Fundamentalproblematik wenig eindringliche Reflexionen. Auch Ernst Schumachers Aufsatz ‚Geschichte und Drama. Geschichtsdramatik, Geschichtsauffassung, Geschichtswissenschaft' (In: Sinn und Form. 11. Jg. 1959, Heft 4, S. 579 bis 620), voll normativer Gattungs'theorie', bringt nicht weiter – eine 'Analogie' von 'dramatischer Struktur' der Geschichte selbst und ihrer Umsetzung im Theater wird postuliert, ohne daß die Metapher geschichts- und erkenntnistheoretisch einsichtig gemacht würde (bes. S. 613 f.).

schwörer, von ihren Beweggründen, Zielen und Hoffnungen; von den objektiven Bedingungen für eine soziale Erhebung in den hessischen und deutschen Landen des Vormärz; von den Folgerungen der gefangenen und gefolterten Freunde und des geflohenen Büchner, von ihren Erwartungen für eine kommende Zeit. Es ist eine durchaus kontroverse, auch aggressiv bis an die individuelle Verfassung der Figuren gehende Abrechnung über die 'Fehler' bei dem radikalen sozialkritischen Ansatz einer kleinen Gruppe, die sich als revolutionäre Avangarde versteht und die an den eigenen Unzulänglichkeiten wie an der Haltung der Bevölkerung, an der objektiven Gegenwirkung der politischen Zustände und erst dann an der handfesten, bis zum Mord reichenden Repression der Staatsgewalt scheitert. Die szenische Entfaltung des Diskurses wird umschlossen und durchwoben vom Geschehen und den Gesprächen in Büchners Krankenzimmer. Wo die Dialoge auf dieser Ebene nicht bloß zur unmittelbaren Reaktion der Freunde, der Ärzte und Pfleger auf Büchners Krankheitszustände, auf sein schubartig näherkommendes Sterben gehören, da beziehen sie sich mit drei Themenkreisen mehr oder weniger direkt auf die politischen Wortwechsel der anderen, der Gefängnissphäre: mit dem Reden über medizinische Diagnose, über naturwissenschaftliche Arbeit und mit dem Zwiegespräch Büchners und Minnas über ihre versäumte Liebe. Der Wortwechsel mit den Ärzten erweist den kranken Büchner als viel klarsichtiger, viel präziser denkend –

> Büchner: [...] Ihr habt Euch die ganze Zeit geirrt. Jetzt, wo er nicht weiter weiß, behauptet Schönlein, er sei zu spät gerufen worden, um seine Schuld an meinem Tod zu vertuschen. Er meint, ich deliriere. Also warme Decken und dann kalte Kompressen. Gebt zu, daß Ihr im Dunkeln tappt, weil Ihr nichts gelernt habt! Schlimmer, Ihr habt alles verkehrt gelernt.[21]

Die medizinische Einsicht aber wird offenkundig der politischen analog gesetzt, weil Büchner seine Krankheit als andere Form der Gefangenschaft und Folterung seiner Freunde erlebt: In beiden vollziehen sich Selbstkritik und 'Abrechnung' der Verschwörer.[22]
Die Äußerungen über Naturwissenschaft, fast ausschließlich Monologe Büchners, werden den politischen Erörterungen geradezu demonstrativ entgegengehalten: Die naturwissenschaftliche Erkenntnis sei diejenige gesellschaftliche Kraft, die in Wahrheit revolutionierend in den verfestigten Verhältnissen wirken werde und schon wirke –

> Büchner: [...] Nicht der Hessische Landbote, die geheimtuerischen Versammlungen, die Schmähschriften gegen den Großherzog haben die Situation der Bauern verändert. Sie werden sie auch nicht verändern. Sondern die Arbeit eines Mannes, der in Gießen, ein paar Zimmer weit von uns entfernt, an der Entwicklung von künstlichen Düngemitteln gearbeitet hat.[23]

---

(21) S. 66 f.
(22) S. 30: „Büchner: Meine Krankheit hat mit der Gefangenschaft nichts zu tun. Warum verstellt Ihr Euch? Laß meine Hände los!" S. 31: „Büchner (zu Schönlein ungeheuer müde): Sie Schuft. Aus mir kriegen Sie kein Wort heraus. Merken Sie denn nicht, daß ich am Ende bin? Sie haben mich zu lange gefoltert."
(23) S. 74 f.

Solche Prophetie steht allerdings völlig unausgeglichen der anderen gegenüber, die am Schluß von der Figur Weidigs ausgesprochen wird, der mit dem Löffel an der Mauer seines Gefängnisses kratzt:

> Weidig: [...] Nein, ich höre nicht auf. Nach mir werden andere kommen. Und dann wieder andere. Und sie werden weiter bohren. Niemand von Euch wird merken, daß die Mauer stürzt.[24]

Büchner, der noch in seinen letzten Minuten seine Hoffnung auf die naturwissenschaftliche Erkenntnis bezeugt, indem er nach seinen Barben-Präparaten verlangt und sein Aretino-Manuskript verbrannt wissen will, scheint derart unaufhebbar widerlegt. So jedenfalls unterstellt es mit dem Ausgang die Anlage des Stücks.

Die Dialoge zwischen Büchner und seiner Braut Minna Jaeglé schließlich bleiben auch dort, wo sie nicht ausdrücklich die politischen Themen aufnehmen – wie etwa mit der Erörterung über Büchners Flucht –, mittelbar auf den politischen Diskurs bezogen: mit dem Räsonnieren über die verlorene Hoffnung und die versäumte Zeit –

> Büchner: Jetzt haben wir Zeit. Kein Warten mehr und keine Hoffnung. Wir brauchen die Hoffnung nicht mehr![25]

Der Satz „Jetzt haben wir Zeit." meint sein Gegenteil: Der verzweifelte, ja raserische Versuch der Liebenden, ihre Angst und ihre emotionalen Sperren zu überwinden, führt das Uneinholbare versäumter Gemeinsamkeit vor.[26] Die Resignation entspringt der Aussichtslosigkeit politischen Handelns wie der Liebeserfüllung. Büchners Sterben ist die Bestätigung dieser Resignation:

> Büchner: [...] Es hat doch alles keinen Zweck, Minna. Ich bin entsetzlich leer [...][27]

Das im Diskurs inszenierte, langsame Sterben Büchners wird also zur großen Metapher: Die Krankheit ist Einsicht zum Tode. Und die überdauernde naturwissenschaftliche Erkenntnis hebt die Resignation des Individuums Büchner nicht auf, denn sie hat nur als abstrakte Erkenntnis Zukunft, losgelöst vom empfindenden Subjekt, das sich seines Rangs nicht einmal sicher ist:

> Büchner: [...] Glaubst Du nicht, Braun, daß meine Studie über Schädelnerven etwas wert ist?[28]

Die beiden Aretino-Episoden nehmen sich in der szenischen Entfaltung des Diskurses, die durch das Verschränken zweier Spielsphären bewerkstelligt wird, recht fremd aus. Auch sie bilden Phantasieprodukte Büchners. Und sie sind thematisch auf den Diskurs hin ausgerichtet: Es geht um Aufruhr und

---

(24) S. 85.
(25) S. 26; vgl. auch S. 61.
(26) S. 61–64.
(27) S. 83.
(28) S. 83.

Erhebung im Renaissance-Italien, um neue Technologie und frühkapitalistische Wirtschaft, um Frivolität und Zynismus einer satten Oberklasse, auch um politisches Taktieren und Verrat. Dennoch, und trotz der Verknüpfung mit den anderen Ebenen durch Dialog und Gestus, fallen die beiden Szenen aus dem Diskurs heraus. Ihnen fehlt die entscheidende Eigenschaft der Gleichzeitigkeit; trotz der Historizität der Figuren werden sie als Büchnersche Halluzinationen nicht von bezeugter Geschichte aus beglaubigt – der fiebernde Büchner kann dementsprechend die Personen seiner Umgebung nicht mit Aretino, dem Bankier Chigi oder der Kurtisane Imperia 'verwechseln'. Die Figuren sind nicht durch reale Geschichte mit Büchner verbunden, können ihn im Diskurs daher auch nicht als 'historisch mögliche' Dialogpartner herausfordern. So liefern die Aretino-Episoden auch bloße Illustrationen zur Erwähnung des Aretino-Manuskripts, die thematischen Bezüge bleiben verbale Anklänge und bilden keine szenischen Verschränkungen aus.

### III. Kommentar zu historischen Entsprechungen

Das Stück, so hieß es eben, ist wesentlich ein mit dramatischen Mitteln vorgeführter Diskurs; thematisch konzentriert er sich auf die Auseinandersetzungen über die Gründe für das Scheitern sozialrevolutionärer Bestrebungen im vormärzlichen Deutschland und über die Folgerungen aus solchem Scheitern. Nur zu deutlich wird darin zugleich der politisch-praktische Zerfall der Studentenbewegung in der Bundesrepublik abgehandelt.

Die Stellungnahme zum Zeitgeschehen, formuliert in der Reflexion über entferntere Geschichte, baut auf der Ähnlichkeit historischer Bewegungen in verschiedenen Phasen. Diese Entsprechung tritt im Stück gelegentlich bis an die Oberfläche des Textes:

> Büchner: [...] Wir glaubten, daß es genügt, unser Bestes zu tun, mit voller Kraft uns der Sache der Erniedrigten und Beleidigten anzunehmen, damit sie sich ihres Zustandes bewußt werden. Das, was der Feind tut, haben wir hochnäsig ignoriert. Und der Feind hat gearbeitet, sehr gut sogar. Daß Ihr im Gefängnis seid, interessiert keinen Menschen. Für die anständigen Leute, wie Du, Weidig, zu sagen pflegst, sind wir alle Verbrecher. Und nicht, wie Ihr glauben wollt, weil wir zu früh geboren sind, sondern weil wir von Anfang an reaktionärer waren als die Bourgeoisie. Kenntnisse wurden von uns verlangt, aber wir waren zu beschäftigt, um etwas zu lernen, und versuchten noch mit der Sprache St. Simons, ja sogar der von Savonarola zu agitieren. Diese Sprache war schon zu ihrer Zeit veraltet! Wir hätten nie den Riß zwischen der reichen und armen Gesellschaft überbrücken können. Was nützt es, die Gesellen in der Stadt mit Pamphleten aufzuwiegeln, wenn alles was darin steht, schon der Vergangenheit angehört? Wer von uns kennt eine Fabrik? Die Produkte dieser Fabriken? [...] [29]

Nur mühselig transponiert eine solche Passage zentrale Diskussionsthemen aus der schon zerfallenden Studentenbewegung in die zerschlagene Ver-

(29) S. 73 f.

schwörung des Vormärz, wie der hier querstehende Begriff 'Bourgeoisie'[30] und das gewissermaßen in der Gegenrichtung befremdende Zitat aus einem Büchner-Brief von dem „Riß zwischen der reichen und armen Gesellschaft"[31] anzeigen.

Bereits in seinem Essay von 1968 hatte Salvatore, noch mitten in der Phase einer deutlichen politischen Wirkkraft der Studentenbewegung befindlich, das Problem erörtert, das die Büchnersche Selbstkritik in dem zitierten Abschnitt nennt: das Verhältnis einer revolutionär gesonnenen Intelligenz zur Masse der 'Abhängigen', die ein angemessenes Bewußtsein über ihre wirkliche gesellschaftliche Lage nicht zu haben scheinen und daher auf die Notwendigkeit einer Umwälzung in ihrem Interesse erst aufmerksam gemacht werden müssen. Salvatore hatte, organisatorische Ansätze in der Studentenbewegung schon kritisch musternd, nachdrücklich vor isolierten Veränderungsbemühungen der radikalen Intellektuellen gewarnt und den Aktionen der „kleinen Gruppen" eine wichtige, aber eng begrenzte strategische Funktion in der Arbeit an der Aufklärung der „großen Masse" zugeschrieben.[32] Die Stoßrichtung gegen sich bildende kleine politische Kader-Organisationen, die sich als sozialistische Avantgarde verstehen und bereits im Besitz des theoretisch ausformulierten 'richtigen Bewußtseins' zu sein behaupten, zeigt – historisch gesehen – schon das politisch-praktische Auseinanderbrechen der Studentenbewegung an.[33] Und Salvatore sucht auch den Grund für die politischen Fehler und strategischen Irrwege schon in der objektiven gesellschaftlichen Lage der radikalen Intellektuellen: Sie entstammen selbst so gut wie samt und sonders dem 'bürgerlichen Lager' und bewegen sich mit ihren Funktionen als akademische Elite in ihm. Es gelte daher, im Denken und Empfinden der „Rebellen" selbst die Wirksamkeit „bürgerlicher Konzeptionen" allmählich aufzulösen.[34] Salvatore bezeugt hier Diskussionen über die Möglichkeit revolutionierenden Denkens und Handelns einer Theorie-

---

(30) An anderen Stellen wird freilich historisch präziser differenziert nach 'Liberalen und Radikalen' (z. B. S. 40, 72 f.) bzw. nach 'Konstitutionellen und Republikanern' (S. 42); der Sieg 'der Bourgeoisie' wird korrekt als noch ausstehend besprochen (S. 35). Gerade die Unausgeglichenheit des Begriffsgebrauchs kann auf massive Aktualisierungen hinweisen.

(31) Im Original, das angespielt wird, ist vom „Riß zwischen der gebildeten und ungebildeten Gesellschaft" die Rede (Büchner, Georg: Sämtliche Werke und Briefe. Hrsg. v. Werner R. Lehmann. Bd. II. München 1972, S. 455 – Brief an Gutzkow, 1836). Salvatore überlagert diesen Text mit dem aus einem anderen Brief an Gutzkow (von 1835; S. 441), wo es heißt: „Das Verhältnis zwischen Armen und Reichen ist das einzige revolutionäre Element in der Welt, [...]"

(32) Baran/Fried/Salvatore (Anm. 8), S. 96 ff.

(33) Baran/Fried/Salvatore (Anm. 8), S. 100 ff.; zu den Phasen und Erscheinungen dieses Auflösungsprozesses einer relativ einheitlich wirkenden radikalen politischen Opposition vgl. Fichter, Tilman/Lönnendonker, Siegwald: Kleine Geschichte des SDS. Berlin 1977 (Rotbuch 174); Hartung, Klaus: Versuch, die Krise der antiautoritären Bewegung wieder zur Sprache zu bringen. In: Kursbuch 48. Berlin 1977, S. 14–44; die Entwicklung im Erinnerungsspiegel einzelner Beteiligter dokumentiert Mosler, Peter: Was wir wollten, was wir wurden. Studentenrevolte – zehn Jahre danach. Reinbek 1977 (rororo 4119).

(34) Baran/Fried/Salvatore (Anm. 8), S. 103 f.

Elite inmitten einer sich verweigernden Gesellschaft, selbstkritische Diskussionen innerhalb der noch aktiven Studentenbewegung, die später dann entscheidende Punkte in der Analyse des Zerfalls dieser Bewegung bilden.[35] Aber Salvatores Essay ist noch getragen vom Optimismus, aus der Selbstkritik Ansätze für eine gesellschaftlich angemessenere, wirksame Beförderung der von den 'Massen' getragenen sozialistischen Revolution gewinnen zu können. Mit der Warnung vor der „Kippe ins Abenteurertum", aus dem „Wunschdenken", man befinde sich „schon und immer wieder am Vorabend der Umwälzung"[36], verbindet sich die Forderung, an dem tatsächlichen Bewußtsein der 'Abhängigen' anzuknüpfen, ihr alltägliches Denken und Tun überhaupt erst zur Kenntnis zu nehmen und aus ihm die Organisation von alternativer Erfahrung sich entwickeln zu lassen.[37] Die Polemik Salvatores gegen das Konzept „einer in dieser Periode absolut unangebrachten 'klassischen Strategie der Politisierung am Arbeitsplatz'"[38] klingt in der zitierten Passage des Stücks deutlich wieder an. Hier wie dort wird die Distanz zwischen rebellierender Intelligenz und unbewegter 'Masse', wird das Scheitern von Agitation und Aufklärung darauf zurückgeführt, daß die Intellektuellen sich der Alltagserfahrung der 'Abhängigen' nicht auszusetzen, sie nicht aufzunehmen vermögen. Im Essay formuliert Salvatore: „Wenig oder nichts ist von Seiten des antiautoritären Lagers geschehen, um die tatsächlichen Probleme der Abhängigen kennenzulernen, wo ihre Frustrationen liegen, wie sie sich im Überbau zeigen. Was man nicht kennt, verhindert die Kontaktaufnahme. Die Kenntnisse über die Lage haben sich auf globale Statistiken beschränkt."[39] Dennoch weist er dem 'antiautoritären Lager' die Funktion zu, die 'Masse' aufzuklären. „Ziel der Arbeit aber ist es besonders,

---

(35) Die Selbstkritik einer analytisch und wissenschaftlich weiterarbeitenden 'Neuen Linken' läßt, phasenverschoben, vor allem zwei Zielrichtungen erkennen: Zunächst wird der Einsicht nachgearbeitet, die Studentenbewegung habe noch nicht über eine zureichende, differenzierte, die aktuellen Phänomene durchdringende Theorie verfügt, d. h. die Weiterentwicklung der historisch-materialistischen Analyse der Gegenwartsgesellschaft müsse forciert werden (vgl. z. B. Klüver, Jürgen/Wolf, Friedrich O. (Hrsg.): Wissenschaftskritik und sozialistische Praxis. Konsequenzen aus der Studentenbewegung. Stuttgart 1972 (bes. das Einleitungskapitel, S. 12–30, und Müller, Wilfried: Zum Technikverständnis der Studentenbewegung, S. 56–76); oder Hirsch, Joachim/Leibfried, Stephan: Materialien zur Wissenschafts- und Bildungspolitik. Frankfurt/M. 1970, S. 7). Erst später setzte die Reflexion auf die konkreten sozialpsychologischen Voraussetzungen der Studentenbewegung selbst, ihrer Interaktions- und Argumentationsmuster, der durchaus dialektischen Spannung zu den attackierten Strukturen und Identitätsangeboten ein. Deutlichstes Beispiel für diese Komponente der Selbstkritik ist Johann August Schüleins Aufsatz ‚Von der Studentenrevolte zur Tendenzwende oder der Rückzug ins Private. Eine sozialpsychologische Analyse' (In: Kursbuch 48. Berlin 1977, S. 101–118).
(36) Baran/Fried/Salvatore (Anm. 8), S. 106.
(37) Baran/Fried/Salvatore (Anm. 8), S. 116 ff., 120 f.
(38) Baran/Fried/Salvatore (Anm. 8), S. 119.
(39) Baran/Fried/Salvatore (Anm. 8), S. 119 (vgl. den entsprechenden Vorwurf im Stück, S. 50). Salvatores Kritik richtet sich also gerade auch gegen das Konzept einer in die Produktionssphäre von außen hineingetragenen 'Politisierung am Arbeitsplatz', wie es für eine Phase und für wichtige Strömungen der Studentenbewegung kennzeichnend war.

den Abhängigen zum Ausdruck der eigenen Frustration an den verschiedenen Widersprüchen, zur Phantasie über die aktuelle Verwirklichung der Zukunft, zur Utopie zu verhelfen. Das Ziel ist die spontane Organisation um ein gemeinsames Interesse [...] Wenn dies gelingt, ist der erste Schritt zur politischen Organisation als instrumentalisierte Informalität getan."[40] Diese neuen „Stufen des Bewußtseins" müßten dann mit gezielter Aufklärung zur Einsicht in die notwendige revolutionäre Umwälzung weiterentwickelt werden.[41] Vieles an Salvatores spontaneistisch gefärbtem Konzept bleibt abstraktes Postulat, bleibt auch widersprüchlich und wirr. Aber es enthält auch Reflexionen, die inzwischen in den Debatten um 'Organisation aus unmittelbarer Betroffenheit' und das Verhältnis von politischer Theorie und Alltagserfahrung neu aufgenommen werden.[42]

Salvatores revolutionärer Optimismus von 1968 ist im Stück ganz geschwunden. Es bleibt, wie schon vermerkt, am Schluß eine in die vage Verkündigung verflüchtigte Hoffnung auf 'revolutionäre Charaktere' vom Schlage Weidigs. Die im Drama bedeutete Entsprechung zwischen zerbrochener Studentenbewegung und zerschlagener Verschwörung des Vormärz richtet sich genau auf den Punkt der enttäuschten Revolutionserwartung.[43] Sie verlangt nach Erklärung. Und erst eine Erklärung, die in den konkreten historischen Zuständen nach Ursachen sucht, könnte die Entsprechung in den Geschehnissen über die ganz abstrakte Analogie erlittenen Scheiterns zweier Anläufe zu revolutionären Veränderungen hinausbringen.

---

(40) Baran/Fried/Salvatore (Anm. 8), S. 117.
(41) Baran/Fried/Salvatore (Anm. 8), S. 118.
(42) Zu nennen ist vor allem Henri Lefèbvres Anstoß zur 'Kritik des Alltagslebens' (Das Alltagsleben in der modernen Welt. Frankfurt/M. 1972; Kritik des Alltagslebens. 3 Bde. München 1974/75); vgl. weiterhin Böckelmann, Fred: Befreiung des Alltags. München 1970; Bahr, Hans-Eckehard (Hrsg.): Politisierung des Alltags. Gesellschaftliche Bedingungen des Friedens. Darmstadt und Neuwied 1972; Kursbuch 41 ‚Alltag'. Berlin 1975. Zur Debatte über Naherfahrung und 'Bürgerbeteiligung' vgl. schon 1971: LG Wohnbau RWTH Aachen: Zur Kritik von Kommunalpolitik und Stadtentwicklungsplanung; Korte, Hermann (Hrsg.): Zur Politisierung der Stadtplanung. Düsseldorf. Außerdem Aich, Prodosh (Hrsg.): Wie demokratisch ist die Kommunalpolitik? Reinbek 1977. Einzubeziehen ist schließlich die inzwischen breit ausgeuferte Diskussion über 'alternative Lebensformen' von der Ökologie-Bewegung (s. nur Arbeitsgemeinschaft sozialpolitischer Arbeitskreise [Hrsg.]: Zur Alternativen Ökonomie I. Berlin 1976) bis zur Kulturpolitik (Hoffmann, Hilmar [Hrsg.]: Perspektiven der kommunalen Kulturpolitik. Frankfurt/M. 1974; Schwencke, Olaf [Hrsg.]: Plädoyers für eine neue Kulturpolitik. München 1974; Bosch, Manfred [Hrsg.]: Kulturarbeit. Frankfurt/M. 1977). Indirekt weiterwirkende Anstöße aus der Studentenbewegung sind bekanntlich auch in der Frauenbewegung, der Alternativen Pädagogik oder der ganzen Subkultur-Sphäre zu erkennen.
(43) Als repräsentativ darf durchaus gelten, was Peter Schneider rückblickend formuliert: „Es läßt sich heute nur schwer vorstellen: aber ich glaubte tatsächlich eine Zeitlang, daß eine Revolution in zwei, drei Jahren bevorstand, obwohl ich wußte, daß die Gewerkschaften, die Parteien, der ganze bürgerliche Staatsapparat nicht einfach vom Erdboden verschwinden würden." Die Beseitigung der ersten Klarheit. In: Schneider, Peter: Atempause. Versuch, meine Gedanken über Literatur und Kunst zu ordnen. Reinbek 1977 (das neue buch 86). S. 207–235; hier S. 231.

Das Drama auf derartige Erklärungen hin zu befragen, ist hermeneutisch ein heikles Unterfangen. Nicht nur, weil einem Text, der uneingeschränkt Kunstliteratur sein will, abgefordert werden könnte, was allein die wissenschaftliche Analyse angemessen zu leisten vermöchte. Sondern die Darstellungsform, die Salvatore gewählt hat, läßt unmittelbare Deutung der geschichtlichen Konstellation nur für die Vormärz-Phase zu. Was über die offenkundig mit, ja eigentlich gemeinten Verhältnisse in der Bundesrepublik nach 1967 ausgesagt werden soll, kann nur als 'Gleichnis' in dem Text enthalten sein, der wörtlich die andere, weit zurückliegende Periode meint. Beiden Schwierigkeiten muß man begegnen; der ersten, indem man vom Text nicht verlangt, was der augenblicklich erreichte Stand der wissenschaftlichen Diskussion an die Hand gibt, indem man vielmehr versucht zu ermitteln, was der Text an Erklärung der historischen Konstellation enthält, und diesen Gehalt dann seinerseits an geschichtlich – auch lebensgeschichtlich – möglicher Erkenntnis mißt. Damit ist man bereits auf der Ebene der zweiten Schwierigkeit: Die Deutung der vergangenen Phase ist, auch und gerade im literarischen Text, immer schon Stellungnahme zur Gegenwart, nämlich als Bestandteil von gegenwärtiger Lebenspraxis.[44] Wo solche Stellungnahme nicht explizit wird – so auch in Salvatores Stück –, kann der Interpret sie nur an Indizien im Text freilegen. Derartige Indizien sind vor allem Spannungen oder gar Widersprüche zwischen der ausdrücklich gemeinten Auslegung der entfernteren Geschehnisse und gleichzeitig mittelbar gemeinter Deutung von Zeitgeschichte. Für die weiter oben zitierte Passage des Dramas wurde schon kurz auf solche 'Unstimmigkeiten' in der Brechung, der Transposition von Gegenwartskritik hingewiesen. An ihnen läßt sich sozusagen beweisen, daß und wie auf Zeitgeschichte in der demonstrativen Auslegung von weiter zurückliegenden Perioden gezielt wird. Um solche zeitbezogene Stellungnahme insgesamt freizulegen, muß der Interpret allerdings zu expliziter Analyse des Zeitgeschehens greifen, um an ihr den entsprechenden Gehalt des Textes überhaupt identifizieren zu können. Auch wenn ihm der Autor dazu Material an die Hand gibt – wie andeutend Salvatore mit seinem Essay –, muß die explizite Identifikation verstehende Leistung des Interpreten bleiben, und das heißt auch: ihrerseits Stellungnahme zur Deutung von Geschichte, freilich nun offengelegt in der wissenschaftlichen Reflexion.

Die Erklärung, die das Drama für das Scheitern des sozialrevolutionären Anlaufs im Hessen des Vormärz präsentiert, ist durchaus komplex und folgt weithin neueren geschichtswissenschaftlichen Erkenntnissen. Die Aspekte der

---

(44) Die implizite Stellungnahme in zeitgenössischen gesellschaftlichen Auseinandersetzungen beginnt ja nicht erst mit der 'Auswahl' bestimmter Geschichtskonstellationen. Das Wahrnehmungsvermögen selbst ist von 'Vorurteilen' als gesellschaftlich, eben geschichtlich gewordenen und lebensgeschichtlich vermittelten Prägungen des Bewußtseins und der Sensibilität mit bestimmt. An diesem Punkt sind 'Alltagsdenken' und wissenschaftliche Hermeneutik durchaus vergleichbar – s. die Debatte um Hans Georg Gadamer: Wahrheit und Methode. Tübingen 1960; etwa nach Karl-Otto Apel u. a.: Hermeneutik und Ideologiekritik. Frankfurt/M. 1971.

Deutung werden auf verschiedene Figuren verteilt, die alle jene eigentümlich gemischte Identität haben, indem sie einerseits Ausgeburten der Büchnerschen Phantasie und andererseits historisch beglaubigte Gestalten sind; die explizit politischen Dialoge finden so gut wie ausschließlich in der Spielsphäre der Untersuchungsgefängnisse statt. Nun muß auffallen, daß Salvatore einem Vertreter der Staatsgewalt, dem Assistenten des Untersuchungsrichters Georgi, die am schärfsten zugespitzte Interpretation der Vormärz-Verhältnisse in den Mund legt:

> Gravelius: [...] Man kann die Bourgeoisie nicht aufhalten. Als ich im vergangenen Jahr in England war, bin ich zu dieser Überzeugung gekommen. Auch bei uns im Lande werden die Industriellen immer mächtiger. Die Liberalen, jedenfalls die Reichen unter ihnen, finanzieren die Radikalen, damit sie das Volk aufhetzen. Sie brauchen eine liberale Verfassung und günstige Zollbestimmungen in Deutschland, sonst wächst ihnen die Konkurrenz aus England und Frankreich über den Kopf. Wenn die Fürsten das nicht verstehen, werden sie den Thron verlieren.[45]

In dieser drastischen Vergröberung eines politisch-ökonomischen Zusammenhanges kann man sehr wohl wesentliche Elemente einer historisch-materialistischen Analyse derjenigen Konstellation erkennen, die das Verhalten der bürgerlich-oppositionellen Bewegung im Vormärz-Deutschland kennzeichnete.[46] In krasser Vereinfachung sind angedeutet: die früh schon angelegte Spaltung der bürgerlichen Opposition in die beiden zunächst relativ diffusen Fraktionen der Liberalen und der radikalen Demokraten aufgrund unterschiedlicher Interessenlagen; die Kompromißbereitschaft des liberalen Großbürgertums gegenüber dem 'bürokratischen Absolutismus' mit dem Ziel, durch Verfassungsreformen den abgesicherten Rahmen für die Freisetzung der kapitalistischen Wirtschaftsdynamik zu schaffen; das temporäre und zum Teil opportunistische Zusammengehen der Liberalen mit den radikaleren Kräften zur Durchsetzung der Verfassungsreformen; und die sich schon abzeichnende aktive Wendung der liberalen Bourgeoisie gegen die radikaldemokratischen und frühsozialistischen Bewegungen, da das Großbürgertum seine Belange von den weitergehenden Forderungen bereits wieder bedroht sieht.[47] Wie Liberale mehrfach breite, diffus radikale Erhebun-

---

(45) S. 35.

(46) Von Friedrich Engels' ‚Revolution und Konterrevolution in Deutschland' (Marx/Engels: Werke. Bd. 8. Berlin [DDR] 1972, S. 5–108) gibt es wesentliche Traditionsstränge bis zu neuen Darstellungen in der Geschichtswissenschaft der DDR; vgl. nur den Überblick von Bock, Helmut: 'Vormärz' oder 'Restauration'? In: ders. u. a.: Streitpunkt Vormärz. Berlin (DDR) 1977, S. 9–63 und 281–292.

(47) Hier sei zu diesen Zusammenhängen – außer auf die in der vorstehenden Anmerkung genannte DDR-Publikation, die weitere detaillierte Verweise enthält – nur auf folgende Titel hingewiesen: Koselleck, Reinhart: Kap. 7–10 in: Das Zeitalter der Revolutionen 1780–1848. Frankfurt/M. 1969 (Fischer Weltgeschichte Bd. 26), S. 199–319 (Lit. verz. S. 327 ff.); Conze, Werner: Das Spannungsfeld von Staat und Gesellschaft im Vormärz 1815–1848. In: ders. (Hrsg.): Staat und Gesellschaft im deutschen Vormärz. Stuttgart ²1970, S. 207–269; Koselleck, Reinhart: Die Auflösung der ständischen Gesellschaft und das Aufkommen neuer Klas-

gen auszunutzen suchten – wenn auch nicht immer bewußt –, so will der Gerichtsassistent des Dramas die – gefangenen – Radikalen als Werkzeuge gebrauchen, um die Spaltung der bürgerlichen Opposition zu beschleunigen und das wirtschaftlich an die Macht drängende Großbürgertum zum Arrangement mit den herrschenden Aristokraten treiben:

> Gravelius: [...] Die reichen Liberalen wollen uns Angst machen und ich will den reichen Liberalen Angst machen. Sie sollen sich von den Radikalen trennen. Wenn die Fürsten dafür sorgen, daß ihre Geschäfte gut gehen, werden sie nicht aufmucken. Für das Volk haben sie ohnehin nichts übrig.[48]

Diese Auslegung der Vormärz-Verhältnisse schreibt einzelnen Personen als raffinierte Absicht zu, was sich objektiv als undurchschauter Vorgang in der Sphäre der Ideologie abspielte: Die 'Angst' der Liberalen war wohl kaum von der Staatsgewalt gezielt hervorgerufen, so wenig die Liberalen durchgängig absichtsvoll die radikaleren Oppositionsbewegungen als 'Angstmacher' eingesetzt haben. Bei den hessischen Unruhen von 1830 etwa zogen sich die zunächst initiativ tätigen Liberalen erst zurück, als die Bewegung unkontrollierbar auf Gewaltanwendung hinzulaufen schien.[49] Sie sahen das allgemein gedachte Ziel, eine 'Demokratisierung' durch Verfassungsreform, von den gewaltsamen Aktionen gefährdet, nicht aber ihre als partikulär gedachten unmittelbaren Interessen. Diese kamen ihnen eben als solche gar nicht zu Bewußtsein, sie waren nur in ihrer ideologischen Form präsent.[50] Entsprechendes ließe sich zum Beispiel von der Finanzierung des Frankfurter Hauptwachen-Putsches durch Liberale sagen: Die liberalen Geldgeber wollten die Putschisten wohl kaum 'ausnutzen', um eine effektvolle, ihnen aus besonderen Interessen nützliche Aktion gegen die Staatsgewalt zu erreichen. Sondern ihre konkreten Ziele schienen ihnen allemal identisch

---

sen im preußischen Vormärz. In: Ernst-Wolfgang Böckenförde (Hrsg.): Moderne deutsche Verfassungsgeschichte (1815–1918). Köln 1972, S. 385–409; Conze, Werner: Vom 'Pöbel' zum 'Proletariat'. Sozialgeschichtliche Voraussetzungen für den Sozialismus in Deutschland. In: Hans-Ulrich Wehler (Hrsg.): Moderne deutsche Sozialgeschichte. Köln [4]1973, S. 11–136; Kocka, Jürgen: Preußischer Staat und Modernisierung im Vormärz. Marxistisch-leninistische Interpretationen und ihre Probleme. In: Hans-Ulrich Wehler (Hrsg.): Sozialgeschichte heute. Göttingen 1974, S. 211 bis 227; Motteck, Hans: Wirtschaftsgeschichte Deutschlands. Ein Grundriß. Bd. II. Berlin (DDR) [2]1974; Kuczynski, Jürgen: Die Geschichte der Lage der Arbeiter unter dem Kapitalismus. Bd. I. Berlin (DDR) 1961; Lütge, Friedrich: Deutsche Sozial- und Wirtschaftsgeschichte. Berlin [3]1966. Speziell für Hessen-Darmstadt gibt einen knappen Überblick mit weiteren Verweisen: Schaub, Gerhard: Georg Büchner 'Der Hessische Landbote' Texte, Materialien, Kommentar. München 1976, S. 90 bis 107 (Lit. S. 193 ff.). Ferner nach wie vor Mayer, Hans: Georg Büchner und seine Zeit. Frankfurt/M. 1972, S. 68 ff., 109 ff., 164 ff.
(48) S. 36.
(49) S. die Zusammenfassung bei Schaub (Anm. 47), S. 100 ff.; für den Ablauf: Crößmann, Christoph: Die Unruhen in Oberhessen im Herbste 1830. Gießen 1929.
(50) Vgl. dazu Conze: Das Spannungsfeld (Anm. 47), S. 230 ff., 242, instruktiv zur politischen Auffassung der Liberalen von der wahren 'Allgemeinheit' ihrer Vorstellung. Daß es auch einzelne Vertreter der Liberalen gegeben hat, die allgemeine politische Bestrebungen gezielt instrumentell für ihre Belange benutzt haben, ist damit nicht bestritten.

mit der Beförderung des Gesamtwohls und die Unterstützung der illegalen Maßnahmen diesem Bestreben nützlich.[51] Die Schranke, die dem Denken und Handeln großbürgerlicher Opposition vor 1848 gesetzt war und die aus der objektiven Interessenlage erklärbar ist, kam den Subjekten eben nicht als das Ergebnis einer spezifischen, partikulären politisch-ökonomischen Rolle zu Bewußtsein.

In diesem wichtigen Punkt ist die Deutung, die der Gerichtsassistent Gravelius im Drama vorträgt, markant unhistorisch: Sie schreibt den politisch Handelnden als reflektierte Absicht zu, was sich zwar analytisch als objektive Funktion des Handelns interpretieren läßt, den absichtsvoll agierenden Subjekten aber gerade in der ideologischen Denkform verhüllt ist. Die Darstellungsweise im Stück darf als Ausdruck der Schwierigkeit gelten, die mit der Kennzeichnung von Ideologie im Medium Theater grundsätzlich verbunden ist und die wohl nur durch die Brechung der Unmittelbarkeit dramatischer Aktion und Aussage zu mildern ist, womöglich gar nur durch die Trennung von Spiel und Kommentar.[52]

Einen schlauen Handlanger der noch absolutistisch geprägten Staatsgewalt die zitierte Einschätzung der Vormärz-Verhältnisse sprechen zu lassen, zeugt allerdings von einem Sinn für die Verdeutlichung von historischer Dialektik: Die Einsicht in das geschichtlich 'Fällige' ermöglicht auch denen seine – vorübergehende – Instrumentalisierung, die geschichtlich überfällig sind. Ob der solchermaßen auslegbare Kunstgriff indirekt mit auf die 'Funktionalisierung' der Studentenbewegung zielt, bleibt jedoch mehr als fraglich und wäre auch kaum im dramatischen Medium zu rezipieren.[53]

Was Gravelius, eigentlich ja halluziniert von Büchner, im Stück über die politisch-ökonomischen Antagonismen im vormärzlichen Deutschland vorzutragen hat, muß gegenüber wissenschaftlicher Differenzierung schon unzulässig reduziert erscheinen. Zum Beispiel werden die politischen, wirtschaftlichen, geographischen, sozialhistorischen Ursachen für die relative Schwäche des Großbürgertums in Deutschland, die es letztlich zum Kompromiß mit der aristokratischen Machtelite zwang, nicht einmal angedeutet;

---

(51) Vgl. Mayer (Anm. 47), S. 137 ff.; Schaub (Anm. 47), S. 105.

(52) Dazu grundsätzlich, am Beispiel von Peter Weissens Stück: Warneken, Bernd Jürgen: Kritik am 'Viet Nam Diskurs'. In: Volker Canaris (Hrsg.): Über Peter Weiss. Frankfurt/M. 1970, S. 112–130; hier S. 114.

(53) 'Funktionalisierung' der Studentenbewegung zielt hier auf folgenden Sachverhalt: Die massive Kritik und der teilweise handgreifliche Angriff der Studentenbewegung auf die 'Ordinarienuniversität' ließ sich von den staatlichen Organen *auch* – obwohl äußerlich mit Formen der 'Eindämmung' der Revolte – für die längst fällige Reform der traditionellen Universität ausnutzen. Objektiv hat die Studentenbewegung auch die Funktion gehabt, die gesamtgesellschaftlich längst erforderliche Anpassung der Hochschulen an die veränderten Qualifikationsbedingungen nach Ende der Restaurationsphase in der Bundesrepublik ruckartig in Gang zu bringen. Über den Zusammenhang von gesamtgesellschaftlicher Entwicklung, Bildungssystem und Studentenbewegung s. Klüver/Wolf (Anm. 35), S. 13 ff.; Altvater, Elmar/Huisken, Freerk (Hrsg.): Materialien zur Politischen Ökonomie des Ausbildungssektors. Erlangen 1971, S. XII ff.; Huisken, Freerk: Zur Kritik bürgerlicher Didaktik und Bildungsökonomie. München 1972, S. 295 ff.

der Hinweis auf das industriell fortgeschrittenere England leistet da nichts. Dennoch kann die durch Gravelius präsentierte Deutung beanspruchen, für das Scheitern radikaler Umwälzungsversuche eine Erklärung kenntlich zu machen, die von individuellem Versagen und organisatorischem Ungenügen weg auf fundamentale gesellschaftliche Konstellationen verweist und damit auf objektive Voraussetzungen des subjektiv erlittenen Mißlingens. Von den Figuren, die sich im Drama durch Büchners Fieberphantasien aus ihrem historischen Substrat verdichten, findet nur der 'rote' August Becker zu Formulierungen, in denen bruchstückhaft den Gravelius-Thesen Vergleichbares aufscheint –

> Becker: [...] Die große Klasse ist von reichen Liberalen bestochen worden, durch Eure Namen, durch Eure revolutionäre Bereitschaft, die Ihr überall ausposaunt. Und worauf beruht das alles? – Wieder auf Geld![54]

Das Kurzschließen der Ideologie wird hier freilich bis zur Parodie getrieben. An dieser Stelle ist schon zu erkennen, was die Äußerungen der Gefangenen nahezu durchgehend charakterisiert: Sie erscheinen eher als verzweifelte Ausbrüche, herausgeschleuderte Gedankenfetzen, weniger als gezielte, aus Überlegung geformte Erklärungsansätze. Die oft pathetisch-metaphorisch aufgesteilte Sprache nimmt ihnen nicht Glaubwürdigkeit und Eindringlichkeit – sie soll der verzweifelten Lage korrespondieren –, wohl aber zersprengt sie die analytische Schärfe und Konsistenz. Das stützt noch die Konstruktion, dem zynisch-präzisen, kalt kalkulierenden Vertreter der Staatsgewalt die scharfsichtig aufs grundlegende Ursachengefüge gerichtete Deutung in den Mund zu geben.

Auch der brutal taktierende, das historisch Fällige befördernde 'Materialist' Gravelius des Stücks ist, als redende und agierende Figur auf der Bühne, buchstäblich genommen eine Vorstellung des einsichtig halluzinierenden Büchner. Salvatore kann sich bei dieser Darstellung auf den authentischen Georg Büchner berufen: Der hatte früh die noch kaum aufbrechende Spaltung der bürgerlichen Opposition in Deutschland gesehen, geschichtsanalytische Lehre aus der Entwicklung im Frankreich des Juste milieu ziehend.[55] In einem fragmentarisch überlieferten Brief an Gutzkow schrieb er: „Die ganze Revolution hat sich schon in Liberale und Absolutisten geteilt und muß von der ungebildeten und armen Klasse aufgefressen werden."[56] Das ist wohl auf die französischen Zustände gerichtet, wie der ein paar Sätze weiter berufene 'gallische Hahn' zu verstehen gibt. Bei der Lage in Deutschland war von einer durchgeführten Revolution nicht einmal metaphorisch zu reden. Obwohl also eine vergleichbare Ablösung der absolutistischen Herrschaftsstrukturen in den deutschen Staaten noch nicht vollzogen war und zunächst eine revolutionäre Bewegung des gesamten Bürgertums hätte

---

(54) S. 45.
(55) Dazu Mayer (Anm. 47), S. 90 ff.; Jancke, Gerhard: Georg Büchner. Genese und Aktualität seines Werkes. Eine Einführung in das Gesamtwerk. Kronberg/Ts. 1975, S. 30 ff.
(56) Büchner (Anm. 31), S. 441 (Brief an Gutzkow, 1835).

erwartet werden können, sah Büchner auch dort schon die Schwäche und 'Zerstückelung' der bürgerlichen Opposition.[57] Aber diese Einsicht trat ihm zurück gegenüber der anderen, die in der zitierten Briefstelle ebenfalls anklingt: daß der Gegensatz, der die Zukunft bestimmen werde, die Gesellschaft als 'spitzes Verhältnis' einer 'gebildeten und wohlhabenden Minorität' zu der 'ungebildeten, großen Klasse' durchziehe.[58] Die beiden gemeinten gesellschaftlichen Gruppen bleiben, gemessen an den wenig später mit der Kritik der politischen Ökonomie entwickelten Kategorien, sowohl sozial und wirtschaftlich wie auch politisch vage. Büchner griff zu einer der fortgeschrittensten Gesellschaftstheorien seiner Zeit, zu der Saint Simons.[59] Dessen These vom Gegensatz einer 'produzierenden' und einer 'konsumierenden' Klasse wird von Büchner mit dem Gegensatz von 'gebildeter Minorität und ungebildetem Volk' oder von 'Reichen und Armen' umschrieben.[60] Solche politökonomische Begrifflichkeit benennt 'Klassen', die weder mit den manifesten Gruppierungen des Ständestaates noch mit den ablesbaren politischen 'Parteien' der Vormärz-Zeit deckungsgleich sind. So scharfsichtig Büchners Beurteilung der bürgerlichen Opposition in Deutschland war, so sehr sein sozialkritischer Ansatz fundamentale gesellschaftliche Antinomien wahrzunehmen erlaubte, so wenig ermöglichte es die rezipierte Theorie, konkrete politische und wirtschaftliche Konstellationen, Bewegungen, Konflikte mit der auf die Gesamtgesellschaft zielenden Analyse zu vermitteln. Diese historische Begrenzung, die an der Büchnerschen Kritik an der Gesellschaft seiner Zeit erkennbar ist, hebt Salvatore nun jedoch auf: Er gibt dem vom Büchner des Stücks imaginierten Gravelius zu sagen, was eine historisch erst nach der Mitte des 19. Jahrhunderts entwickelte Analyse zu sehen, was sie dann auch für die Vormärz-Verhältnisse an Ursachen der Zustände und Geschehnisse zu identifizieren gestattet.

Dies darf nicht etwa bemängelt werden, weil der Autor die 'historische Treue' nicht gewahrt hätte. Solche Treue versteht sich nur allzu leicht als die getreuliche Reproduktion des angeblich verläßlichen Faktums. Sie unterschlägt, daß die Wahrung des Gehalts von Geschichte nur in dessen interpretierender Aneignung bestehen kann.[61] Mangel an Salvatores Konzept ist vielmehr, daß die 'Modernisierung und Ergänzung' von Einsichten des historischen Büchner gerade verstellt, was an angemessener – von gegenwärtiger Erkenntnis aus möglicher – Erklärung für jenes Scheitern der sozialrevolutionären Aktion freizulegen wäre. Eben die geschichtlich ableitbare Begren-

---

(57) Büchner (Anm. 31), S. 440 (Brief an den Bruder, 1835).
(58) Büchner (Anm. 31), S. 455 (Brief an Gutzkow, 1836).
(59) Dazu Mayer (Anm. 47), S. 91 ff.; Jancke (Anm. 55) führt Büchners Klassen-Modell auf die Sansculotten zurück (S. 93 ff.). Entscheidend für die von Büchner angesetzte Klassen-Antinomie ist aber nicht schon der Gegensatz arm-reich, sondern der von tätig und produktiv gegen untätig und konsumierend.
(60) Vgl. Büchner (Anm. 31), S. 441 (Brief an Gutzkow, 1835); der Hessische Landbote enthält verwandte Formulierungen (S. 34 und 44).
(61) Zum latenten Positivismus des dokumentarischen Theaters vgl. Warneken (Anm. 52), S. 112 f., 122 f.

zung der Einsichten auch des analytisch fortgeschrittenen Büchner wäre zu demonstrieren, seine denn doch unzureichende Beurteilung der gesellschaftlichen Auseinandersetzungen und Entwicklungen. Dem Recht des revolutionären Impulses würde damit nichts abgebrochen, auch nicht die objektiven Voraussetzungen für das Mißlingen der Aktion einfach in die Beschränkung der subjektiven Erkenntnis verlagert. Sondern der keineswegs spannungslose Bezug zwischen diesen beiden Faktoren könnte sichtbar werden, womit sich sowohl eine mechanistische wie eine idealistische Reduktion geschichtlicher Kausalzusammenhänge vermeiden ließe.

Hier erweist sich die Konstruktion des Stücks von Salvatore nun auch als hinderlich. Weiter oben steht angemerkt, daß sie eine geradezu geniale Erfindung ist, um den gedanklichen Diskurs eines Menschen als Teilhabe an und als Bestandteil von konkreter Geschichte auf der Bühne anschaulich vorzuführen. Die Entfaltung des von Büchner gefieberten Diskurses bildet aber gewissermaßen ihren eigenen geschichtlichen Raum. Er wird durch die Sphäre des Geschehens am Krankenbett mit Gleichzeitigkeit umschlossen, nicht jedoch von der Demonstration historischer Distanz aufgebrochen. Die Textanlage läßt es also nicht zu, die Differenz von historischer Verfassung der dargestellten Figuren und der erkennenden Interpretation ihrer Historizität in den Dialog einzubringen. Es muß fraglich erscheinen, ob von der Gesamterscheinung des Stücks her diese fehlende Differenz mit Hilfe der dramaturgischen Umsetzung erreicht werden könnte.[62]

Salvatore will im Spiel, so wurde angenommen, nicht nur einen um Büchner zentrierten Diskurs über das Scheitern einer revolutionären Bewegung im deutschen Vormärz inszenieren. Er äußert zu seinem Stück: „Es gibt immer wieder ähnliche Perioden. Ich halte es für legitim, eine Periode, die der unseren ähnelt, zu zitieren, um die Probleme, die uns beschäftigen, zu erörtern."[63] Die eben erwogene Schwierigkeit – daß das Konzept des Stücks es erschwert, die Historizität im gespielten Reden und Agieren zu demonstrieren, und daß die 'Modernisierung' der geschichtlichen Kontur gerade ihren Gehalt verhüllt –, diese Schwierigkeit wirkt nun weiter auf die 'Erörterung' gegenwärtiger Probleme durchs Zitieren jener vergangenen Periode. Denn die 'Ähnlichkeit' der Perioden muß im dramaturgisch geschlossenen Raum der vorgeführten Geschichtskonstellation selbst aufscheinen. Der 'Modernisierung' an der Verfassung der historischen Figuren gesellt sich daher die partielle 'Anreicherung' mit aktuellem Gehalt zu. Es war schon die Rede davon, daß dies zu Spannungen, zu Brüchen führen muß. Je direk-

---

(62) Die Techniken der 'Verfremdungs-Effekte', die Brecht beschreibt, sollen genau diese Differenz von Dargestelltem – auch etwa einer historischen Gestalt – und der demonstrativen Darstellung, als einer Interpretation, erzeugen. Nicht umsonst nennt Brecht das Verfahren des 'Verfremdens' auch 'Historisieren': „Verfremden heißt also Historisieren, heißt Vorgänge und Personen als historisch, also als vergänglich darstellen." (Brecht, Bertolt: Über experimentelles Theater. In: ders. Gesammelte Werke 15. Schriften zum Theater 1. Frankfurt/M. 1967, S. 285–305, hier S. 302).

(63) Blätter der Freien Volksbühne Berlin (Anm. 6), S. 3.

ter die mitgeteilte Deutung auf die vergangene Epoche zielt, desto mehr sträubt sich die Darstellung dagegen, daß ihr Gehalt unmittelbar auf Zeitgeschichte hin 'aktualisiert' wird.

So besteht ein krasser Widerspruch zwischen der besprochenen Erklärung für das Scheitern radikaler Bewegungen, die dem Gerichtsassistenten Gravelius zu sprechen gegeben wird, und jener anderen, die der monologisch halluzinierende Büchner selbst vorträgt: In der einen wurde die Spaltung der bürgerlichen Opposition rekurriert, in der anderen wird auf 'die Bourgeoisie' als den 'reaktionären' Antagonisten verwiesen.[64] Das ist nicht mit dem Hinweis auf die Facettierung verschiedener Standpunkte Büchners in einzelnen Figuren aufzuklären. Denn es handelt sich um Kategorien, die im Hinblick auf die zitierte Periode unvereinbar sind. Die 'aktualistische' Begrifflichkeit soll die 'Ähnlichkeit' der Perioden im Rahmen der geschlossenen Zitation der einen, der vergangenen vorweisen. Solchermaßen hergestellte 'Ähnlichkeit' bringt sich aber gerade um die mögliche Erkenntnis: Strukturelle Ähnlichkeiten historischer Phasen, Verläufe, Konstellationen lassen sich mit Erkenntnisgewinn nur 'erörtern', wenn die unverwischte Differenz der geschichtlichen Komplexe ganz konkret herausgehoben wird. Denn die 'Ähnlichkeiten' bestehen nicht in der Identität von Teilfaktoren – etwa der Verfassung gesellschaftlicher Gruppen oder ihrem Verhaltensmuster –, sondern allenfalls in der allgemeinen Entsprechung ihres Wirkungszusammenhanges.[65]

Das Stück führt die Problematik an einer seiner zentralen Fragen vor: wo das Scheitern revolutionärer Avantgarden auf die Diskrepanz zwischen dem realen Bewußtsein der 'Masse', die das handelnde Subjekt im Prozeß der Umwälzung sein soll, und dem theoretischen wie praktischen Ansatz der 'vorauseilenden' Minderheit zurückgeführt wird. Weiter oben wurde schon erwähnt, daß Salvatore dieses Problem – das innerhalb sozialistischer Theorie zuerst Georg Lukács in ‚Geschichte und Klassenbewußtsein' systematisch reflektiert hat[66] – bereits in seinem Essay von 1968 für den Fortgang der Studentenbewegung hin zu einer allgemeineren 'Kulturrevolution' besprochen hat. Im Stück wird, rückblickend schon auf die zerfallene Studentenbewegung, aktuelle Selbstkritik in dieser Frage vorgetragen, deutlich auf die zitierte Epoche zurückprojiziert. Die Kernstelle sei noch einmal angeführt:

---

(64) S. 74.
(65) Marx und Engels haben solche Analogien in der Geschichte auf der Ebene der Spannungen von Produktivkräften und Produktionsverhältnissen zu beschreiben versucht; wo historische 'Parallelen' gezogen werden – etwa von Engels zwischen dem Verhalten der Bourgeoisie im Bauernkrieg des 16. Jahrhunderts und der Revolution von 1848 (Engels, Friedrich: Der deutsche Bauernkrieg. Marx/Engels Werke. Bd. 7. Berlin [DDR] 1960, S. 327 ff.) –, droht allemal das Allgemeine, statt zunehmend konkret, bedenklich abstrakt zu werden. Zur schwierigen Frage struktureller Analogien der Geschichte sei hier nur genannt: Schmidt, Alfred: Geschichte und Struktur. Fragen einer marxistischen Historik. München 1971.
(66) Lukács, Georg: Geschichte und Klassenbewußtsein. Berlin 1923 (Neuausgabe u. a.: Neuwied und Berlin 1968 u. ö.).

Büchner: [...] Kenntnisse wurden von uns verlangt, aber wir waren zu beschäftigt, um etwas zu lernen, und versuchten noch mit der Sprache St. Simons, ja sogar der von Savonarola zu agitieren. Diese Sprache war schon zu ihrer Zeit veraltet! Wir hätten nie den Riß zwischen der reichen und der armen Gesellschaft überbrücken können. Was nützt es, die Gesellen in der Stadt mit Pamphleten aufzuwiegeln, wenn alles was darin steht, schon der Vergangenheit angehört? Wer von uns kennt eine Fabrik? [...] [67]

Die 'Modernisierung' der historischen Konstellation ist in solcher Passage nur zu offensichtlich: Für die Studentenbewegung war, wie gesagt, der Erfahrungs- und damit auch Sprachunterschied zwischen den akademischen 'Rebellen' und den angesprochenen 'Abhängigen' eine entscheidende Barriere. Daß die revoltierenden Intellektuellen nicht auf die tatsächlichen Bedürfnisdispositionen, Wahrnehmungsweisen und Denkmuster der gemeinten Adressaten, also der lohnabhängigen Bevölkerungsmehrheit, einzugehen vermochten, hat eine breite, unmittelbar politische Wirksamkeit ihrer Impulse verhindert. [68] Ihre Theorie-Sprache war in einem spezifischen Sinne 'veraltet': Nicht schon, weil sie sich an analytische Kategorien aus dem vorigen Jahrhundert hielt – die ungebrochene sozio-ökonomische Entwicklung rechtfertigt dies prinzipiell –, sondern weil sie die historisch fortgeschrittene Modellierung der Subjekte nicht in sich aufnahm. [69] Gerade wenn die Studenten an den Arbeitsplätzen zu 'agitieren' versuchten, begegneten ihnen Desinteresse, Ablehnung, ja Aggressivität noch gesteigert gegenüber dem Verhalten der diffusen Allgemeinheit. [70]

Nun scheint es, daß die Verschwörer in der 'Gesellschaft der Menschenrechte' eine vergleichbare Erfahrung machten. Die wenigen Exemplare des ,Hessischen Landboten', die ihre Adressaten erreichten, wurden offenbar ohne irgendeine erkennbare Wirkung rezipiert; manche Bauern lieferten die Flugblätter sogar bei der Polizei ab. [71] Es darf aber bezweifelt werden, ob

---

(67) S. 74.
(68) Vgl. Wolff, Frank/Windaus Eberhard (Hrsg.): Studentenbewegung 1967–69. Vorworte, S. 12 ff.; Hartung (Anm. 33), S. 32 ff. Konsequenzen hatte dies auch wissenschaftsgeschichtlich, so für die Forschungen über Sozialpsychologie und 'Alltagsbewußtsein'; vgl. Vinnai, Gerhard: Sozialpsychologie der Arbeiterklasse. Reinbek 1973; Leithäuser, Thomas u. a.: Entwurf zu einer Empirie des Alltagsbewußtseins. Frankfurt/M. 1971.
(69) Dazu etwa Oskar Negt: „Ich bin der Überzeugung, daß wir, was die konsequente Vertretung von Interessen unter den besonderen deutschen Bedingungen bedeutet, noch viel zu wenig durchdacht haben. Wenn ich in diesem Zusammenhang von Interessen spreche, so meine ich selbstverständlich nicht Verbandsinteressen, sondern Lebensinteressen der Masse der arbeitenden Bevölkerung." (Negt, Oskar: Interesse gegen Partei. Über Identitätsprobleme der deutschen Linken. Ein Gespräch mit Harald Wiesner. In: Kursbuch 48. Berlin 1977, S. 175–188; hier S.183). Gesellschaftstheoretische Entwürfe wie der von Habermas versuchen, aus den objektiven Voraussetzungen der Modellierung der Subjekte auf eine 'Transformation' der gesellschaftlichen Antinomien zu schließen (Habermas, Jürgen: Legitimationsprobleme im Spätkapitalismus. Frankfurt/M. 1973, bes. S. 58). Das angedeutete Problem wird auch in den breiten Erörterungen über 'Krisentheorien' aufgegriffen (etwa Jänicke, Martin [Hrsg.]: Herrschaft und Krise. Opladen 1973).
(70) Vgl. Hartung (Anm. 33), S. 32 ff., 38 ff.
(71) S. den Bericht des Freundes August Becker (In: Georg Büchner. Werke und

dafür schon Form und Gehalt der agitatorischen Schrift die Ursache abgeben. Es mag die von Büchner verwandte Metaphorik an manchen Stellen den 'einfachen Leuten' fremd gewesen sein. Die von Weidig vorgenommene Überformung mit biblischem Pathos in einigen Partien kann die Wucht der direkten Sozialkritik hier und da umgelenkt haben. Und sicher eröffnete die Flugschrift viel zu wenig Ausblick auf konkrete Handlungsmöglichkeiten. Aber die Sprache war keineswegs 'veraltet', und der Gehalt 'gehörte nicht der Vergangenheit an'.[72] Die Beschreibung der Verhältnisse von saint-simonistischen Ansätzen aus konnte durchaus eine Angemessenheit gegen-über Erfahrungen beanspruchen, die aus immer noch feudalistischen Ab-hängigkeits- und Ausbeutungsverhältnissen im Großherzogtum Hessen ent-sprangen.[73] Daß eine direkte praktisch-politische Wirkung der Agitations-schrift ausblieb, dürfte zum einen daraus zu erklären sein, daß sie keine große Verbreitung erreichte, zum anderen aber aus den noch frischen Er-fahrungen der hessischen Bauern mit der blutigen Niederschlagung der Unruhen und Erhebungen.[74] Und daß womöglich müde Hoffnung auf noch so bescheidene Reformen der Agrarwirtschaft und der Konstitution den Umsturzwillen entkräftete, hat Büchner selbst für möglich gehalten.[75]

Es läßt sich daher zwar eine abstrakte Analogie konstruieren, die das Er-lebnis der Verweigerung der Adressaten von der Agitation der Studenten-bewegung auf die der Gießener Verschwörer zu projizieren ermöglichte. Solche 'Ähnlichkeit' ist jedoch nur um den Preis zu haben, daß man die völlig unterschiedlichen Voraussetzungen und Anlässe unterschlägt. Die Demon-stration der solchermaßen ins Abstrakte, auf eine ungeschichtliche Ebene verlagerten Parallele führt denn auch in Salvatores Stück dazu, daß die zitierte Periode bei der modernisierenden Aufladung nahezu unkenntlich wird: Im Herzogtum Hessen kurz nach 1830 spielt die sich entwickelnde Industrie – gar die chemische, die elektrotechnische, die Schwerindustrie [76] – überhaupt noch keine reale Rolle, wieviel weniger wirkt sie auf die Be-wußtseinsdisposition der Adressaten von revolutionären Agitationsschriften. Indem Salvatore für das Scheitern der revolutionären Bestrebung die 'Un-kenntnis' über erst fern sich abzeichnende sozio-ökonomische Veränderungen heranzieht, deckt er die ermittelbaren geschichtlichen Gründe zu. Was wie eine 'Antizipation' des fiebernden Büchner erscheinen könnte und vielleicht auch so erscheinen soll, ist die oberflächlich aktualisierende Auflösung der historischen Kontur, die das doch erfragte Ursachengefüge jener Vormärz-

---

Briefe. Hrsg. v. Fritz Bergemann. Wiesbaden 1958, S. 562); relativierend dazu Schaub (Anm. 47), S. 142 ff.

(72) Vgl. Schaub (Anm. 47), S. 145.

(73) Über diese Verhältnisse zusammenfassend Schaub (Anm. 47), S. 94 ff.; Mayer (Anm. 47), S. 164 ff.

(74) Bes. das im Hessischen Landboten auch angesprochene 'Blutbad von Södel'; vgl. Schaub (Anm. 47), S. 100 f.; Mayer (Anm. 47), S. 198 f.

(75) Nach August Beckers gerichtlichen Aussagen (Büchner, Anm. 71, S. 463); dazu Jancke (Anm. 55), S. 116 f.

(76) Vgl. im Stück S. 74 f.; zur wirtschaftlichen Situation in Hessen-Darmstadt zusammenfassend Schaub (Anm. 47), S. 98 ff.; Mayer (Anm. 47), S. 166 f.

Geschehnisse hat. Damit aber werden Einsichten für die 'erörterten Probleme' der Gegenwart gerade erschwert: Das konkret Besondere der aktuellen Zustände und ihrer Ursachen, das es aus der Spannung von historischer Differenz und struktureller Analogie besser wahrzunehmen gälte, fängt in der eher scheinhaften 'Ähnlichkeit' der Perioden an zu verschwimmen.

Die Entsprechungen zwischen den Zeiten durchs Aufeinanderprojizieren von Faktoren herzustellen, kann nicht ohne Gewaltsamkeit vor sich gehen. Sie führt bis zur Verkehrung authentischer Büchner-Texte – die Salvatore vielfach zitiert, wenn auch meist bruchstückhaft und umgestaltet – bis in ihr genaues Gegenteil. Im ersten der längeren Verteidigungsmonologe des fiebernden Büchner heißt es:

> Büchner: [...] Ich wußte von Anfang an, mit hungernden Bauern und religiösem Fanatismus allein kann man keine Revolution machen.[77]

Die angespielte Briefstelle lautet: „Und die große Klasse selbst? Für sie gibt es nur zwei Hebel: materielles Elend und religiöser Fanatismus. Jede Partei, welche diese Hebel anzusetzen versteht, wird siegen. Unsere Zeit braucht Eisen und Brot – und dann ein Kreuz oder sonst so was."[78] Büchner hat den erhaltenen Zeugnissen nach mehrfach die Ansicht geäußert, daß die ganz unmittelbare Erfahrung materieller Not in der 'großen Klasse' eine Voraussetzung für die Erhebung sei – nicht jedoch sie zwangsläufig schon auslöse.[79] Wieder 'modernisiert' Salvatore den historischen Befund, von neuerer Einsicht aus, hier mit dem angedeuteten Ziel, die 'Ratlosigkeit' von Trägern der Studentenbewegung mit der 'Ratlosigkeit' der Verschwörer um Büchner zu parallelisieren. Wiederum läßt sich die abstrakte Analogie finden: Der historische Büchner bezeugt immer wieder seine Ratlosigkeit, ja seine Hoffnungslosigkeit, wo er von den Möglichkeiten spricht, in Deutschland bald die eigentlich notwendige revolutionäre Umwälzung zu vollziehen.[80] Auf der anderen Seite: Als sich das politisch-praktische Scheitern der Studentenbewegung gerade erst abzuzeichnen begann, setzten schon die selbstkritischen Reflexionen ihrer Protagonisten auf die Mängel im theoretischen Konzept und im Handlungsprogramm ein. Salvatores Essay von 1968 ist ein beredtes Zeugnis dafür.[81] Die brieflichen Anmerkungen zu

---

(77) S. 50.
(78) Büchner (Anm. 31), S. 455 (Brief an Gutzkow, 1836).
(79) Vgl. Büchner (Anm. 31), S. 441 (Brief an Gutzkow, 1835); dazu instruktiv Jancke (Anm. 55), S. 107 ff., 116 f.
(80) Jancke (Anm. 55), S. 107 ff., arbeitet – gegen die dominierende Auffassung der bisherigen Büchner-Forschung – die ungebrochene Kontinuität in Büchners Revolutionsauffassung heraus: Unverändert bleibt die Überzeugung von der Notwendigkeit der revolutionären Umwälzung, ebenso aber die Ansicht, daß sie in Büchners Gegenwart nicht durchführbar sei (s. schon Lukács, Georg: Der faschistisch verfälschte und der wirkliche Georg Büchner. In: ders.: Deutsche Literatur in zwei Jahrhunderten [Werke Bd. 7]. Neuwied und Berlin 1964, S. 249–272 [zuerst: Das Wort 2/1937, S. 7–26]).
(81) Schülein (Anm. 35), S. 106, 108 ff., vertritt die Ansicht, daß gerade der augenscheinliche rasche 'Erfolg' der Studentenbewegung eine entscheidende Belastung für ihren Verlauf war.

seinem Stück nennen noch 1972 'Ratlosigkeit' als das zentrale Kennzeichen der Entsprechung zwischen den Zeiten: „Was kommen wird, weiß man nicht, was da ist, will man nicht. Also militante Ratlosigkeit. Die Geschichte wiederholt sich nicht, aber sie funktioniert wie eine Spirale. Es gibt immer wieder ähnliche Perioden." [82] Für einen der Kernsätze des Stücks darf man von daher den 'verzweifelten' Ausruf des halluzinierenden Büchner halten: „Wir haben keine revolutionäre Theorie!" Dies nun ist unverkennbar der Aufschrei eines 'Rebellen' unserer Zeit, der sich dem Problem konfrontiert sieht, daß die klassische sozialistische Revolutionstheorie offenbar für die hochentwickelten, von Dauerkrisen durchzogenen spätkapitalistischen Systeme unmittelbar keine angemessene revolutionäre Praxis anweist. Daß dies auch mit der Differenz von 'zugerechnetem' und realem Bewußtsein zusammenhängt, ist schon angemerkt worden. Genauer, für die Gegenwart zutreffender müßte der zitierte Satz etwa lauten: 'Wir haben eine revolutionäre Theorie, aber sie eröffnet uns keine realitätsbezogene Perspektive auf die Umwälzung der Verhältnisse, in denen wir leben.' Für die Vormärz-Zeit gilt der Mangel an Theorie in ganz anderer Weise: Es gab Theoreme, die das Recht auf Widerstand und sogar Umsturz nicht nur gegenüber absolutistischen Regimes, sondern auch schon gegenüber verselbständigten bürgerlichen Regierungen legitimierten. [83] Es war aber noch keine Theorie erstellt, die eine 'Juste milieu-Erfahrung' [84] auf revolutionäre Konsequenz hin zu verarbeiten erlaubte; will sagen: die aus der konsistenten Analyse der Bewegungsgesetze, nach denen die schon manifeste bürgerliche Gesellschaft sich fortentwickelte, die Notwendigkeit ihrer revolutionären Aufhebung ableitete. Die abstrakte Entsprechung vom 'Fehlen einer revolutionären Theorie' setzt so unterschiedliche Sachverhalte gleich, daß sie wirkliche Erkenntnis weder über den einen noch über den anderen mitteilt.

Aber darf denn an einem Bühnenstück mit Fug kritisiert werden, daß es keine zureichenden Einsichten über die zitierten Geschichtskonstellationen vermittelt? Daß es im fiktiven Raum aktualisierend die gegenwärtigen Verhältnisse den weiter zurückliegenden untermengt? Daß es 'Ähnlichkeiten der Perioden' unterm Verzicht auf den 'reinen' Geschichtsgehalt drastisch zu machen sucht? All dies ist nicht eo ipso vom Übel. Aber Salvatores Stück erhebt implizit – etwa mit den Gravelius-Passagen – den Anspruch, histo-

---

(82) Blätter der Freien Volksbühne Berlin (Anm. 6), S. 3.
(83) Sogar das Allgemeine Preußische Landrecht kannte ein Widerstandsrecht; vgl. Conze: Das Spannungsfeld (Anm. 47), S. 214. Berühmtestes Beispiel für die Rechtfertigung von Widerstand auch gegen bürgerlich-demokratische Regierungen ist wohl die Gesellschaftstheorie Thomas Jeffersons (vgl. nur Gerstenberger, Heide: Zur politischen Ökonomie der bürgerlichen Gesellschaft. Die historischen Bedingungen ihrer Konstitution in den USA. Frankfurt/M. 1973, S. 161 ff.). Jeffersons Theoreme gehen zurück auf die naturrechtliche Fundierung der bürgerlichen Gesellschaft, besonders die durch Paine vermittelte Lehre John Lockes (vgl. Habermas, Jürgen: Naturrecht und Revolution. In: ders.: Theorie und Praxis. Frankfurt/M. 1971, S. 89–127, bes. S. 112 ff.).
(84) D. h. Büchners entscheidende Erfahrung vom Widerspruch zwischen dem revolutionären Programm des Bürgertums und der nachrevolutionären Etablierung bürgerlicher Herrschaft. Dazu Mayer (Anm. 47), S. 74 ff., 90 ff.

rische Befunde auf ihre Gründe hin durchsichtig zu machen. Und explizit formuliert der Autor diesen Anspruch im Kommentar. Da muß gefragt werden, was die Anlage des Stücks und die Darstellung im einzelnen vor diesem Anspruch erbringen. Es erwies sich: Die Rahmenkonstruktion gibt Vorteile an die Hand, um den Gehalt an realer Geschichte im Denken eines Menschen anschaulich zu machen. Sie bildet harte Begrenzungen, wo es um die dramaturgische Konkretion der Differenz von erörterter Gegenwart zu zitierter Vergangenheit geht. Diese Schwierigkeit tritt an wesentlichen Mängeln des analytischen Gehalts hervor. Und daß Salvatore eine analytische Absicht in seinem Stück umsetzen will, zeigt wiederum die grundlegende Konzeption an: den gedanklichen Diskurs eines gescheiterten Revolutionärs szenisch zu entfalten.[85]

## IV. Vergleich der Bilder

Gaston Salvatore hat nicht im Unklaren darüber gelassen, daß die dramatische Durchführung des Diskurses nicht bloß allgemeine Entsprechungen zwischen historischen Konstellationen aufnehmen soll, sondern auch Analogien zu Lebensgeschichte und Selbsterfahrung enthält. In seinem Kommentar-Brief an das Hessische Staatstheater Darmstadt schreibt er:

„Bei mir hat es keine Identifikation mit Büchner gegeben. Ich habe die Welt um ihn und seine Freunde erfunden. Es sind alles Fiktionen. Wie in meinen Versuchen über uns (in meinem Gedichtband) könnten alle Personen ich selbst sein oder heutige Militante oder Renegaten. [...]
Parallelen zwischen Büchner und mir gibt es. Auch ich habe an revolutionären Bewegungen teilgenommen. Auch ich bin geflohen. Und auch ich mußte mir die kalte Dusche einer erbarmungslosen Kritik seitens meiner Genossen gefallen lassen. Auch ich war eine Zeitlang ratlos. Auch ich verdiene mein Geld als Schriftsteller. Ein Freund von mir, den ich sehr liebe, ist rasch und an einer ähnlichen Krankheit gestorben – wie Büchner." [86]

---

(85) Salvatore hat die Frage, ob der Anspruch sich mit der Darstellung im Medium Theater überhaupt vertrage, unwirsch abgewiesen: „Warum das Thema auf dem Theater? Die Frage, warum Theater, versuchen die Menschen seit eh und je zu beantworten. Theater gibt es, und damit basta. Dies, um denen Genüge zu tun, die sich fragen, warum man solche Inhalte in einem Guckkasten bringt. Ich weiß es selbst nicht." (Blätter der Freien Volksbühne Berlin, Anm. 6, S. 3) So weicht Salvatore dem Problem aus, das die Entwicklung moderner Dramatik stellt: die Möglichkeit, Geschichte mit ihrem wesentlichen Gehalt auf der Bühne noch zu vermitteln. Adorno formulierte, die Unmöglichkeit der Versinnlichung abstrakter Geschichtsmechanismen konstatierend, schon 1945: „Fürs Absterben der Kunst spricht die zunehmende Unmöglichkeit der Darstellung des Geschichtlichen. Daß es kein zureichendes Drama über den Faschismus gibt, liegt nicht am Mangel an Talent, sondern das Talent verkümmert an der Unlösbarkeit der dringlichsten Aufgabe des Dichters. Er hat zwischen zwei Prinzipien zu wählen, die beide der Sache gleich unangemessen sind: der Psychologie und dem Infantilismus." (Adorno, Theodor W.: Minima moralia. Reflexionen aus dem beschädigten Leben. Frankfurt/M. 1951, S. 187). Dazu Warneken (Anm. 52), S. 115 ff., 121, 123 f., 129.

(86) Blätter der Freien Volksbühne Berlin (Anm. 6), S. 3.

An den dürren 'Parallelen' zwischen lebensgeschichtlichen 'Fakten' Büchners und Salvatores setzen im Stück mehrere gefüllte Themenkreise des Diskurses an: vom eigentlichen Charakter des revolutionär gemeinten Denkens und Handelns; von Recht oder Unrecht der Flucht; von der Schwierigkeit des 'Klassenverrats' eines bürgerlichen Intellektuellen; vom Recht auf die Erfüllung elementarer Wünsche; auch von der Angst vorm Sterben. Salvatore hätte aber auch eine 'Parallele' anführen können, die zu der Lage der verhafteten Mitverschwörer Büchners gezogen ist: Eine Zeit lang hat er ebenfalls eingesessen. Gefangenschaft ist ein weiteres Thema der 'erbarmungslosen Kritik seitens der Genossen' – sie wird im Stück ja als Selbstkritik des kranken Büchner durch seine halluzinierten Bundesgenossen veranstaltet.

Die aufgezählten Themenkreise überschneiden sich fast alle in einem gewichtigen Sektor: dem insistierenden Fragen nach den subjektgebundenen Voraussetzungen für das revolutionäre Denken und Handeln. Salvatore hatte für die Studentenbewegung diese Frage bereits in seinem Essay ,Intelligenz und Organisation von Zukunft' gestellt und auf die Spannung zwischen noch 'bürgerlichen Konzeptionen' der 'Rebellen' und ihren revolutionären Zielen hin konkretisiert.[87] Inzwischen hat die rückblickende Analyse der Studentenbewegung sehr viel präziser sozialpsychologisch an dem Punkt angesetzt, den Salvatore noch auf der Ebene der Theorie-Entwürfe fixiert hatte. Es steht jetzt der Zusammenhang zur Debatte, der sich zwischen der Erfahrung allgemeiner Dysfunktionalität bürgerlicher Normen im Spätkapitalismus, der sozialpsychologischen Disposition der 'Rebellen' aus den bürgerlichen Schichten und und dem Charakter wie dem Verlauf der 'Revolte' abzeichnet.[88] Indirekt – und literarisch auf höchst eklektizistische, schlecht durchgearbeitete, unbestimmte Weise – hatte Salvatore solche Zusammenhänge in seinen Gedichten bezogen, die 1967/68 geschrieben sind. Sie finden ein wenn auch diffuses Zentrum in den Schwierigkeiten des revoltierenden Subjekts, das sich von der Notwendigkeit einer radikalen gesellschaftlichen Umwälzung überzeugt hat, mit seiner eigenen Verfassung: mit seiner Erinnerung aus 'bürgerlich' geformter Lebensgeschichte, mit seiner Auflehnung gegen Triebverzicht um der revolutionären Konsequenz willen, mit dem Leiden am Zerfall der Liebesfähigkeit inmitten proklamierter Solidarität.[89] Salvatore ist nicht der einzige aus der Studentenbewegung geblieben, der die Subjektseite in diesem revolutionär gemeinten Anlauf einer vorwiegend bürgerlichen Intelligenz literarisch reflektiert hat.[90]

Im Stück ,Büchners Tod' kehrt die schwierige Erfahrung des Autors mit sich

---

(87) Baran/Fried/Salvatore (Anm. 8), S. 103, 111 ff.

(88) Bes. Schülein (Anm. 35), insgesamt.

(89) Z. B. „Erkaltet gehe ich weiter / mit der Revolution in der Tasche / und entdecke fremde Unmäßigkeiten." (Salvatore, Anm. 7, S. 65); „Und für die Liebe / hatten wir nur noch / die schnellen verkrampften Hände / die Nächte / wie Waffen auf uns gerichtet / die Solidarität / ein Lehrwort verloren an die Feinde." (Anm. 7, S. 52); „Was kann ich / mit deiner Zärtlichkeit anfangen / wenn sie Thesen anschlägt / wenn sie in jeder Umarmung / den Imperialismus niederschreit." (Anm. 7, S. 44)

(90) In erster Linie Schneider, Peter: Lenz. Eine Erzählung. Berlin 1973 (dazu die Aufsätze von Wilhelm Heinrich Pott und Oskar Sahlberg in diesem Band); Timm,

als revolutionär gesonnenem Subjekt deutlich wahrnehmbar wieder. Seine prononcierte Aussage über die Figuren – „Es sind alles Fiktionen. Wie in meinen Versuchen über uns (in meinem Gedichtband) könnten alle Personen ich selbst sein oder heutige Militante oder Renegaten."[91] – gibt zutreffend wieder, daß er für die Darstellung der genannten Problematik kaum noch Anhalt in dem zitierten Geschichtsausschnitt finden konnte. Obwohl er vielfach Sätze aus Büchners Schriften in den Dramentext einbaut, gleicht er hier die transponierte aktuelle 'Kritik unter den Genossen' nur äußerlich, mit dem Material der berufenen Ereignisse, an den präsentierten historischen Rahmen an.[92] Wiederum wäre es unangemessen, dem Verfahren schlicht Verletzung der Treue gegenüber bezeugten Geschichtstatsachen vorzuhalten. Selbst die Erwägung darüber, ob die dargestellte Verfassung der Subjekte unter den Umständen und deren Ursachen in der zitierten Periode zumindest eine historische Möglichkeit für sich habe, zielt an der Eigenart und Funktion der dramatischen Mitteilung vorbei, wenn sie nur darauf aus ist, 'Unwahrscheinliches' zu bekritteln. Vielmehr ist ein Stück wie ‚Büchners Tod' – 'historisches Drama' im spezifischen Sinne[93] – in Hinsicht auf die hier genannten Themen danach zu befragen, wie die fiktiven Subjekte aus historischer Substanz gebildet sind. 'Unwahrscheinlichkeit', als die Spannung zwischen dem bezeugten und veranschlagten Umriß der geschichtlichen Person einerseits und der fiktiven Füllung dieses Umrisses mit Subjektgehalt andererseits, solchermaßen auszumachende Unwahrscheinlichkeit will als Ausdruck

---

Uwe: Heißer Sommer. München 1974. Zur literarischen Verarbeitung der Studentenbewegung vgl. Buselmeier, Michael: Nach der Revolte. Die literarische Verarbeitung der Studentenbewegung. In: W. Martin Lüdke (Hrsg.): Literatur und Studentenbewegung. Opladen 1977 (Lesen 6), S. 158–185.

(91) Blätter der Freien Volksbühne Berlin (Anm. 6), S. 3.

(92) Zu den überlieferten Äußerungen Büchners über die Mitverschwörer s. die Briefe in Büchner (Anm. 31), S. 441 ff., 445 f., 448. Dagegen halte man die auf diese Zeugnisse anspielenden Stellen in Salvatores Stück, S. 27 ff., 40, 42 ff., 47 f.

(93) 'Historisches Drama' wird traditionell als Drama bestimmt, dem Stoffe aus der Geschichtsschreibung zugrunde liegen. Ausgrenzungen gegenüber etwa der illustrierenden Geschichtszitation oder der Instrumentalisierung von Geschichtskonstellationen im barocken und aufklärerischen Drama liefert das Kriterium, im eigentlichen historischen Drama sei ein geschichtlicher Gesamtzustand veranschaulicht (dazu Sengle, Anm. 20, S. 7 ff., 35 ff.). Damit übernimmt die Literaturwissenschaft Kategorien einer Dramentheorie seit Herder, die dem spezifisch bürgerlichen Geschichtsverständnis von 'Ereignisgeschichte' korrespondiert. Im Bewußtsein gewandelter Geschichtstheorie müßte Literaturwissenschaft erkennen, daß die 'stoffbezogene' Definition fürs 'historische Drama' längst relativiert, wenn nicht obsolet ist. Wenn Geschichte im Drama nicht einfach als Stoff aus der vorfindlichen Geschichtsschreibung identifiziert werden kann, sondern als dramatische Interpretation historischer Konstellationen, dann muß die Literaturwissenschaft die Spannung zwischen zitiertem 'Geschichtsmaterial' und literarisch angeeigneter Geschichte herausarbeiten – zugespitzt: zum Beispiel Lenzens ‚Hofmeister' oder ‚Soldaten' könnten sich in diesem Sinne weit mehr als 'historisches Drama' erweisen denn die ‚Sicilianische Vesper'. Was ein Drama an Geschichts*deutung* umsetzt, wäre dann als das 'Historische' an ihm zu interpretieren. Freilich verliert damit der Begriff 'historisches Drama' seine typologische Leistungsfähigkeit – sie aber war ohnehin nur eine scheinbare, weil eine historisch relative Bestimmung zur gattungstheoretischen Definition erhoben wurde.

der Deutung von Gegenwart verstanden werden. Zu solcher gedeuteten Erfahrung gehört eben auch, und bei den genannten Themen besonders, die Erfahrung des schreibenden Subjekts mit sich selbst.

Nun werden bei Salvatores Stück die möglichen Spannungen dieser Art von vornherein gemildert. Die Gründe dafür nehmen sich auf den ersten Blick als zufällig, gleichwohl objektiv lebensgeschichtliche aus: Sie scheinen mit den von Salvatore aufgezählten 'Parallelen' gegeben. In Wahrheit rührt dieser Eindruck, und damit die verminderte Gefahr jener 'Unwahrscheinlichkeiten' daher, daß Salvatore auf der Ebene geschichtsanalytischer Darstellung die 'Ähnlichkeiten' der Perioden so weit hatte abstrakt werden lassen. Wenn bereits das objektive Gefüge der vergangenen Konstellation an Kernpunkten so 'modernisiert' ist wie in dem Stück, dann kommt es nicht leicht mehr zu auffälligen Spannungen zwischen fiktiv präsentierter Geschichtlichkeit der Personen und dem aktuellen Bild ihrer Subjektivität.

Hinzu kommt, daß Salvatore im Diskurs diejenigen Themen, in denen sich die Subjektseite der historischen Verläufe hervorkehrt, zumeist weit ins Allgemeine führt: Der aus seinen Fieberphantasien erwachte Büchner formuliert im Dialog mit Minna durchaus persönliche Wünsche nach 'gewöhnlichem Glück und einfacher Liebe', aber sie geraten so unspezifisch – gemessen an der geschichtlichen Substanz der Figur –, daß sie gegenwärtiges Leiden am Stau elementarer Bedürfnisse ohne weiteres aufnehmen:

> Büchner: [...] Man hat mir eine glänzende Zukunft versprochen. Aber ich will sie nicht. Ich möchte einfach auf die Sraße gehen und Dich plötzlich treffen. Wenn ich sterbe, wie Schönlein meint, dann will ich nicht mehr an diese Welt denken. Soll sie zusammenbrechen! Ich kann nichts dafür! Ich will bei Dir liegen ohne an die Armen, ohne an ihre Henker denken zu müssen. In einem großen Bett, wie all die anderen, Minna, wie all die anderen.[94]

Unzweifelhaft geht in diese Stelle, deren Tendenz ganze Szenen des Stücks bekräftigen, stellvertretende Erfahrung eines 'Rebellen' aus der Studentenbewegung ein. Das verdeutlichen die Vorwürfe, die Büchner wegen solcher Sehnsüchte von seinen halluzinierten Mitverschwörern aus den Gefängniszellen entgegengeschleudert bekommt:

> Becker: Dir ist doch alles scheißegal. Er will sich zurückziehen, ein bißchen Freude, sagt er, daß [!] tut doch niemand weh. Aber ich, ich soll im Gefängnis verrecken! So einfach ist das. Und ich habe Dich bewundert. Deine Thesen habe ich auswendig gelernt. Wenn Du da warst, glaubte ich, daß nichts schief gehen könnte. Bilde Dir nicht ein, daß Du vor der Polizei geflohen bist. Du bist einfach abgehauen. Du hast Dich nicht vor den Blutmännern versteckt sondern vor uns! Freundliche Dörfer mit schönen Häusern. Schweizer Wohlstand. Eine einfache, gute republikanische Regierung, um den Herrn Studiosus von der Erinnerung an das Elend und an die Ausbeutung in seinem eigenen Land zu befreien. [...] Jemand muß es Dir doch endlich einmal sagen. Ein bißchen Freude, sagst Du jetzt. Mir wird übel, wenn ich daran denke.[95]

(94) S. 62 f.
(95) S. 70.

Die geschichtlichen Requisiten scheinen zu 'stimmen', aber ihre Enthistorisierung verrät sich dem, der sie vor die erschließbare Vergangenheit hält.[96] Sie fungieren für die aktuelle Kritik an 'Renegaten', wirklichen oder angeblichen.[97] Die Motivationen eines Mannes, der sich vor den Konsequenzen aus dem Scheitern der Revolte 'absetzt', werden in aggressiver Überspitzung auf den Durchbruch unverarbeiteter Wünsche zurückgeführt –

> Clemm: Die Revolution muß Spaß machen. Aber wenn die Revolution keinen Spaß mehr macht, was dann, Du Klugscheißer? Dann setzt man sich einfach ab. Ich soll Dich verstehen? Mit Dir etwas teilen? Im Gefängnis kann man nicht entscheiden, ich werde jetzt Forscher oder ich dichte jetzt. Natürlich ganz revolutionär. [...] Und jetzt? Reich willst Du werden, Fett ansetzen, Villen und Kutschen. Also, für wen war Frankreich ein Vorbild? Für mich nicht. Ich bin ein Verräter und habe keine Freunde mehr. Aber für Dich, für Dich gilt der Spruch von Louis Philippe 'Enrichissez-vous!' Versuche es doch, Büchner. Bereichere Dich![98]

Hinter der Abfertigung des 'Renegaten' wird das oben angeführte Thema hörbar: die quälend erfahrene Unvereinbarkeit von revolutionären Absichten und dem Ausleben elementarer Bedürfnisse. Damit nimmt Salvatore, wie gesagt, ein wesentliches Thema der Verarbeitung der Studentenbewegung auf, das inzwischen kunstliterarisch wie wissenschaftlich mehrfach dokumentiert ist.[99] Im Stück wird das Phänomen, daß die 'nicht beherrschten Wünsche' den revolutionären Willen sabotieren, auf die ungebrochene Wirksamkeit bürgerlicher Sozialisation zurückgeführt. Büchner hat zu bekennen:

> Büchner: [...] Weidig, und wir alle haben uns vor dem Volk gefürchtet; eigentlich haben wir nie gewollt, daß sich die Armen zurückholen, was ihnen gestohlen wurde. Wir wollten keine Pöbelherrschaft.[100]

Vergleichbare Kritik erfährt Minnigerode:

> Büchner: Ein Spiel. So war es gemeint. Die Revolution sollte ein Spiel sein. Der Jüngling aus gutem Hause, Minnigerode, der schöne langmähnige Minnigerode, wollte seinen Vater ärgern. Und hat mitgespielt. [...] Man geht von zu Hause weg, dachtest Du, und dann ist alles gut. Aber die Sache wurde zu groß, zu gefährlich und dann fing Deine Angst an. Immer die Angst. Minnigerode, der Abspringer, der aus Angst nicht abspringt. Der Märtyrer wider willen. Du warst zu ängstlich und zu feige, um uns zu widersprechen.[101]

---

(96) Vgl. dazu die angespielten Briefstellen bei Büchner (Anm. 31), S. 446, 448, 462, 463 und auch 452).

(97) Die Bildung von 'Sekten' oder 'Kadergruppen' aus der zerfallenden Studentenbewegung war stets verbunden mit dem gegenseitigen Vorwurf des 'Renegatentums' und der 'Kleinbürger-Haltung'; vgl. Hartung (Anm. 33), S. 41 f.

(98) S. 72.

(99) Vgl. außer der in Anm. 90 aufgeführten Literatur auch Hübner, Raoul: 'Klau mich' oder die Veränderung der Verkehrsformen. In: Lüdke (Hrsg.): Literatur und Studentenbewegung (Anm. 90), S. 219–247; Wolff/Windaus (Anm. 68), S. 12 ff.; Schülein (Anm. 35), insgesamt.

(100) S. 50 f.

(101) S. 29 (die Briefstellen über Minnigerode bei Büchner, Anm. 31, S. 441 ff., 445 f., 448, 462).

In der 'Berührungsangst' des bürgerlichen, intellektuellen 'Rebellen' wie in der Verwechslung von Generationenkonflikt und sozialer Erhebung verrät sich die desorientierende, ja destruktive Kraft einer bürgerlich geprägten Psychostruktur für den radikalen, sozialrevolutionären Impuls – auch dies sind Themen, die in der Selbstkritik der 'neuen Linken' vorkommen, freilich nicht nur bei ihr.[102] Zumindest bei der ersten der angeführten Stellen mußte Salvatore den authentischen Georg Büchner völlig uminterpretieren, um die aktuelle 'Kritik seitens der Genossen' in der historischen Figur unterzubringen. Konnte er aus dem im Text angespielten Satz der überlieferten Äußerungen noch mit einiger Anstrengung herauslesen, Büchner habe wie Weidig „eine Pöbelherrschaft wie in Frankreich" befürchtet[103], so müßten ihm die Briefe klargestellt haben, daß Büchner entschieden glaubte, „man muß in sozialen Dingen von einem absoluten Rechtsgrundsatz ausgehen, die Bildung eines neuen geistigen Lebens im *Volke* suchen und die abgelebte moderne Gesellschaft zum Teufel gehen lassen."[104] Die Diskrepanz zum Büchner des Stücks zeigt an, daß dieser eben die aktuelle Erfahrung zu verkörpern hat.

Wie läßt sie sich, zieht man eine Summe aus dem szenischen Diskurs, zusammenfassend beschreiben? Das herausgestrichene Stichwort des Kommentarbriefes liefert die knappste Formel: „militante Ratlosigkeit"[105]. Der fiebernde Büchner hat mit den halluzinierten Figuren verschiedene Standpunkte in der „erbarmungslosen Kritik" zu inszenieren. Dafür, daß diese Kritik mit wesentlichen Themen die Selbstkritik und auch die aufkommende Resignation innerhalb der zerfallenden Studentenbewegung aufnimmt, liefern die Deformationen der benutzten Zeugnisse aus jener Geschichtskonstellation, in die die aktuellen Gehalte transponiert sind, nur die oberflächlichen Indizien.

Da mit Ausnahme Minnas – die den kranken Büchner jedoch nicht 'kritisiert' – alle Figuren im Stück, die entscheidend am Diskurs teilhaben, eigentlich Vorstellungen Büchners sind, bleibt er auch der an Einsicht Überlegene: Er vermag aus sich heraus alle Standpunkte, auch die ihn denunzierenden, gegeneinander zu stellen. Das Ergebnis: Zwar nicht im logischen Sinne, aber ihrer Funktion für die verarbeitbare Erfahrung nach heben sie einander auf. Dies ist der schon einmal angesprochene metaphorische Gehalt der Büchnerschen Krankheit: Einsicht zum Tode, aus 'historischer' Erkenntnis dessen, daß

---

(102) Vgl. wiederum vor allem Schülein (Anm. 35), insgesamt. Aber schon Werner Hofmann notierte zu diesen Fragen wichtige Reflexionen (Hofmann, Werner: Zur Sozialpsychologie der Studentenrevolte. In: ders.: Abschied vom Bürgertum. Frankfurt/M. 1970, S. 76–91).

(103) „Büchner meinte, in einer gerechten Republik, wie in den meisten nordamerikanischen Staaten, müsse jeder ohne Rücksicht auf Vermögensverhältnisse eine Stimme haben, und behauptete, daß Weidig, welcher glaubte, daß dann eine Pöbelherrschaft wie in Frankreich entstehen werde, die Verhältnisse des deutschen Volks und unsere Zeit verkenne." (Mündliche Äußerung, aus der Überlieferung Bopps zitiert bei Büchner, Anm. 31, S. 464.).

(104) Büchner (Anm. 31), S. 455 (Brief an Gutzkow, 1836); vgl. dazu Jancke (Anm. 55), S. 119 ff.

(105) Blätter der Freien Volksbühne Berlin (Anm. 6), S. 3.

die notwendige andere Zukunft nicht zu bewerkstelligen sei. An verschiedenen Stellen des Stücks beruft sich Büchner auf die Überlegenheit seiner Erkenntnis[106], und wiederholt formuliert er sein resignatives Fazit:

> Büchner: Ich glaube nicht mehr an den Fortschritt. Die Freiheit ist eine tote Wissenschaft.[107]

Er bezichtigt sich der „Ratlosigkeit"[108] und wehrt sich gegen alle Hoffnung:

> Büchner: Jetzt hat sie uns wieder. Die Hoffnung! Das übelste aller Übel.[109]

Solcher 'Nihilismus', als Summe, verwandelt nun am entschiedensten den authentischen Büchner.[110] Darf diese 'Modernisierung' des historischen Ensembles, die unmißverständlich auf eine spezifische Gegenwartssituation zurückweist, als Resümee aus verarbeiteter Erfahrung des schreibenden Subjekts gelesen werden, das doch selbst auf seine Lebensgeschichte verwiesen hat? Es hieß da: „Auch ich war eine Zeitlang ratlos."[111] Aber im gleichen kommentierenden Brief stellte Salvatore den 'Büchnerischen Fatalismus' in die Reihe der überwundenen Standpunkte, der Irrtümer, und sah ihn in der Haltung Weidigs überholt:

> „Für mich ist er der eigentliche Revolutionär. Menschen wie er sind es: 'Die die Welt tatsächlich verändern'. Deswegen zersprenge ich am Ende des Stücks den Büchnerischen Fatalismus (der auch in der Form des Stücks enthalten ist) und lasse Weidig (eigentlich eine Vorstellung in Büchners Kopf) weiterleben, obwohl sein Schöpfer, der kranke Büchner, bereits gestorben ist."[112]

Wie sieht dieses 'Zersprengen' des Büchner zugemuteten Fatalismus aus? Es ist eine Hoffnung, eine Gewißheit auf Zukunft – die Umwälzung, die in der Gegenwart nicht zu vollbringen sei, werde von Späteren durchgesetzt:

> Weidig: [...] Nach mir werden andere kommen. Und dann wieder andere. Und sie werden weiter bohren. Niemand von Euch wird merken, daß die Mauer stürzt.[113]

Nicht zufällig wird da metaphorisch formuliert: Die Hoffnung ist abstrakt; weder kann der 'eigentliche Revolutionär' Weidig diejenigen gesellschaftlichen Gruppierungen konkret erkennen, die den 'Einsturz' der repressiven Verhältnisse bewerkstelligen werden, noch gibt er für seine Gewißheit faßbare Gründe an, die aus einer angemessenen analytischen Durchdringung der

---

(106) Z. B. S. 66 f., 73.
(107) S. 68; vgl. S. 30, 51, 80.
(108) S. 51.
(109) S. 65.
(110) Dazu einleuchtend Jancke (Anm. 55), S. 125 ff. Die wichtigsten Dokumente für die Deutung Büchners auf 'Nihilismus' hin versammelt der Band Martens, Wolfgang (Hrsg.): Georg Büchner. Darmstadt ²1969 (Wege der Forschung 53); bes. Viëtor, Karl: Die Tragödie des heldischen Pessimismus (S. 98–137); Mülher, Robert: Georg Büchner und die Mythologie des Nihilismus (S. 252–288).
(111) Blätter der Freien Volksbühne Berlin (Anm. 6), S. 4.
(112) Blätter der Freien Volksbühne Berlin (Anm. 6), S. 3.
(113) S. 85.

abzuschaffenden Zustände hervorträten. Genannt wird ein übergeschichtlicher Gegensatz von 'Herren' und 'Volk' – sonst nur Absichtserklärung, allein ex negativo unbestimmte Kraft pressend:

> Weidig: [...] Und die, die ihre Ratlosigkeit so weit treiben, daß sie behaupten, eine bessere Welt sei unmöglich [...] woher wollen sie wissen, was möglich ist? Sie sagen ja selber, daß sie nichts wissen. Ich verliere keine Zeit mit denen, die sich entschlossen haben, mit gesenktem Haupt ein Leben lang zu gehen.[114]

Der 'Entschluß zur Hoffnung' ist sozusagen nur die verzweifelte Umkehr von Resignation und Fatalismus, gelangt nicht zur 'bestimmten Negation' des negativen Fazits, weil die reale Begründung aus erschlossener Geschichte fehlt.

Auch am Schluß des Stücks, und hier pointiert, weist die Darstellung auf die nur verlagerte Aktualität ihres Gehalts: Nicht nur, daß der fiktive Weidig im Schlußbild zur Gänze 'enthistorisiert' ist – seine bezeugte politische Haltung, die Arbeit für eine konstitutionelle Monarchie[115], muß sich völlig verflüchtigen; 'revolutionär' erscheinen allein sein unbezwingbares konspiratives Tätigsein und seine heroische Standhaftigkeit. Sondern ihm wird eine Denkfigur zugeschrieben, die gerade der des authentischen Büchner entspricht. Dem nämlich endeten Gesellschaftskritik und Geschichtsanalyse nicht einfach im vielzitierten 'Fatalismus' oder gar 'Nihilismus'. Er blieb auch nach dem Scheitern der revolutionären Agitation, der Verschwörung, bei seiner Erkenntnis, daß eine gesellschaftliche Umwälzung durch 'die große Klasse' unvermeidlich sei. Nur könne sie weder „im Augenblicke" ausgelöst werden, noch sei das Wie und Wann ihres Vollzugs schon anzugeben. Daher äußert er „Hoffen wir auf die Zeit!" [116] – aber solches Hoffen war ihm weit besser auf Realität gegründet als die Gewißheit Weidigs im Stück.

Wie sehr die von Weidig am Ende des Stücks bekannte Hoffnung abstrakt bleibt, geht auch aus ihrer szenischen Präsentation hervor: Die Aufhebung aller Standpunkte durch den halluzinierenden Büchner, die den „Büchnerischen Fatalismus [...] in der Form des Stücks" umsetzt, soll widerlegt werden, indem eine zunächst halluzinierte Figur ihn 'überlebt'. Mit der dramaturgischen Realisierung solchen 'Überlebens' hebt aber Salvatore jene doppelte Fiktivität des Diskurses auf, die doch das zitierte Geschichtliche an den Figuren gerade in die vorgeführte Reflexion auf dramatisch sinnfällige Weise einzuholen gestattete. Der Weidig am Ende des Dramas, der die halluzinierte Form seiner theatralischen Existenz 'zersprengt', findet sich in der Scheinhaftigkeit traditionellen 'historischen Dramas' wieder. Der sinnreiche Kunstgriff, in den szenisch phantasierten Gestalten sowohl deren geschichtliche Kontur wie die Historizität der Phantasie als 'diskutabel' vor-

---

(114) S. 86.
(115) Dazu Mayer (Anm. 47), S. 144 ff.; Schaub (Anm. 47), S. 120 ff.; Enzensberger, Hans Magnus: Georg Büchner/Ludwig Weidig. Der Hessische Landbote. Texte, Briefe, Prozeßakten, Frankfurt/M. 1974, S. 48 ff.
(116) Büchner (Anm. 31), S. 440 (an unbekannten Empfänger, 1835); vgl. o. Anm. 80.

zuführen, scheint vom Schluß her denunziert: als bloße Veranschaulichung für einen unzureichenden Bewußtseinsstand, den des 'Fatalismus'. Eher aber entkräftet die Anlage des Diskurses, durch die Geschichtlichkeit und Fiktion innerhalb des Dramas selbst in eine aussagefähige Spannung treten können, die 'Widerlegung' im letzten Bild: Daß Weidig vorher sich als Konkretion Büchnerscher Vorstellungen spielt, daß er seine 'gleichzeitige' historische Substanz damit ausdrücklich 'verfremdet', läßt dann im letzten Bild seine plötzlich 'unmittelbar fiktionale' Historizität um so deutlicher als das hervortreten, was sie tatsächlich ist: dramaturgische Illusion. Dies muß auch den mitgeteilten Gedanken treffen.

## V. Kritik nach zwei Seiten

Bisher war fast ausschließlich vom phantasierten Diskurs unter den Verschwörern die Rede, das heißt: von den gedoppelt fiktiven Gefängnisszenen als dem gedanklichen Zentrum des Stücks. Daß die Halluzinationen mit Handlung und mit Themen in die Sphäre der 'einfachen Fiktion', in die Krankenhaus-Darstellung hineinragen, wurde schon erwähnt. Hinzuweisen ist noch darauf, daß die Kritik der Mitverschwörer an Büchner in einem zentralen Punkt außerhalb der Vorstellung Büchners bestätigt wird: Die handfest-parteilichen Krankenpfleger werfen dem dahinsiechenden Dozenten der Philosophie vor, daß er sich die Behandlung erster Klasse angedeihen lasse und Berührungsangst vor dem Bereich der 'gewöhnlichen Kranken' habe.[117]

Was sich sonst noch auf der Ebene Krankengeschichte abspielt, hat moralisierende Kritik erfahren. Es beweise nur Salvatores „Vorliebe für Fäkalien und perverse Obszönitäten"[118]. Gewiß, es geht im Stück oft um Kot, Schleim und Blut. Auch eine unbeschönigte Krankenszenerie könnte mit weniger solcher Details auskommen; ihre Häufung macht den Ernst eher unglaubwürdiger.[119] Und die Vergewaltigung Minnas durch Büchner, im Paroxysmus, wirkt aufgesetzt, vernichtet eher das Thema der versäumten Liebe, als daß es ihm Nachdruck gäbe.[120] Aber der Verweis auf Pietät und die Grenzen

---

(117) „Krapp: [. . .] Er ist nicht der einzige in diesem Krankenhaus. Auch wenn es so aussieht. Einzelzimmer! Drei Ärzte! Der Chefarzt ständig hier. Die Freunde dürfen im Zimmer wohnen. Für Reiche gibt es wohl keine Vorschriften. Wozu das alles? Der Mann ist doch so gut wie tot.
[. . .] Aber unten in den großen Sälen, fünfunddreißig Menschen in einem Zimmer. Das ist das Gebrüll, das Ihren Freund stört. Fünfunddreißig, aber nur zwei Krankenwärter. Und die Ärzte [. . .]" (S. 16 f.; ähnlich noch S. 20). Goltschnigg (Anm. 3), S. 133, spricht in bezug darauf von 'eigenständiger Sozialkritik' und verkennt völlig den Zusammenhang des Themas mit dem Diskurs insgesamt.
(118) Goltschnigg (Anm. 3), S. 134; ähnlich schon in: ders. (Hrsg.): Materialien zur Rezeptions- und Wirkungsgeschichte Georg Büchners. Kronberg/Ts. 1974 (Scriptor Skripten Literaturwissenschaft 12), S. 52.
(119) Vgl. etwa S. 59.
(120) S. 64. (Goltschnigg, Anm. 3, S. 134, weiß dazu nichts anderes zu bemerken, als daß eine solche Szene „doch absurd" sei.)

des Anstands vertuscht die eigentliche Fragwürdigkeit an der Darstellung der Büchnerschen Krankheit: Sie soll als Gleichnis für die Folterung der Bundesgenossen erscheinen, so wie das Krankenhaus als Entsprechung zum Gefängnis. Der fiebernde Büchner spricht diese Gleichsetzung öfter aus; so bringt er nach einer Wiederbelebung heraus:

> Büchner (zu Schönlein, ungeheuer müde): Sie Schuft. Aus mir kriegen Sie kein Wort heraus. Merken Sie denn nicht, daß ich am Ende bin? [121]

Dieses drastisch demonstrierte, sozusagen handgreiflich gemachte Gleichnis kann eine gewisse psychologische Wahrscheinlichkeit beanspruchen. Es kollidiert jedoch mit der umfassenden, konzeptionellen Metapher: daß Büchners Krankheit die Einsicht zum Tode sei und seine Gefangenschaft das Eingeschlossensein in 'Fatalismus'. Zwar siedeln die zwei Gleichnisse auf je verschiedenen Ebenen des Gehalts und seiner Realisierung. Aber die vordergründigere, szenisch demonstrierte blockt durch ihre aufgedrängte Deutlichkeit die andere, wichtigere ab. Zur Frage wird dadurch eher, ob Büchner zu Recht sein Leiden mit der Folterung der Mitverschwörer gleichsetzt, als jenes Problem, ob der 'Fatalismus' wirklich die 'unheilbare Krankheit' sei.

Die Aretino-Episoden, auf der dritten Spielebene, fügen sich nicht recht ins Stück. Erwähnt wurde schon, daß sie bloß verbale Anklänge an die Themen des Diskurses anbieten. Die Distanz der zitierten Renaissance-Periode zu den 'erörterten' aktuellen Problemen ist so groß, daß die auch dorthin ausgreifenden 'Modernisierungen' plakativ werden – wenn von 'Wandzeitungen' die Rede ist [122] oder der Bildersturm Savonarolas mit Anklängen an den ,Hessischen Landboten' und protosozialistischem Vokabular gepredigt wird. [123] Die Füllung der Episoden wiederum mit historischem Material macht sie sozusagen exotisch, bis in die Sprache hinein. Sie werden durch das bloße Faktum, daß Büchner sie gedacht hat, in den Diskurs gebunden, nicht durch die inhaltliche Doppelung der 'Ähnlichkeiten'. [124]

Kritik muß, last not least, die sprachliche Fassung des Textes treffen. Zu oft gleitet der Diskurs ins schlecht Allgemeine ab, landet bei sentenzenartigen Ausrufen, die nur zugespitzte Meinungen sind –

> Minnigerode: [. . .] Alles, was einst war, ist nicht mehr. Wir sind gekommen, um uns zu verabschieden. Aber wir sind zu müde. Alles, was sein könnte, ist noch lange nicht. Also sind wir zurückgeblieben. [125]

---

(121) S. 35. (Vgl. S. 27: „Ihr wollt, daß ich hier bleibe! Im Gefängnis! Schöne Freunde sind das."; weiterhin S. 28 und 71.)

(122) S. 80.

(123) S. 53.

(124) Vgl. Blätter der Freien Volksbühne Berlin (Anm. 6), S. 4: „Was hat Büchner an Aretino gefallen? Ich habe den Aretino studiert und entdeckt, daß es sich um einen der größten Erneuerer, Künstler und Politiker der Renaissance handelte, außerdem um einen großen Epikureer. Büchner war bestimmt angetan von Aretinos Freiheit und Rücksichtslosigkeit gegenüber jeder Form von Gesalbtsein und Heiligtum. Außerdem faszinierte mich die Möglichkeit eines doppelten Spiels: Büchner über Aretino – ich über Büchner."

(125) S. 37; vgl. etwa S. 49, 61, 71 mit weiteren Beispielen.

Zu oft werden grelle oder synthetische Metaphern aufgetragen, etwa:

> Becker: [...] Alle Wege enden in einem Gefängnis [...] Aber ganz Deutschland ist jetzt ein Gefängnis. Die Steine auf dem Weg tun weh. Also hinke ich, wir hinken alle und vergessen, daß die Steine nicht zum Kerkerbauen da sind, sondern zum Werfen. Wir sehen die Steine nicht, weil es im Gefängnis zu dunkel ist. Wir sind blind. Und können einander nicht sehen.[126]

In der Ungenauigkeit, Unentschlossenheit solchen bildlichen Redens verbirgt sich ungenügend verarbeitete Realitätserfahrung. Deren subjektiver Ernst ist mit solcher Kritik nicht bestritten. Den Formulierungen über weite Strecken mangelnde Präzision nachzusagen, meint nicht einfach die vermißte begriffliche Schärfe, sondern eher die fehlende Verdichtung des Textes zur 'realistischen', das heißt: die Spannungen der Wirklichkeit enthaltenden Aussage.[127] Im Stück treten oft Text und vorgeschriebener Gestus gewissermaßen additiv nebeneinander, statt Widersprüche zu entfalten, die zur Deutung auffordern.

Aber wer sich mit dem verächtlichen Hersagen des Mißlungenen am Stück schon der Aufgabe entledigt glaubt, Gehalt und Erscheinung genauer zu erwägen, gesteht nur, daß er von höchst fragwürdigen Zügen der gemeinten, gemeinsamen Gegenwart nichts weiß oder nichts wissen will. Gaston Salvatores Stück zugleich noch als ein „Indiz für ein liberal-demokratisches Gesellschaftssystem" einfach zu vereinnahmen[128], bedeutet nicht nur, die Ambivalenz solcher Bewertung angesichts der literarisch verarbeiteten Erfahrung

---

(126) S. 45; weiterhin etwa S. 47 u. ö.

(127) Dies spielt an auf Brechts bekannte Definition: „*Realistisch* heißt: den gesellschaftlichen Kausalkomplex aufdeckend / die herrschenden Gesichtspunkte als die Gesichtspunkte der Herrschenden entlarvend / vom Standpunkt der Klasse aus schreibend, welche für die dringendsten Schwierigkeiten, in denen die menschliche Gesellschaft steckt, die breitesten Lösungen bereithält / das Moment der Entwicklung betonend / konkret und das Abstrahieren ermöglichend." (Brecht, Bertolt: Gesammelte Werke 19. Schriften zur Literatur und Kunst 2. Frankfurt/M. 1967, S. 326.) Auf die inzwischen schier uferlose Realismus-Debatte kann hier nur pauschal verwiesen werden; sie wurde in der Bundesrepublik in den letzten Jahren besonders intensiv in den Themenheften der Zeitschriften ‚Das Argument' (etwa 99/1976) und ‚Alternative' (etwa 106/1976) geführt.

(128) Goltschnigg (Anm. 3), S. 135: „Salvatores dilettantisches Machwerk markiert einen – hoffentlich nur vorläufigen! – Tiefpunkt der Dichtungen über Büchner. Bleibt als einziges Positivum nur die Feststellung von Uwe Schultz, daß Georg Büchner, der einst wegen seiner sozialrevolutionären Bestrebungen aus Deutschland fliehen mußte, heute in einem Auftragsstück auf einer deutschen Bühne thematisch aktualisiert werden darf – und dies von einem Jungrevolutionär, der in diesem Land an illegalen Oppositionsbewegungen teilgenommen hat. Zweifellos darf man hier von einem Indiz für ein liberal-demokratisches Gesellschaftssystem sprechen. [Zitat im Zitat: Schultz, Uwe: Totenbett-Tiraden. In: Stuttgarter Zeitung vom 19. 10. 1972]. Solch ein Urteil über schon damals höchst ambivalente 'Liberalität' des Kulturbetriebs einfach nachzusprechen, heißt nichts anderes, als das wissenschaftliche Urteil durch eine schlimm oberflächliche, geradezu verräterisch selbstgefällige politische Stellungnahme zu ersetzen: Als 'Liberalität' wird ausgegeben, daß Büchner im Kulturbetrieb 'gefeiert' werden darf – und es wird überhaupt nicht zur Kenntnis genommen, daß Salvatore eben die 'illegale Oppositionsbewegung' seiner Zeit als die eigentliche Entsprechung zu Büchners Bestrebungen versteht. Wenn es

zu leugnen. Derartige Argumentation sucht an dieser im Drama vorfindlichen, aktuellen Erfahrung genau das aus der Diskussion zu verbannen,
was der heutige Autor in der bezeugten Haltung Georg Büchners wieder-
erkennt: die Radikalität der Frage nach Hoffnung und Sinn im Denken
und Handeln dessen, der sich mit seinem sozialrevolutionären Impuls gescheitert weiß; der die erkannte Notwendigkeit und die erkennbare Möglichkeit der Gesellschaftsveränderung klaffend auseinandertreten sieht.

---

ein „Indiz für ein liberal-demokratisches Gesellschaftssystem" wäre, das geschichtliche Erbe sozialrevolutionärer Ansätze in die Sphäre des Kulturbetriebs abzu-
schieben, wäre dies ein höchst bedenkliches Indiz.

Wilhelm Heinrich Pott

# Über den fortbestehenden Widerspruch von Politik und Leben

## Zur Büchner-Rezeption in Peter Schneiders Erzählung ‚Lenz'

*für Karola*

## I.

Unter aktualistischem Blick könnte die Beschäftigung mit Peter Schneiders ‚Lenz' gegenwärtig fast schon anachronistisch anmuten und verstanden werden allein noch als fällige Einordnung in die neuere Literaturgeschichte. Handelt es sich doch bei dieser 1973 erschienenen Erzählung um einen deutlich subjektiven Erfahrungsbericht über die Jahre der Studentenbewegung, deren Überreste – abgesehen von kulturindustrieller Vermarktung – noch längst nicht aufgearbeitet sind. Indes könnte das offensichtliche Fehlen theoretischer und praktischer Kontinuität vermuten lassen, die Erfahrungen jener vergangenen Jahre der Revolte und mit ihnen auch Schneiders ‚Lenz' – bei der Veröffentlichung just in der Auflösungsphase der Bewegung auf vielfältige Weise aktuell – seien im genauen Sinn um ihre Aktualität gekommen. In solchen Gedanken zeigt sich aber doch wohl ein allzu restringiertes Verständnis vom 'Nutzen' der Literatur an, durch das der ohnehin vorherrschenden Tendenz zur Geschichtslosigkeit Vorschub geleistet würde. Plausibel scheint dagegen ein Verfahren, in dem der unmißverständlich erfahrungsbezogene Text gedeutet wird in Zusammenhang mit seinem historischen Substrat. Dabei käme es darauf an, das problematische Bemühen bürgerlicher Intelligenz um den Aufbau adäquater politischer Praxis in Beziehung zu setzen zur Geschichte der Studentenbewegung einschließlich ihres folgenreichen Scheiterns, durch das der desolate Stagnationszustand der Linken bis hinein in die Gegenwart seine nachhaltige Prägung erfahren hat. Der Frage nach der Wirkung dieses Textes, nach seinem 'Gebrauchswert' als literarischem Dokument soll hier beizukommen versucht werden über eine im weiteren Sinn sozialgeschichtliche Interpretation, die sich zur Herstellung „geschichtlichen Gegenwartsbewußtseins" (Negt) verpflichtet sieht. Jüngste Vergangenheit findet sich bei Schneider thematisiert in einem literarischen Konstrukt, das zum Zweck der historischen Selbstverständigung ausgreift auf die Problematik des Sturm-und-Drang-Dichters Jakob Michael Reinhold Lenz, wie sie literaturgeschichtlich durch Georg Büchners Novelle überkommen ist, dessen eigene historische Erfahrung sich in diesem Text ausspricht. Zureichende Ergebnisse im Horizont der gegenwartsinteressierten Fragestellung lassen kaum sich erwarten, wollte man den Aspekt der Büchner-Rezeption traditionell-philologisch untersuchen als Frage nach dem binnenliterarischen Verweisungszusammenhang von geschichtlich fest verorteten Texten.

Aber auch in der kritischen Auseinandersetzung mit dem Theorem „Rezeptionsgeschichte" ist mehrfach festgestellt worden, daß mit diesem Ansatz abermals eine innerliterarische Reduktion des gesamtgesellschaftlich zu begreifenden Phänomens literarischer Rezeption statthat.[1] Für den vorliegenden Versuch der Analyse soll ausgegangen werden von der erkenntnistheoretisch-abstrakten Überlegung, daß es sich bei Texten prinzipiell um Produkte von Subjekt-Objekt-Vermittlung handelt, d. h.: Literatur ist eine Form der Vergegenständlichung besonderer gesellschaftlicher Praxis. Wirklichkeit erscheint demnach stets in subjektiver Brechung des Produzenten, der als Subjekt selbst realgeschichtlicher Disposition untersteht. Dem Interpreten ist es über die Einsicht in solche Konstitution des Textes aufgegeben, materiale Geschichte – einschließlich des eigenen, gesellschaftlich strukturierten Erfahrungshorizontes – zu vermitteln mit dem literarischen Produkt. Zur historisch-genetischen Rekonstruktion eines Textes muß es demnach gehören, die im literarischen Prozeß wirksamen Konstituenten freizulegen, also neben materialer und Ideologiegeschichte auch die individuelle Lebensgeschichte interpretatorisch zu integrieren.

Die nachfolgende Argumentation versucht sich an dieser allgemeinen Überlegung zu orientieren: Zunächst geht es darum, den historisch disponierten Erfahrungskomplex anhand der „literarischen Biographie" Peter Schneiders nachzuzeichnen im Zusammenhang materialer Wirklichkeit. Dies wird erleichtert durch den Umstand, daß die literarische Produktion thematisch direkt an die Geschichte der Studentenbewegung gebunden ist. In diesem Rahmen vorausliegenden Erfahrungsmaterials soll dann die Deutung der Erzählung folgen. Bevor unter dem Gesichtspunkt der Büchner-Rezeption insbesondere die gesellschaftsanalytischen und geschichtstheoretischen Implikationen in der 'Aktualisierung' Büchners herausgearbeitet werden können, ist es notwendig, die Problematik der Novelle wenigstens zu skizzieren. Abschließend wird der Versuch unternommen, das Stichwort 'Subjektivität', wie es auch durch die öffentliche Rezeption der Erzählung erneut in die Diskussion gekommen ist, auf seine literarische und politische Aktualität hin zu befragen.

## II.

Nahezu gleichzeitig mit der um die Mitte der 60er Jahre erfolgten ersten Veröffentlichung pointierter Kritiken zur Gegenwartsliteratur werden Peter Schneiders[2] Zweifel und Mißtrauen an der Funktion des Literaturkritikers

---

(1) Vgl. Warneken, Bernd Jürgen: Zu Hans Robert Jauß' Programm einer Rezeptionsästhetik, in: Peter Uwe Hohendahl (Hrsg.): Sozialgeschichte und Wirkungsästhetik, Frankfurt/M. 1974, S. 290 ff.; vgl. auch Naumann, Manfred u. a. (Hrsg.): Gesellschaft Literatur Lesen, Literaturrezeption in theoretischer Sicht, Berlin und Weimar 1973.
(2) Zur Person enthalten Schneiders Publikationen folgende kurze Auskunft: „geboren 1940 in Lübeck, aufgewachsen in Grainau und Freiburg. Lebt seit 1961 in Westberlin."

erkennbar, der in seiner Vermittlerrolle zur unverzichtbaren Institution geworden ist für einen Kulturbetrieb, angesichts dessen der Glaube an das im Bereich des Kulturellen waltende Autonomieprinzip der Einsicht in die reale Abhängigkeit von Kulturwarenmarkt Platz machen muß. Nicht allein der Nutzen gerät in die Aporie, auch die Maßstäbe der immanenten Kritik können bei genauem Hinsehen ihre Obsoletheit nicht länger verbergen.[3] In den folgenden Jahren des Studiums der Germanistik in Berlin haben sich bei Schneider Bedenken hinsichtlich des alibihaften gesellschaftlichen Funktionsmodus von Kultur deutlich ausgeweitet und radikalisiert.

Auch angesichts politischer Konflikte, wie z. B. der kaum länger zu überdeckenden Aggression der USA in Vietnam war eine größere Zahl von Studenten nun in der Lage, politisches Bewußtsein zu entwickeln und mit trauernder Einsicht hinzuweisen auf das moralische Versagen der Universität, deren proklamierte Autonomie zusehends als bewußte Selbstabschließung vor der Realität und somit als Ideologie sich herauszustellen begann. Was nunmehr mit verwunderlicher Verspätung z. B. unter dem Stichwort „Krise der Germanistik" zum heftigen Streit zwischen sensibilisierten Studenten und approbierten Lehrstuhlinhabern Anlaß gab, war die alltägliche Praxis in den Seminaren: Weitgehend unbefragt hatte man sich der von der Werkimmanenz inaugurierten, selbstgenügsamen Interpretationsartistik verschrieben, deren kanonische Gegenstände als „sprachliches Kunstwerk" deklariert wurden. Die Historisierung der Gegenstände, ihre methodisch kontrollierte Aufschließung von einer gegenwärtigen Interessiertheit her, die Ausweitung des Kanons auf bislang ausgegrenzte, weil den normierten Qualitätskriterien nicht genügende Formen literarischer Produktion, aber auch das Aufbrechen der Ignoranz gegenüber der berufspraktischen Verwertung des Erlernten – all dies waren politische Forderungen[4] der „Kritischen Universität", die Unterstützung erfuhren durch einen Ansatz der wissenschaftsgeschichtlichen Rückbindung dieser aktuellen Defizite. Das Ausgreifen dieser Gedanken auf den kollektiven studentischen Lebenszusammenhang bezeugt sich in Peter Schneiders öffentlichen Reden der Jahre nach 1967 ebenso wie das Bestreben nach Vermittlung der Konflikte mit politischen Ereignissen im außeruniversitären Raum. Das Phänomen der Entfremdung, des anpassungsbereit-nachgiebigen Verzichts auf die Realisierung eigener Interessen gegenüber versteinerten akademischen Verkehrsformen kennzeichnet die Rede ‚Wir haben Fehler gemacht' (April 1967):

„Wir haben Tatsachen auswendig gelernt, aus denen nicht das mindeste zu lernen war. Wir haben Prüfungen vorbereitet, die nur der Prüfung unseres Gehorsams

---

(3) Vgl. Schneider, Peter: Die Mängel der gegenwärtigen Literaturkritik, in: Neue Deutsche Hefte 107/Oktober 1965; zu den Aporien der Kritik vgl. Hamm, Peter (Hrsg.): Kritik – von wem / für wen / wie, München 1968.
(4) Vgl. Kolbe, Jürgen (Hrsg.): Ansichten einer künftigen Germanistik, München 1969; zu den Konsequenzen vgl. Mosler, Peter: Die Geschichte des Emanzipationskampfes der Germanistik ist eine Geschichte der Niederlagen, in: alternative 94/1974, S. 28 f.; allgemein vgl. Bergmann, Uwe/Dutschke, Rudi/Lefèvre, Wolfgang/Rabehl, Bernd: Rebellion der Studenten oder Die neue Opposition, Reinbek 1968.

dienten. Wir sind nervös geworden, wir sind unlustig geworden, wir sind immer schwieriger geworden, wir litten an mangelnder Konzentration, wir konnten nicht einschlafen, wir konnten nicht beischlafen, wir haben uns einmal ausgesprochen. Wir haben uns sagen lassen, wir müßten erst mal mit uns selber fertig werden. Wir sind mit uns selber fertig geworden. [...] Wir haben die Gesetze der zweiten Lautverschiebung gelernt, während andere die Notstandsgesetze verabschiedeten."[5]

Was hier in durchaus pathetischer Tonlage selbstkritisch vorgetragen wird, bezieht seine agitatorische Kraft aus dem Versuch der Verkoppelung von moralischer Empörung mit ungleichzeitigem politischen Bewußtsein. Nicht abstrakte Theorie, sondern praktische Erfahrung und emotionale Bedürfnisse begründen den Entwurf einer Strategie des vernehmbaren Protests und der antiautoritären, kalkulierten Regelverletzung, durch deren provokative, spielerisch theatralische Ausdrucksformen allein noch Aufmerksamkeit gewährleistet scheint in einer rituell erstarrten Öffentlichkeit:

„Wir haben ruhig und ordentlich eine Universitätsreform gefordert, obwohl wir herausgefunden haben, daß wir gegen die Universitätsverfassung reden können, soviel und solange wir wollen, ohne daß sich ein Aktendeckel hebt, aber daß wir nur gegen die baupolizeilichen Bestimmungen zu verstoßen brauchen, um den ganzen Universitätsaufbau ins Wanken zu bringen. [...] Da haben wir gemerkt, daß sich in solchen Verboten die kriminelle Gleichgültigkeit einer ganzen Nation austobt."[6]

Bereits den folgenden Arbeiten Schneiders, der sich nunmehr zu einem Wortführer der außerparlamentarischen Opposition entwickelt, ist anzumerken, wie zunehmend weniger subjektive Anspannung durch die strategischen Erörterungen hindurchscheint. Der Protest der Studenten war auch nach dem 2. Juni 1967, einem Datum, das mit der Erschießung Benno Ohnesorgs eine neue, auf breiter Solidarität aufbauende, aktivistische Phase einleitete[7], in der ignoranten und desinformierten Öffentlichkeit mit Unverständnis gegenüber dem aufklärerisch-informierenden Dialog, aber auch, speziell unter Berliner Verhältnissen, mit Unwilligkeit und offener Feindseligkeit beantwortet worden. Im Zuge der „Transformation der Demokratie"[8] nach Abschluß der Rekonstruktionsperiode erschien das politische Leben in der „autoritären Leistungsgesellschaft" (Negt) degeneriert zu einem inhaltsleeren Regelsystem, zu dem eine realistische Alternative kaum mehr gedacht werden konnte. Die Bedingungen spätbürgerlicher Herrschaftssicherung – einschließlich der ideologischen Bewußtseinsausstattung – analytisch zu durchdringen und strategisch zu kalkulieren, war die Aufgabe des „Springer-Tribunals", in dessen Vorbereitungsphase Schneiders Rede aus dem Februar

---

(5) Schneider, Peter: Wir haben Fehler gemacht, in: ders.: Ansprachen Reden Notizen Gedichte, Berlin 1970, S. 9 f.
(6) Schneider (Anm. 5), S. 13 f.
(7) Vgl. Wolff, Frank/Windaus, Eberhard: Studentenbewegung 67–69, Frankfurt/M. 1977, S. 27 ff.; vgl. auch: Bedingungen und Organisation des Widerstandes, Berlin 1967.
(8) Vgl. Agnoli, Johannes/Brückner, Peter: Die Transformation der Demokratie, Frankfurt/M. 1968.

1968 gehört: „Die ‚Bild-Zeitung‘, ein Kampfblatt gegen die Massen". Zur Beschreibung des kritisch-polemisch an der monopolistischen Springer-Presse aufgewiesenen „Manipulationszusammenhangs", in dem die Regulierung der Wünsche, Erwartungen und Phantasien der Bevölkerung erfaßt werden sollte, bedient sich Schneider hier erstmals einer Begrifflichkeit, die erkenntlich dem marxistischen und dem psychoanalytischen Diskurs entlehnt ist.

„Der Klassenkampf, dessen Austragung in der Gesellschaft die Springerpresse zu unterdrücken hilft, ist nicht beseitigt. Er findet nur auf einem anderen Schauplatz statt. Der Klassenkampf wird in die Psyche des Lesers getragen und dort als Kampf des einzelnen mit seinen verdrängten Befreiungswünschen weitergeführt." [9]

Das Hindrängen kritischer Aufklärung zu praktischer Aktion im Kampf gegen die „Klassenpresse", die Radikalisierung von Unbotmäßigkeit und Protest zum Widerstand gegen die exemplarisch aufgewiesene strukturelle Gewaltförmigkeit in den gesellschaftlichen Reproduktionsmechanismen erfährt folgende abschließende Begründung, in der sich der studentische Lernprozeß im punktuellen Ausbruch aus der universitären Isolation anzeigt:

„Wir, die Studenten und Arbeiter, haben eines gemeinsam: wir haben den gleichen Feind. [...] Wir haben die gleichen Unterdrücker, die gleichen Ausbeuter, die gleichen Verdummer. Wenn wir das begreifen, dann werden wir nicht die Unterdrücker bitten, den Verdummern das Handwerk zu legen, und die Verdummer, die Unterdrücker bloßzustellen, sondern wir werden sie als den gemeinsamen Feind bekämpfen." [10]

In der beschworenen praktischen Orientierung an den Kämpfen der Arbeiter spiegelt sich die Unzufriedenheit mit der nur theoretisch-kontemplativen Aneignung von Welt, die erkauft wird um den Preis der Zurückstellung sinnlicher Bedürfnisse und realer Sehnsüchte:

„Statt der Genüsse eine Theorie, warum sie nicht möglich sind und schon wieder eine Theorie. Das ist ja gespenstisch, wie bei einigen allmählich die Stirnen üppig werden und die Lippen immer dünner, es gibt schon welche, die nur mit dem Großhirn lachen, und bei vielen, wenn sie lieben, bewegt sich nur noch der Schwanz." [11]

Daß das von Schneider vorgetragene politische Konzept nicht so sehr sein Substrat hat in vorgängiger Theorie als vielmehr in einer geschärften Wahrnehmung für alltägliche Gewaltmechanismen, wird deutlicher noch in den „Notizen" der Jahre 1967–69 [12], einer Sammlung von Beobachtungen und authentischen Meldungen der Medien, über deren scheinbarer Banalität und Nebensächlichkeit gemeinhin in Vergessenheit gerät, was in der kommentierenden Reflexion oder schon in der isolierten Zitation seinen Charakter

(9) Schneider, Peter: Die ‚Bild-Zeitung‘, ein Kampfblatt gegen die Massen, in: ders.: Ansprachen (Anm. 5), S. 25 f.
(10) Schneider (Anm. 5), S. 27 f.
(11) Schneider, Peter: Brief an die herrschende Klasse in Deutschland, in: ders. Ansprachen (Anm. 5), S. 42.
(12) In: Schneider: Ansprachen (Anm. 5), S. 43 ff.

als beredtes Dokument eingebürgerten Reglements und sozialer Unterdrückung offenbart.

Um das wohl bedeutendste literarische Manifest des kulturrevolutionären Bildersturmes der Studentenbewegung, dessen dezidierte Position vom Autor selbst in den folgenden Jahren erheblich modifiziert wurde, handelt es sich bei der ‚Rede an die deutschen Leser und ihre Schriftsteller' (1968). Schneider widerspricht darin dem seinerzeit geläufigen Diktum, wonach die Literatur tot sei[13], indem er dieser bestimmte politische Aufgaben zuweist.

„Wenn aber die Phantasie aus der Gesellschaft so vollständig vertrieben ist, daß die Kunst zur Vertretung der Bürokratie im Reich der Einbildung wird, dann müssen die Wünsche und Phantasien ihre Form als Kunst sprengen und sich die politische Form suchen. [...] Wenn immer einer seine Unterdrückung schildert, dann soll er sie in ihrer Verwechselbarkeit zeigen, soll ihre Ursachen zeigen und die Strategie der Befreiung.“[14]

Damit postuliert ist die Aufhebung von „Literatur als Kunst“ hin zum literarischen Operativismus, also die Überstellung der Kunst in den materiellen Lebensprozeß, indem sie spezialistische „agitatorische“ und „propagandistische“ Aufgaben übernimmt in engstem Zusammenhang mit den Erfordernissen des emanzipatorischen Kampfes. Schneiders eigene Arbeiten lassen sich in diesem Sinne verstehen, gerade dort, wo sich individuelle Erfahrung bemüht aufzusteigen zur theoretischen Analyse, die den ideologischen Schleier zu durchstoßen sucht, der der gewohnten Sicht der Wirklichkeit, aber auch der Wirklichkeit selbst anhaftet. In dem 1969 publizierten Aufsatz über ‚Die Phantasie im Spätkapitalismus und die Kulturrevolution' hat Schneider das politisch-ästhetische Projekt zu fundamentieren gesucht durch sozialpsychologische Erkenntnisse über die Auswirkung gesellschaftlicher Entfremdung auf den psychischen Apparat des je einzelnen Individuums. Das konstatierte Unvermögen der Wünsche und Bedürfnisse gegenüber einer stationären Wirklichkeit läßt sich demnach erst endgültig aufheben im politischen Akt der Revolution.

„Die Kulturrevolution ist [...] nicht ein ästhetischer Ersatz für die Revolution, ein Aufstand im Museum, ein Attentat auf den Park, eine Frechheit im Theater. Eine solche Anwendung von ihr zu machen, hieße die Kultur in dem Ghetto zu lassen, in das der Kapitalismus sie gesperrt hat.“[15]

---

(13) Vgl. die Beiträge von Walter Boehlich, Karl Markus Michel und Hans Magnus Enzensberger im Kursbuch 15/1968.
(14) Schneider, Peter: Rede an die deutschen Leser und ihre Schriftsteller, in: Ansprachen (Anm. 5), S. 36 f. Das Moment revolutionärer Ungeduld ist an anderer Stelle schärfer noch formuliert: „Wenn alles unpolitische Verhalten verboten ist, ist es geboten, solange politisch zu handeln, bis das Verbot beseitigt ist. Die Literatur hat dann die Aufgabe, nicht mehr schön zu sein. Nicht Gedichte, sondern politische Manifeste sind dann zu schreiben.“ Schneider, Peter: Literatur als Widerstand, in: ders.: Atempause. Versuch, meine Gedanken über Literatur und Kunst zu ordnen, Reinbek 1977, S. 125.
(15) Schneider, Peter: Die Phantasie im Spätkapitalismus und die Kulturrevolution, in: Kursbuch 16/1969, S. 3 f.

Kulturrevolution hat ihre Aufgabe in der Herstellung der Bedingungen jener Veränderungen aus der vorfindlichen Realität heraus wie in der umfassenden qualitativen Veränderung aller menschlichen Wirklichkeit in der Folge einer strukturell gewandelten Ökonomie. Schneider macht den Versuch, Freuds Theorie, wonach Phantasie realem Mangel entspringt, materialistisch zu unterbauen und sie damit auseinanderzulegen in ihre reaktionären und fortschrittlichen Aspekte, die sich praktisch identifizieren lassen in der Unterordnung unter das Realitätsprinzip bzw. im praktischen Ausagieren jener Wünsche, die bislang durch Zensurinstanzen im psychischen Apparat kanalisiert waren. Psychische Entfremdung konstituiert sich über die Ausdeutung der Träume im kapitalistischen Alltag, die stets balancierend sich bewegt zwischen der Mobilisierung und Frustrierung von Wünschen und bemüht sein muß, ein praktisches Überschießen der Wünsche über die empirische Realität zu verhindern. Die zentrale strategische Aufgabe der Kunst jenseits ihres traditionell affirmativen Funktionsmodus, aber auch jenseits warenästhetischer Indienstnahme besteht nunmehr im Freilegen der verdrängten Wünsche:

„Jagen wir die gemalten Wünsche aus den Museen hinaus auf die Straße. Holen wir die geschriebenen Träume von den brechenden Bücherborden der Bibliotheken herunter und drücken wir ihnen einen Stein in die Hand. An ihrer Fähigkeit, sich zu wehren, wird sich zeigen, welche von ihnen in der neuen Gesellschaft zu brauchen sind, und welche verstauben müssen."[16]

Auf dem Höhepunkt der Studentenbewegung und unter dem Eindruck der Pariser Mairevolte von 1968 vertritt Schneider jene voluntaristische Substitutionsthese, wonach den bewußten Intellektuellen eine initiierende und partiell stellvertretende Funktion über die Entfaltung der Klassenkämpfe zukommt in einer Phase, in der das Proletariat, als leibhaftige Negation der bürgerlichen Gesellschaft im „eindimensionalen" Spätkapitalismus als revolutionäres Subjekt weitgehend paralysiert ist.[17] Der gesellschaftliche Widerspruch erscheint den Theoretikern stillgestellt. Soziologen hatten zwar die „Dichotomie" im Gesellschaftsbild der Arbeiter konstatiert, daneben aber galt das Proletariat – gerade unter der Bearbeitung der Kulturindustrie – als verbürgerlicht bis hinein in Erscheinungen besitzanzeigenden Verhaltens kleinbürgerlicher Provenienz.

Der Auflösungs- und Transformationsprozeß der Studentenbewegung, deren Opportunismus auch von Schneider[18] beklagt worden war, heraus aus dem

---

(16) Schneider (Anm. 15), S. 31.
(17) Vgl. Marcuse, Herbert: Der eindimensionale Mensch, Neuwied und Berlin 1967.
(18) Mit der Schizophrenie des Kulturbetriebs hat Peter Schneider wenig später überdeutlich Bekanntschaft gemacht: Bei der Verleihung des Berliner „Kunstpreises für Literatur der Jungen Generation" im Herbst 1969 kam es zu tumultuarischen Szenen, als ihm, der in seinen preisgekrönten Arbeiten keinen Hehl aus den politischen Implikationen gemacht hatte, verboten wurde, die Verleihung als Forum für eine politische Erklärung zu nutzen. Ein ähnlicher Mechanismus manifestiert sich im „Berufsverbots-"Verfahren, dem Schneider sich 1973, nach dem Verhör beim Berliner Schulsenat, konfrontiert sah. Diese Form der „innerstaatlichen Feinderklä-

universitären Ghetto in den Bereich der materiellen Produktion, hatte die Fragestellung nach der Restituierung der Arbeiterbewegung als Ausdruck einer offensiv kämpfenden Klasse in den Mittelpunkt gerückt[19], jedoch ohne daß dem ein reales Substrat zugrunde gelegen hätte. Immerhin erfuhr dieses Vorhaben Unterstützung durch die Evidenz sozialer Konflikte in den auf die wirtschaftliche Rezession folgenden Septemberstreiks des Jahres 1969. Als ein Beitrag zur damit erforderlichen Fortschreibung klassenanalytischer Theorie, die kaum mehr von einzelnen am Schreibtisch erdacht werden konnte, versteht sich Schneiders Erfahrungsbericht über seine Arbeit in der industriellen Produktion (1970). Die später kritisch-polemisch betrachtete Betriebsarbeit von Studenten, organisierten Zirkeln mit dem Ziel des Aufbaus der Partei des Proletariats, war in diesem Stadium weitgehend importierten sozialrevolutionären Konzepten verpflichtet. Was und wie in Schneiders Bericht ,Die Frauen bei Bosch'[20] als Erfahrung bezüglich Arbeitsorganisation, Arbeiterverhalten, der Art des Widerstands, Ausländerproblematik, Verhältnis von Männern und Frauen usw. erläutert wird, bezeugt jene, aufgrund von Lebensgeschichte und sozialer Stellung plausible äußerlich-distanzierte Position des Autors gegenüber dem Beschriebenen, die nicht gelingende Identifikation, die gerade dort erkenntlich ist, wo das Andersartige, Exotische dieser Lohnarbeiter hervorgehoben wird. Allerdings kommt heraus, daß die begrifflich reine Einsicht der Studenten für diejenigen, die im Umgang mit Theorie nicht geschult sind, in Erfahrungsbereiche von Praxis zurückverwandelt werden muß, um praktisch zu werden. Zeitlich fällt dieser Bericht schon zusammen mit dem offensichtlichen Scheitern des allein auf die „Betriebsfront" bezogenen Basisgruppenkonzepts, dessen Folgeerscheinungen sich charakterisieren lassen als Beginn der Dogmatisierungsphase und als Moment der Resignation. Ausgerichtet am formalisierten bolschewistischen Parteitypus der 20er Jahre, setzt nunmehr die handstreichartige Gründung studentischer K-Parteien ein. Was vorher nicht gelingen wollte, wohl auch aufgrund fortbestehender Loyalitätsbindungen der Arbeiter an traditionelle Organisationen, geschieht nun im dezisionistischen Akt der Verpuppung von Studenten zum historischen (Klassen-)Subjekt. Wenngleich eine sozialpsychologische Analyse dieses Vorgangs hier nicht erfolgen kann[21], so läßt sich doch von einer undialektischen Negation des Antiautoritarismus sprechen, zumal Schwierigkeiten der Politisierung, die sich ergeben für Angehörige

---

rung" (Brückner), deren Aufhebung später auf verwaltungsgerichtlichem Wege erfolgt ist, hat Schneider aufgearbeitet in einem – aus introspektiven Tagebuchaufzeichnungen und Briefen kollationierten Roman: „... schon bist Du ein Verfassungsfeind". Das unerwartete Anschwellen der Personalakte des Lehrers Kleff, Berlin 1975. Für das Stuttgarter Staatstheater verfaßte Schneider 1975 ‚Alte und neue Szenen über Radikale'.

(19) Zur Formalisierungs- und Zentralisierungstendenz in der Auflösungsphase des SDS vgl. Wolff/Windaus (Anm. 7), S. 171 ff.

(20) Schneider, Peter: Die Frauen bei Bosch, in: Kursbuch 21/1970.

(21) Vgl. Kursbuch 25/1971: „Politisierung: Kritik und Selbstkritik"; vgl. auch Hartung, Klaus: Fehler der antiautoritären Bewegung, sowie Schülein, Johann August: Von der Studentenrevolte zur Tendenzwende oder Der Rückzug ins Private, in: Kursbuch 48/1977 („Zehn Jahre danach").

des Bürgertums oder Kleinbürgertums, gleichsam selbsthasserisch überdeckt werden von der Fassade rigid-asketischer Kaderparteien, in der gläubigen Unterordnung unter die politischen Katechismen des Leninismus. Was Ansatzpunkt der breiten studentischen Revolte gewesen war, nämlich die Konstitution politischen Denkens über sensibilisierte Erfahrung, die Politisierung des Lebenszusammenhanges einschließlich der Beförderung von Lust und Witz an der Veränderung, verfällt der Ausgrenzung für diejenigen, die sich selbst – gleichsam in der Farce des Kostümwechsels – die tradierten Prinzipien der Partei von Berufsrevolutionären dekretorisch vorordnen und sich begreifen als Teil einer formalisierten externen Avantgarde.

Im Juni 1971 erscheint Schneiders ‚Bericht über eine Berliner Volksschule‘, eine Wiedergabe sinnlicher und unmittelbar vor Ort gewonnener Eindrücke von den Mechanismen dieses Sozialisationsinstituts, das entscheidende Dispositionen produziert für späteres Sozialverhalten der Schüler. Nicht die Abstraktion, das objektivistische Formulieren richtiger Sätze über das „Monstrum" einer „Klassenschule" ist die Absicht, sondern – durchaus im Bewußtsein der Gültigkeit von Theorie – die alltäglich verändernde Praxis dessen, der hier berichtet.

„Die Theorie wird in diesem Fall [der objektivistischen Verwendung, W. H. P.] zu einem Beschreibungssystem, das sich schön und beleidigt neben die wirkliche Schule stellt. Wie es ist und wie es sein könnte, fällt in zwei Zuständigkeitsbereiche. Die Welt besteht aus zwei Teilen, die voneinander entfernt, nicht ineinander sind. Wenn die Kritik an der Klassenschule in die Grenzen einer subjektiven Erfahrung zurückgeholt wird, geht die Vollständigkeit verloren. Die Erkenntnis wird in Konflikt mit der Wirklichkeit gebracht und wird nun nicht mehr hauptsächlich danach gefragt, ob sie stimmt, sondern ob sie, gemessen an den Fähigkeiten des handelnden Subjekts oder Kollektivs, einen praktischen Eingriff ermöglicht." [22]

Eine bedeutsame Station linker Theoriebildung wird markiert durch die Rezeption der relativ fortgeschrittenen Klassenkampfpraxis in Frankreich und Italien. Als kenntnisreicher Herausgeber des 1971 erschienenen ‚Kursbuch 26‘ über ‚Die Klassenkämpfe in Italien‘ formuliert Schneider die Differenzen linker Politik in Italien von der sich im Auflösungsprozeß der westdeutschen Studentenbewegung herausbildenden Stellvertretungspraxis.

„Die deutschen Theoretiker üben sich wieder einmal darin, alle Stufen der politischen Emanzipation im Kopf zu überspringen, die praktisch noch gar nicht erklettert sind. Ergriffen davon, daß ihre Gedanken endlich zur Wirklichkeit drängen, halten sie sich beide Ohren zu vor den Antworten der deutschen Wirklichkeit. Vor den Augen eines schweigenden Publikums formieren sich in schwindelnder Höhe und kaum noch erkennbar Kopfartistengruppen zu Kaderorganisationen, die alle

---

(22) Schneider, Peter: Bericht über eine Berliner Volksschule, in: Kursbuch 24/1971, S. 61; von diesem Interesse her begründet sich für Schneider auch das Programm der literarischen Beschreibung alltäglicher Praxis (S. 62); zu Fragen der „Brauchbarkeit" der Literatur für die Wirklichkeitsaneignung und zur administrativen Verhinderung solcher Ansätze vgl. Lethen, Helmut und Schneider, Peter: Ratschlag zweier Deutschlehrer an ihre zurückbleibenden Schüler, in: Kursbuch 24/1971, S. 133 ff.

den Trick beherrschen, nie abzustürzen. Sieht man näher zu, merkt man warum. Die theoretischen Bedürfnisse, die da Saltos schlagen, bewegen sich über dem Boden der Vergangenheit. Im Parkett sitzt nicht das deutsche Proletariat, sondern die sprachlosen Büsten von Marx, Lenin, Stalin." [23]

Klassenbewußtsein, Kaderpartei, Basisorganisation, autonome Kämpfe, Gegenmilieu – dies sind die Stichworte, in denen sich der Unterschied der italienischen Verhältnisse zum „organisierten Unglück in Berlin" anzeigt; zur Diskussion steht eine Politik, die ihren Ausgangspunkt in den praktischen Bedürfnissen der Massen hat und nicht angewiesen ist auf die proletkultische Konversion von Studenten. In ‚Die Massen, die Gewerkschaften und die Avantgarden' weist Schneider hin auf die Bedingungen technischer Arbeitsorganisation, durch die das Bewußtsein der Einheit von ökonomischem Kampf und Kampf um Arbeits- und Lebensbedingungen erzeugt wird. Die Stellungnahme im Streit von marxistisch-leninistischen und spontaneistischen Konzepten erfährt ihre Begründung vor diesem Hintergrund:

„Die spontaneistischen Gruppen haben den emanzipatorischen Aspekt der Studentenbewegung nicht einfach liquidiert, sondern für den Arbeiterkampf produktiv gemacht." [24]

Trotz fortbestehender Widersprüche ist die neue politische Qualität unverkennbar:

„[...] die Autonomie der Klassenkämpfe hat nicht nur den negativen Aspekt, daß den Massen eine politische Führung fehlt. Sie drückt nicht nur eine Schranke aus, sondern auch den neuen Anspruch der Massen, die Kampfforderungen und Kampfziele selbst zu entwickeln und in erster Person zu kämpfen." [25]

Die individuelle Bildungsgeschichte Schneiders, wie sie hier sehr konzentriert anhand öffentlicher, literarisch-politischer Aktivitäten referiert wurde [26], sollte nicht den Eindruck aufkommen lassen, es handele sich um gradlinige personale Kontinuität. Vielmehr ist der dargestellte Entwicklungsprozeß als – durchaus nicht zwangsläufige – subjektive Verarbeitung von Realität zu deuten im Zusammenhang allgemeiner Widerspruchslogik, von der auch die Studentenbewegung nur einen Teil ausmacht. Schneiders brüchige politisch-literarische Biographie verzeichnet keine existentialistische Wende, wie sie in der Reaktion auf eine träge Wirklichkeit von anderen vollzogen wurde in Form von resignierter Anpassung oder aber im subversiv-gewaltsamen, jeglicher Moralität entratenden Kampf als Ausdruck der negatorischen Absage

---

(23) Schneider, Peter: Können wir aus den italienischen Klassenkämpfen lernen? in: Kursbuch 26/1971, S. 1.
(24) Schneider, Peter: Die Massen, die Gewerkschaften und die Avantgarden, in: Kursbuch 26/1971, S. 146.
(25) Schneider (Anm. 24), S. 162.
(26) Zahlreiche Arbeiten Schneiders aus diesem Zeitraum mußten hier unerwähnt bleiben – dies gilt für Fernsehfeatures und Literaturkritiken; vgl. den rückblickenden Eigenkommentar: Die Beseitigung der ersten Klarheit, in: Peter Schneider: Atempause (Anm. 14), S. 207 ff.

an die als Totalität der Entfremdung empfundene bürgerliche Lebensweise.[27] Im festgehaltenen Bemühen um eine verständlich-kritische Interpretation von Wirklichkeit ist das erfahrene Auseinandertreten von Theorie und Praxis beständiger Anlaß, aufmerksam zu machen auf das Ungenügen der Theorie, und dieses zu korrigieren im Ausgang von sinnlicher Erfahrung, ohne diese lediglich einzupassen in ein schon theoretisch vorab beglaubigtes Raster von Welt. Stets bezogen auf Möglichkeiten von Praxis, reduziert sich der Umgang mit marxistischer Theorie nicht auf den kognitiv-mentalen Lernprozeß, der zurückscheut vor der 'Verunreinigung' durch praktische Erfahrung. Trotz der gelegentlich illusionären Verkürzung und Widersprüchlichkeit in den erwähnten Beiträgen zur Strategiedebatte läßt sich – verstärkt noch für die zeitlich nach ‚Lenz' entstandenen Arbeiten [28] – dieses als Grundfigur im Denken Peter Schneiders festhalten: das bewußte Sich-Einlassen auf subjektive Erfahrung als Bedingung von Politisierung, deren genaue, betroffene Beschreibung und Abarbeitung an überkommener Theorie, die ihren Fluchtpunkt allemal in der Veränderung von Praxis hat.

## III.

Seine literarische Verarbeitung findet der im Kontext der Geschichte der Studentenbewegung skizzierte Erfahrungskomplex in der Erzählung ‚Lenz'. Die Beachtung, die das Buch gleich bei Erscheinen gefunden hat, verdankt sie zusätzlich dem literarischen Traditionszusammenhang, in den die Erzählung eingerückt ist:

„Peter Schneider erzählt Büchners gleichnamige Novelle neu: die Geschichte eines jungen Intellektuellen, der Ende der 60er Jahre in hohem Tempo durch die Landschaft läuft, die Landschaft der Einkaufsstraßen, Fabrikhallen, Kneipen, der großen Städte und der kleinen Gruppen. Lenz stößt an die emotionalen und ideologischen Barrieren, die – bis in die linken Gruppen hinein – seinem Anspruch auf eine Dialektik von Haß und Glück, emotionalen und politischen Bedürfnissen im Wege stehen. ‚Lenz' handelt von den psychischen und politischen Unsicherheiten der linken Intelligenz – sie zeigt, daß Sensibilität und Radikalität durchaus vereinbar sind." [29]

Erzählt wird die Geschichte der unmittelbaren Gegenwart des Autors – es handelt sich nicht um eine historische Erzählung, in der Aktuelles in nur verschlüsselter Form seinen Platz hätte. Ein methodisch bedenkliches Verfahren wäre es nun, den Text, der als solcher den Status des Fiktionalen reklamieren darf, zusammenschieben zu wollen mit den eigenen Erlebnissen im historischen Kontext, der als materiale Folie fraglos darunterliegt.

---

(27) Vgl. Brückner, Peter: Ulrike Marie Meinhof und die deutschen Verhältnisse, Berlin 1976.
(28) Vgl. Schneider, Peter: Die Sache mit der 'Männlichkeit'. Gibt es eine Emanzipation der Männer?, in: Kursbuch 35/1974, S. 103 f.
(29) Umschlagtext zu Peter Schneider: Lenz. Eine Erzählung, Berlin 1973.

Dennoch läßt sich die These wagen, daß es sich um einen stark autobiographischen Text handelt, wobei zu beachten ist, daß die darin aufbewahrte individuelle Lebensgeschichte und der eingebrachte Erfahrungshintergrund kaum ohne Rest sich zur Deckung bringen lassen mit der Erzählung.[30]

In Schneiders immer wieder reflektorisch einhaltender, ohne Eitelkeit und Koketterie auskommender Erzählung geht es um die Veränderung der Ich-Wahrnehmung vor dem authentischen Hintergrund der Studentenbewegung. Subjekt und Welt sind für Lenz nicht mehr identisch, die Isolation hat ihn in eine existentielle Krise geführt, er ist aus der 'Normalität' herausgefallen, sein Verhalten ist ihm jetzt selbst rätselhaft. Die Gründe dafür werden dem Leser erst im Lauf der Erzählung beigebracht. Lenz' Verunsicherung und Verstörung, die sich im weiteren Verlauf ausweitet und radikalisiert, ist bereits zu Beginn der Erzählung vorhanden: Aufgewacht aus einer surrealen Traumwelt, transformiert er seine Wut in radikalen Zweifel an der persönlichen Existenz, die bislang allein über ein im Theoretiker Marx idolisiertes politisches Denken und über Hirnsinnlichkeit ihre Bestimmung erfahren hatte.

„Schon seit einiger Zeit konnte er das weise Marxgesicht über seinem Bett nicht mehr ausstehen. Er hatte es schon einmal verkehrt herum aufgehängt. Um den Verstand abtropfen zu lassen, hatte er einem Freund erklärt. Er sah Marx in die Augen 'Was waren deine Träume, alter Besserwisser, nachts meine ich? Warst du eigentlich glücklich?'" [31]

Auslöser dieser Zweifel an dem Gelingen der Versöhnung von Glück und Politik ist die vorhergegangene, geraume Zeit zurückliegende Trennung von der Freundin L., das Scheitern einer Liebesbeziehung, das ihm nach wie vor Schmerz verursacht. Isoliert neben dem Alltag der anderen in der Betriebsamkeit der Großstadt herlebend, wird er zum seismographisch genauen Beobachter ihres ihm merkwürdig fremd bleibenden Verhaltens. Die Geschichtlichkeit dieser verwüsteten Großstadt erscheint an anderer Stelle allein noch in den kapitalistisch inszenierten Moden, die einander ablösen in Gestalt von qualitativ kaum unterscheidbaren Warengenerationen. Im Auseinandertreten von selbst banalem Begriff und eigener Vorstellung dokumentiert sich bei Lenz ein Zug von Entfremdung. Eindringliches Verständnis vermag er für die Erscheinungen des Alltags nicht mehr aufzubringen – alles wird ihm bloßer Anlaß zur Assoziation von vorgestanzten, aber nun bezweifelten Denkmustern, mit denen er sein bisheriges Leben eingerichtet hatte. Der Selbstzweifel erstreckt sich gleichermaßen auf die politische Arbeit; aus seiner jetzigen Randperspektive vermag er die politische Selbsttäuschung zu erkennen, in der sich der Zustand der Studentenbewegung ab-

(30) Unter Hinweis auf den fiktionalen Charakter des Textes hat Schneider diese Mutmaßung bestätigt: „Der Lenz ist eine kollektive Figur, er besteht zum Teil aus mir, zum Teil aus Leuten, die ich kenne, zum Teil aus Leuten, die ich mir vorgestellt habe. Ich hatte mir mit dem Lenz ein bestimmtes Thema vorgenommen, nicht eine bestimmte Biographie." Schneider, Peter: Antwort an einen anonymen Kritiker, in: ders.: Atempause (Anm. 14), S. 203.
(31) Schneider, Peter: Lenz. Eine Erzählung, Berlin 1973, S. 5.

bildet.] Auf ironische Weise verweigert sich Lenz einer Demonstration, deren symbolisch abstrakter Charakter ihm bewußt ist:

> „[...] in den Reihen der Arbeiterklasse, die ja durch uns gebildet werden, lasse ich diesmal ein gähnendes Loch." [32]

Aus dem sich totalisierenden Mißtrauen ist auch der linke Alltag nicht ausgenommen. Wie sehr gerade hier Unmittelbarkeit geronnen ist zur abstrakten Form, wird Lenz bewußt in der Wiederbegegnung mit Marina, die er besucht in der Absicht, dem Alleinsein und der Erstarrung zu entgehen, wobei ihn nun jedoch die Flüchtigkeit des Vorgangs erschreckt.]

> „Sie stellte dann das übliche Verhör mit ihm an, was er mache, in welcher Gruppe er arbeite, was er von den anderen Gruppen hielte, in denen er nicht arbeite. [...] Durch diese Fragen und Antworten lernt man sich nicht kennen, erwiderte Lenz. Es gibt nur ein paar Arten sich kennenzulernen, wenn man miteinander arbeitet, wenn man zusammen spinnt, wenn man sich anfaßt." [33]

Die Hartnäckigkeit, mit der Lenz bei seiner Einstellung als Hilfsarbeiter in der Elektrofabrik darauf besteht, am Band eingesetzt zu werden und eine Tätigkeit auszuüben, die ansonsten als „Frauenarbeit" gilt, läßt sich deuten als Suche nach[ psychischer und politischer Identität, nach festen Orientierungsmaßstäben und Abarbeitung seines Klassenschuldbewußtseins:]

> „Er hatte den heftigen Wunsch, die Welt durch seine [des türkischen Arbeiters] Augen zu sehen." [34]

Behaftet mit bürgerlicher Gefühlsvergangenheit, beobachtet er die Eingezogenheit der Arbeitenden, die wie Marionetten „von unsichtbaren Fäden gezogen" erscheinen, ins Maschinensystem. Trotz aller Undurchschaubarkeit der Produktion entsteht in ihm das zufriedene Gefühl, nützlich zu sein. Es ist aber festzuhalten, daß solche flüchtigen Erfahrungen Lenz nur weitertreiben in der Totalisierung seiner Beziehungsängste. In der Reduktion auf sich selbst scheint Lenz, dem die Wirklichkeit kalt und fremd entgegensteht, in die totale Kommunikationsunfähigkeit geraten zu sein:

> „Es wurde ihm entsetzlich einsam, er war allein, er wollte mit sich sprechen, er konnte nicht, er wagte kaum zu atmen." [35]

Im Gegensatz zu anderen, deren Schuldgefühl übermächtig ist, verleugnet Lenz im Betrieb nicht, Student zu sein. Als seine Neugier auf die industrielle Arbeitssituation als Motivation akzeptiert wird, verfällt er schnell ins Stellvertretungsbewußtsein, das sich in erfahrungsloser Radikalität von konkreten Anlässen ablöst:

> „Er war heftig geworden über dem Reden, alles fügte sich lückenlos ineinander, es gelang ihm, die Bedrückungen der Frauen aus einem Punkt herzuleiten, er machte

---

(32) Schneider (Anm. 31), S. 8.
(33) Schneider (Anm. 31), S. 9.
(34) Schneider (Anm. 31), S. 11.
(35) Schneider (Anm. 31), S. 18.

Vorschläge, was zu unternehmen sei, er hatte sich ganz vergessen. Ihm war, als könne er was gut machen, eine unbekannte Schuld abtragen. Er sah die Blicke nicht, mit denen sie ihn betrachteten." [36]

Bei einer Demonstration erkennt Lenz den spannungsreichen Widerspruch zwischen der falschen Strategie symbolischer Gewaltanwendung und der unmittelbaren Wut des Augenblicks. Trotz solcher Erkenntnis stört ihn das besserwisserische, abstrakt-distanzierte Verkünden von Einsichten, die nicht von Erfahrung gesättigt sind:

„Es ist aber nicht das gleiche, wenn einer, der statt eines Kugelschreibers nie einen Stein in die Hand nahm, jetzt das Werfen von Steinen verurteilt mit den gleichen Sätzen, mit denen ein anderer die Erfahrung beschreibt, daß es sinnlos geworden ist, Steine zu werfen." [37]

Das Auseinandertreten von Wörtern, von wuchernden, unanschaulichen Begriffen und lebendigen Erfahrungen stellt sich für Lenz' Empfindung gerade auch in der politischen Schulung ein. Theorie ist hier beinahe auf eine geschichtslose Schablone zusammengeschnurrt. Von der individuellen Besonderheit, den Problemen und aktuellen Glücksansprüchen der einzelnen weiß Lenz kaum etwas – der Zusammenhang mit den Arbeitern ist eindeutig politisch dominiert.

„Es kam Lenz im Moment so komisch vor, daß alle diese Genossen mit ihren heimlichen Wünschen, mit ihren schwierigen und aufregenden Lebensgeschichten, mit ihren energischen Ärschen nichts weiter voneinander wissen wollten als diese sauberen Sätze von Mao Tse Tung, das kann doch nicht wahr sein, dachte Lenz." [38]

Immer noch sind die Bedürfnisse nach menschlichen, freundschaftlichen Beziehungen ausgegrenzt in den Bereich des vermeintlich Privaten. Die begrifflich präformierte Sprache erweist sich als untauglich, solches überhaupt zu erfassen, die Materialität des Lebens läßt sich nicht auf den Begriff bringen. Kryptische Vokabeln erzeugen keine konkreten Vorstellungen, verbinden sich nicht mit Erfahrungen und bleiben auf diese Weise unnütz. Der befreundete Arbeiter Wolfgang formuliert aus seiner Sicht das Verhältnis der Studenten zu den Arbeitern. Gerade die Sensibilität und umfassende Theoriegeleitetheit erscheint ihm als Privileg der Studenten, welches sich Arbeiter nicht leisten können. In der Allegorie der Vampire kommen ihm die Studenten so vor, als bemächtigten sie sich im Sinne kodifizierter Theorie auf geradezu imperialistische Weise eines Proletariats, dessen Reinheit und muskulöse Art allein einer Projektion entstammt. So wie die kapitalistische Ausbeutung der Lohnarbeit als „Aussaugen" gefaßt wird, so erscheinen nun die linken Theoretiker als Widergänger.

Das Fest der Intellektuellen dient als Kulisse, um die Abstraktion deutlich zu machen, in der diese Leute sich komfortabel eingerichtet haben bis hinein in Wohnungsinterieurs und Kleidung. Einer von ihnen ist der Germanist

---

(36) Schneider (Anm. 31), S. 22.
(37) Schneider (Anm. 31), S. 26.
(38) Schneider (Anm. 31), S. 28.

und Kritiker Neidt, der die objektivistische Reduktion auch in seiner eigenen Arbeit an sich selbst vollzogen hat – früher hatte er Gedichte geschrieben, nun kam ihm dies vor wie eine „überwundene Kinderkrankheit"; Lenz' Neugier auf andere Erfahrungsbereiche gilt ihm als Opportunismus.

„'Ich kann', sagte Lenz, 'einer Idee, die ich mir gebildet habe, erst folgen, wenn ich ihr durch die Anschauung das Gefühl hinzufüge, das ihr entspricht. Wie machen sie das, woher nehmen sie ihre Gefühle?'" [39]

Lenz' selbstanklägerischer Einwand gegenüber dem Festhalten des privilegierten linken Intellektuellen an der Rolle des konzeptiven Ideologen ist fundamental:

„Der Witz ist, daß die ausgebeutete Klasse, von der ihr träumt, sich ja wirklich zu befreien beginnt, nur tut sie das ohne Rücksicht auf eure beleidigten Vorstellungen von dieser Befreiung. Versteht endlich, daß ihr diese Bewegung am besten unterstützen könnt, wenn ihr den Kampf gegen eure eigene Klasse beginnt, ihr könnt diese Bewegung nicht führen. Ihr seid nicht so wichtig." [40]

Allein noch in der losgelassenen Emotion findet Lenz flüchtig zu sich selbst; Schönheitsgefühl und Empfindung stellen sich her über Leiden und Wut:

„'Ihr tanzt nicht heftig genug', sagte er zu seiner Partnerin, weil sie es nicht zu ihm sagte, 'ihr tanzt den Haß nicht heraus. Es muß weh tun, ehe ihr euren Körper spüren könnt. Haltet euch nicht so raus.'" [41]

Nach wie vor hat Lenz zu tun mit dem Schmerz aus der Trennung von L.; ihr, wie verabredet, zu begegnen, „gab ihm einen Riß". Was er längst vorher überlegt hatte, „kam ihm alles hohl und ausgedacht vor". Die wiederholte Antwort von L. bezeichnet Lenz' narzistischen Zustand:

„'Du sprichst von dir', sagte L., 'ich komme in dem, was du sagst, gar nicht vor.'" [42]

Lenz hat sich die Struktur seiner eigenen, vom Wunsch nach Befreiung bestimmten Vor-Geschichte bereits zurecht gelegt:

„Ein junger Intellektueller verknallt sich in ein schönes Mädchen aus dem Volk. Er hat bisher wenig gesellschaftliche Erfahrungen gemacht, als gehorsamer Sohn seiner Klasse hat er sich mit dem Leben hauptsächlich theoretisch auseinandergesetzt, auch dann noch, als er die politischen Begriffe dafür fand, das bürgerliche Leben, das aus dem sicheren Abstand entweder des Besitzes oder der Theorie die Kämpfe an der gesellschaftlichen Basis betrachtet, zu verwerfen. Zum ersten Mal stößt er auf einen Menschen, der alles direkt und praktisch durchgelebt hat, was in seinem Kopf nur als Wunsch und Vorstellung existierte. Seine Geliebte wird für ihn zum Schlüssel zur Welt, er wirft sein ganzes Nachholbedürfnis nach praktischem Leben, seinen Hunger nach Erfahrung in diese Beziehung und beginnt, sie als Sprungbrett benutzend, die Welt mit den Sinnen zu erobern." [43]

---

(39) Schneider (Anm. 31), S. 38.
(40) Schneider (Anm. 31), S. 40.
(41) Schneider (Anm. 31), S. 41.
(42) Schneider (Anm. 31), S. 43.
(43) Schneider (Anm. 31), S. 44 f.

Dieses individual-mythische Muster des Überspringens von Klassenschranken, des Zugewinns sinnlicher Erfahrungsweisen in der instrumentalisierten Liebesbeziehung zu L. weist Parallelen auf zur Praxis der Studentenbewegung, in deren werbendem Bemühen um Verbindung mit dem Proletariat gleichfalls Züge von „kollektiver Liebesbeziehung" erkennbar sind.[44] Insgesamt erscheint Lenz diese Art der Erklärung unzulänglich und abstrakt:

„Ist das tatsächlich alles, fragte er sich, daß ich den unglücklichen Versuch unternommen habe, den Widerspruch zwischen den Wahrnehmungs- und Lebensweisen der Klassen privat durch eine Liebesgeschichte zu überwinden? Und wenn es so ist? Was nützt mir die Einsicht, wenn sie mich nachts nicht schlafen läßt?"[45]

In einer heftigen Diskussion mit B. über die Rolle des Intellektuellen hat Lenz das Gefühl, „aus der Welt herausgefallen zu sein. [...] Nach kurzer Zeit spürte Lenz schon wieder den Haß auf die fertigen Sätze, die er und B. benutzten."[46] Lenz weiß nun, daß seine Lähmung, die sich idiosynkratisch verschärft in der genauen Beobachtung der gewöhnlichen Emotion und sprachlichen Armut, auf einen psychischen Konflikt hindeutet.

„'Es ist wahr', erwiderte Lenz, 'ich habe den bösen Blick, ich sehe schon alles wie durch ein Vergrößerungsglas, das mir nur noch Widerwärtigkeiten zeigt. Immer hin- und hergerissen zwischen den Neurotikern und den Theoretikern, bei den einen die Leidenschaften, bei den anderen die Rettung suchend.'"[47]

Ausgelöst vom Bewußtsein der Differenz von Sprache und Empfindung entsteht in ihm ein miserables Gefühl:

„Ihr könnt nur allgemein, in Begriffen sagen, was ihr haßt oder liebt, ihr habt Angst davor, daß euch irgend etwas gefällt, weil ihr Angst habt, daß ihr dann nicht mehr kämpfen könnt."[48]

Schon bald nach der überstürzten Abreise aus der Stadt, noch während der langen Bahnfahrt nach Rom, stellen sich Veränderungen her in Lenz' Psyche – die Verbindung von Wahrnehmung mit Erinnerung sowie neue Empfindungen im gestörten Naturverhältnis sind Anzeiger dieses Vorgangs. Im Pensionszimmer in den Albaner Bergen assoziiert er noch einmal über seine beschädigte Existenz:

„Er stellte sich vor, daß er morgen allein aufwachen würde. Er rannte hinaus in den Wind, die Wolken flogen dunkel und rasend wie die Gespenster in seinem Innern, er lief den Hang hinunter, es war ihm, als ob die Hügel sich hoben und senkten, er wollte alles berühren, jede Biegung, jeden Winkel, aber nicht laufend, sondern im Flug darüber hinstreifen, der Wind zerrte an seinen Gliedern, nichts war festzuhalten."[49]

---

(44) Vgl. die Rezension von Schütte, Wolfram: Zeitgenosse Lenz, in: Frankfurter Rundschau 13. 10. 1973.
(45) Schneider (Anm. 31), S. 46.
(46) Schneider (Anm. 31), S. 48.
(47) Schneider (Anm. 31), S. 49.
(48) Schneider (Anm. 31), S. 50.
(49) Schneider (Anm. 31), S. 56.

Nach quälerisch durchlebten Wahnvorstellungen in der Rückerinnerung an L. kommt es ihm nun vor, „als habe er die ganze Zeit an einem unsichtbaren Band gehangen, das sich desto mehr spannte, je weiter er von L. wegreiste"[50]. Nunmehr deutet sich der Heilungsprozeß an – in der jeweiligen Situation ist Lenz „fröhlich" und „erleichtert", das Auseinandertreten von Vorstellung und Wirklichkeit erscheint ihm nicht mehr so kraß, erstmals werden die Empfindungen anderer von ihm wahrgenommen, Erinnerungen an Stationen der eigenen Lebensgeschichte steigen in ihm auf. Das mondäne Fest einer linken Bourgeoisie zerstört in ihm den Glauben an ein bloß linkes Bekenntnis vollends. Die Verhaltensweise der Schickeria kommt ihm vor wie Verstellung, bis in den Kleidungsstil hinein haben sich diese Privilegierten in nur geborgter linker Tradition selbst inszeniert. Das Gefühl von Leben, Phantasie und historischer Beziehung läßt sich mit solchen Erscheinungen der völligen Subjektivierung in Italien ebenso wenig zur Deckung bringen wie mit dem Objektivismus, vor dem Lenz geflohen war. Während der Autobahnfahrt nach Trento beobachtet Lenz an B. aufs Neue jene Art, sämtliche seiner römischen Erfahrungen gleichsam in fertige Sätze und Begriffe zu bringen und derart zu sanktionieren.

„Es ärgerte ihn schon wieder, daß B. alles, was Lenz erzählte, bereits zu wissen schien."[51]

In Norditalien findet Lenz Gefallen an der Landschaft, die Wahrnehmung alltäglichen Lebens wird konkreter und genauer als vordem in ihrer Hastigkeit und Zerstreutheit. Damit einher geht der Gewinn von Realitätsbewußtsein, auch die Zufriedenheit mit vorschneller Begriffsreduktion wird zerstört, nicht länger mehr will Lenz in seiner Selbstisolation verharren. Seine Wahrnehmung läßt die Landschaft ruhig und überschaubar werden, Politik gewinnt in der linken, sich aus einfachen Leuten zusammensetzenden Öffentlichkeit Anschaulichkeit und Konkretheit. Inmitten dieser regionalen Besonderheit ist es ihm möglich, seine Lebensschwierigkeit zu meistern.

„Die reglose Landschaft unter ihm regte sich mit den Bildern der Kämpfe, von denen er eben gehört hatte. Wie er da oben stand und hinunter schaute, erschienen ihm die Kämpfe, die er auf dem Schauplatz seiner Seele austrug, unwichtig und lächerlich. Er spürte, wie sich die Richtung seiner Aufmerksamkeit änderte, wie seine Augen aufhörten, nach innen zu schauen. Er mochte nicht mehr da oben bleiben, er wollte hinunter, wieder einer von diesen vielen Punkten werden, die sich da unten bewegten."[52]

Theorie wird nun nicht undialektisch ausgespielt gegen Sinnlichkeit, hier erst widerfährt ihr Recht, indem sie ihre historisch-praktische Dimension anschaulich hinzugewinnt. Aufgehoben in konkreter, unverkrampfter Solidarität, weit weg von den irritierenden deutschen Problemen, beschließt Lenz, vorerst längere Zeit an diesem Ort zu bleiben, wo man ihn in seiner

(50) Schneider (Anm. 31), S. 58.
(51) Schneider (Anm. 31), S. 72.
(52) Schneider (Anm. 31), S. 80 f.

Individualität mit Selbstverständlichkeit akzeptiert. Die Aufarbeitung der eigenen, weit zurückreichenden Geschichte setzt da ein, wo ihm klar wird, daß er ein falsches Selbstbewußtsein ausgebildet hatte, das leicht in Selbsthaß umschlagen konnte. Der Schuldkomplex erscheint nun plausibel in den Bildern seiner Kindheit, auf denen z. B. die gestörte Beziehung zur Mutter als Anstoß des „Risses" sichtbar wird. In der konkreten Beschreibung vermag Lenz erstmals sich bewußt davon zu distanzieren, seine Bedrängnisse und Lebensängste verlieren sich, es wird möglich, neue Objektbeziehungen herzustellen. Durch die Freundschaft mit dem Arbeiter Roberto gelingt es ihm, ein lustvolles Genußverhältnis zu Alltäglichem zu gewinnen, das bislang achtlos der reinen Notwendigkeit unterstellt war. Von Roberto erfährt Lenz seine Nützlichkeit als Intellektueller ebenso wie die Nützlichkeit bestimmter Formen des studentischen Antiautoritarismus für die reale Klassenbewegung, ohne sich dabei täuschen zu können über die konkret unterschiedlichen Ausgangspunkte, von denen auch wechselseitiges Mißtrauen ausgeht.

„Wir können euch brauchen. [...] Aber wie lange werdet ihr dabei bleiben? Eure Begeisterung für unsere Sache, woher kommt die? Ihr habt nicht die gleichen Probleme wie wir, weil ihr nicht die gleiche Arbeit machen müßt wie wir. [...] Wir kennen unsere Interessen, weil wir sie täglich verteidigen müssen. Aber eure Interessen, kennen wir die? Kennt ihr sie? Worunter leidet denn ihr? Was wollt ihr für euch?" [53]

Eher beiläufig fällt Lenz auf, daß er sich hier in Italien „in fremden Sachen bewegt", d. h. sich historisch und regional neu eingekleidet hat. Als ihn politische Hindernisse plötzlich zwingen, das Land zu verlassen, hat sich seine Identität wieder hergestellt. Er ist nun „ganz klar im Kopf. Er sah ruhig hinaus, die Berge waren ihm gleichgültig, keine Erinnerung, keine Spur von Angst." [54] Zurück in Deutschland, wo alles unverändert scheint, befällt ihn Ungeduld, aber auch Neid darüber, daß kleine, früher banal erscheinende und kaum registrierte Veränderungen ohne ihn stattgefunden haben. Und als B. ihm erklärt, aus ähnlichen Gründen wie zuvor Lenz, weit weg verreisen zu wollen, ist seine Haltung fest, er fühlt sich so weit stabilisiert und in der Lage, hier, in der vertrauten Umgebung Widersprüche auszuhalten. „Was Lenz denn jetzt tun wolle. 'Dableiben', erwiderte Lenz." [55]

Weit stärker und pointierter als bei Büchner ist die Vorgeschichte der Verstörung von Lenz bei Schneider präsent: eine gescheiterte Liebesbeziehung als unaufgearbeitetes individuelles Problem. Der spezifische Hintergrund besteht darin, daß die emotionale Partnerbeziehung von Lenz aus nicht frei ist von ideologischer Überformung und mythischer Projektion, mit deren Hilfe er eigene Unsicherheiten zu stabilisieren sucht. Es ist das deutliche Bedürfnis nach sozialer Identität des asozialen linken Intellektuellen, der sich seiner bürgerlichen Herkunft nicht zu entledigen vermag. Katalysiert durch

(53) Schneider (Anm. 31), S. 88.
(54) Schneider (Anm. 31), S. 90.
(55) Schneider (Anm. 31), S. 90.

den persönlichen Verlust, entsteht für den ohnmächtig trauernden Intellektuellen der Wunsch nach Teilnahme an der als konkret-nützlich und nicht-entfremdet illusionierten Praxis des „Volkes". Im Spannungsfeld von eigenen naturalen Bedürfnissen und theoretisch als mythische Instanz installierter Arbeiterklasse droht Lenz' Identität zu schwinden. Seine intensive, aber nur noch fragmentarisch desorientierte Wahrnehmung erlaubt es nicht, ein zusammenhängendes Wirklichkeitsbild zu entwerfen, in das er selbst sinnvoll sich einzuordnen vermöchte. Das theoretisch verbürgte Wissen um die Ursache seiner Beschädigung in den verheerenden Mechanismen der Warenproduktion eröffnet keinen Ausweg – allenfalls noch potenziert sich dadurch Lenz' unglückliche Gescheitheit. Seine Teilnahme an dem kollektiven Versuch der späten Studentenbewegung, das Proletariat zusammenzubringen mit jener Theorie, in der sich die Praxis dieser Klasse reflektieren soll, treibt im Namen der persönlichen Bedürfnisse nach Unbedingtheit, Emotionalität und Sinnlichkeit den Widerspruch hervor zu einer realen Praxis, die sich konstituiert in Dogmatismus, Selbstverleugnung und Selbstbezichtigung der Beteiligten.[56] Gegenüber der totalisierten Wertabstraktion insistiert Lenz auf Sinnlichkeit, die für ihn im affektfreien, kopflastigen Intellektualismus ebenso wenig aufgehoben ist wie in kurzschlüssiger, falsch-unmittelbarer Praxis, die selbst dem ideologischen Alltag in seiner Pseudokonkretheit zu verfallen droht. Im trotzigen Festhalten an der erlernten marxistischen Theorie kommt es für ihn darauf an, die als „luxurierendes Gefühl" denunzierte und unterschlagene Sinnlichkeit zu versöhnen mit politischer Kritik und Aktion. Die Gleichgültigkeit und der zunehmende Überdruß an einer objektivistisch verengten, autistischen politischen Praxis und einer erfahrungslosen, zum Begriff abgemagerten Lebenspraxis geht einher mit schmerzhafter Selbstentfremdung und der Erfahrung, daß praktische Widersprüche nicht autoritativ-theoretisch zu schlichten sind: Lenz lernt, daß sich der Alltag in seinen Vernetzungen nicht ohne Rest auflösen läßt in den theoretischen Diskurs, der längst schon präformierend vorgedrungen ist in die Alltäglichkeit und sich niederschlägt z. B. in der Standardisierung von Sprache. Auch die linke Ableitungssprache ist in dieser Weise vorgefertigt, ohne von sinnlicher Wirklichkeit gedeckt zu sein.

„Die linken Metasprachen [...] sind Ghettosprachen, in denen sich die Abstraktion verselbständigt, weil es kein wirkliches Land unter den Füßen gibt; die artifizielle Sprache drückt keine Bewegung aus, zeugt nur scholastische Dispute um Worthülsen. [...] Die Metasprachen ähneln der neuen Herrschaftssprache darin, daß sie sich als rational aufgelöste Wirklichkeit geben, ohne ihre sinnlich materielle Bedingung verändert zu haben; sie versperren damit die notwendigen Erkenntnisprozesse, die diese Bedingung verlangt. Sie geben Bewältigung vor, ohne sie historisch geleistet zu haben; sie lassen gerade damit das Verhältnis von Theorie und Praxis in heillosem Widerspruch." [57]

---

(56) Vgl. Mosler, Peter: Was wir wollten, was wir wurden. Studentenrevolte – zehn Jahre danach, Reinbek 1977, speziell S. 233 ff.
(57) Heydorn, Heinz-Joachim: Zu einer Neufassung des Bildungsbegriffs, Frankfurt/M. 1972, S. 117.

Während im zweiten Teil der Schneiderschen Erzählung – gemeint ist die Übergangszeit, die Lenz in Rom verbringt – diese Widersprüche trotz momentaner Wiederannäherung an Natur und Menschen fortdauern, schwindet die Problematik der radikalen Trennung von Subjekt und Objekt mit der Eingliederung Lenz' in das „natürliche", kaum entfremdete und gleichwohl historische Milieu, das er in Trento vorfindet. Entgegen der Parallele zu jenem Italien, das den bildungsreisenden Goethe und andere Nordländer in mediterranen Bann geschlagen hatte, fungiert dieser Schauplatz hier nicht als klischiertes literarisches Versatzstück, als Chiffre eines revolutionären Arkadien. Er steht vielmehr konkret für die Erfahrung von Nützlichkeit, durch die bei Lenz jene wirklichkeitsgerechte Veränderung des Bewußtseins motiviert ist, die dann als Abkehr vom schattenweltlichen Austragen der „Kämpfe auf dem Schauplatz der Seele" ihren gültigen Ausdruck findet im offenen, aber bestimmten Schluß der Erzählung.

## IV.

Mit seiner Novelle ‚Lenz' rekurriert Georg Büchner auf einen bestimmten Abschnitt im Leben des Jakob Michael Reinhold Lenz (1751–1792), dessen Wirken im Umkreis des Straßburger Sturm-und-Drang nach 1771 nur auf wenige Jahre sich beschränkt hatte, bevor er von einer unheilbaren Nervenkrankheit befallen wurde. Das Scheitern persönlicher Liebesbeziehungen (so zu Friederike Brion) sowie das spätere Zerwürfnis mit Goethe am Hof zu Weimar treiben Lenz fort aus der bekannten Umgebung. Im November 1777 ereilt ihn der körperliche und seelische Zusammenbruch – erstmals werden Symptome von Schizophrenie erkennbar. Nach kurzzeitiger Zuflucht bei Oberlin in Waldbach im Januar 1778 gelangt Lenz 1779 über Straßburg nach Riga, später nach Moskau, wo er verarmt und umnachtet verstirbt.

Das Aufbegehren der jugendlichen Stürmer und Dränger gegen die feudale Gesellschaft des ausgehenden 18. Jahrhunderts, vorgetragen im Namen der „Vollkommenheit" und „Glückseligkeit" humanen Lebens und darin anschließend an die vorangegangene Aufklärungsperiode, endete im Gefühl der Ohnmacht und Melancholie.[58] Abgedrängt von der politischen Machtsphäre und ausgenommen von produktiver Arbeit, verblieb den Autoren als Reaktionsform allein Weltflucht bzw. Hypertrophierung der Reflexionssphäre.[59] Lenz' Schizophrenie mag in diesem Kontext als Symptom der eigenen Niederlage gedeutet werden; sein Zerbrechen ist die Konsequenz eines nicht aufzuhebenden Konfliktes zwischen innerem Leben und Außenwelt. Gerade nach den Erfahrungen in Straßburg und Weimar stand Lenz, der

---

(58) Vgl. Mattenklott, Gert: Melancholie in der Dramatik des Sturm und Drang, Frankfurt/M. 1969.
(59) Vgl. Lepenies, Wolf: Melancholie und Gesellschaft, Frankfurt/M. 1973, S. 83; Horst Albert Glaser deutet Lenz vor diesem Hintergrund als „unzeitgemäßen Irrläufer der Moderne": Heteroklisie – Der Fall Lenz, in: Helmut Kreuzer (Hrsg.): Gestaltungsgeschichte und Gesellschaftsgeschichte, Stuttgart 1969, S. 132 ff.

„Dichter der verändernden Aktion", vor der Alternative: „Weltkompromiß" oder „Weltflucht".[60]

Im Jahr nach der Julirevolution, 1831, hatte der 1813 geborene Georg Büchner sein Medizinstudium in Straßburg aufgenommen. Erste politische Erfahrungen, die danach schnell in eigene radikale Anschauungen einmünden, macht Büchner in der Straßburger „Societé de Droits de l'Hommes et du Citoyen", die sich der Weiterführung der Revolution von 1789 verschrieben hatte. In einem Brief aus dem Jahr 1833 heißt es: „Meine Meinung ist die: wenn in unserer Zeit etwas helfen soll, so ist es Gewalt."[61] Und wenig später formuliert er seine radikaldemokratische Überzeugung, „daß nur das notwendige Bedürfnis der großen Masse Umänderungen herbeiführen kann"[62]. Zurückgekehrt nach Deutschland, setzt Büchner sein Studium in Gießen fort, er beschäftigt sich u. a. mit den französischen Aufklärern und der Geschichte der Französischen Revolution. Im Juli 1834 entsteht die politische Kampfschrift ‚Der Hessische Landbote'. Der bald darauf einsetzenden Verfolgung, der seine Mitverschwörer zum Opfer fallen, vermag er sich im Frühjahr 1835 – inzwischen ist ‚Dantons Tod' fertiggestellt – durch Flucht nach Straßburg zu entziehen. Hier, in der Atmosphäre des Juste Milieu entstehen die weiteren literarischen Arbeiten: die (Fragment gebliebene)[63] Novelle ‚Lenz' (1835), ‚Leonce und Lena' (1836), ‚Woyzeck' (1837) sowie ein verlorengegangenes ‚Aretino'-Drama. Nach der naturwissenschaftlichen Promotion geht Büchner an die Universität nach Zürich, wo er – als Privatdozent für Naturgeschichte – im Februar 1837 an Typhus stirbt.

Aus dem offensichtlichen Zerfall der Lebensgeschichte in eine politisch-aktivistische und eine literarisch-akademische Phase ist gegenüber Büchner oft der Vorwurf der Abtrünnigkeit erhoben worden. Indes lassen sich dort Ansätze zu einer einheitlichen Deutung finden, wo versucht wird, historische Erfahrungsgehalte als konstitutives Moment von Geschichtsauffassung und literarischer Produktion zu verstehen.[64]

Im strukturell zurückgebliebenen Großherzogtum Hessen-Darmstadt, wo örtliche Widerstandspotentiale nahezu bedeutungslos geblieben waren, hatte Büchner seine Position bestimmt jenseits von deutschtümelndem Nationalismus ebenso wie von liberalem Konstitutionalismus. In den von Feudallasten geknebelten Bauern glaubte er das Subjekt der bevorstehenden sozialen Veränderung zu erkennen. Die Aporien partikular interessierter bürgerlicher Opposition gewannen für Büchner Anschaulichkeit durch die französischen

---

(60) Mayer, Hans: Lenz oder die Alternative, in: Britta Titel/Helmut Haug (Hrsg.): Jakob Michael Reinhold Lenz, Werke und Schriften, Bd. 2, Stuttgart 1967, S. 520.
(61) Brief an die Familie (5. 4. 1833), in: Büchner, Georg: Werke und Briefe (ed. Bergemann), Leipzig 1968, S. 388.
(62) Brief an die Familie (Juni 1835), Anm. 61, S. 391.
(63) Dazu Herrmann, Hans Peter: „Den 20. Jänner ging Lenz durchs Gebirg". Zur Textgestalt von Georg Büchners nachgelassener Erzählung, in: Zeitschrift für deutsche Philologie 85. Bd./1965, S. 251 ff.
(64) Vgl. die Maßstäbe setzende Arbeit von Mayer, Hans: Georg Büchner und seine Zeit, Frankfurt/M. 1972 (zuerst 1946!).

Thermidorereignisse, in denen sich die Herrschaft der Geldaristokratie etabliert hatte. Seine Forderung lautet auf qualitative Veränderung der Besitzverhältnisse in der Frontstellung sowohl gegen den Feudalismus als auch gegen die Bourgeoisie. Der christliche Patriot Weidig hatte Büchners rhetorisch geschickt instrumentierten Flugschriftentwurf des ‚Hessischen Landboten‘ entgegen dessen politischem Konzept dämpfend redigiert, indem er die Angriffsrichtung von den „Reichen" auf die „Vornehmen", also die Feudalen verschob.[65] Die Verteilung dieser Flugschrift (Motto: „Friede den Hütten! Krieg den Palästen!") ist offenbar durch Verrat eines der Verschwörer vereitelt worden. Bestimmend für Büchners Denken wird in der Folgezeit die Auffassung vom Determinismus, vom „gräßlichen Fatalismus der Geschichte"[66]. Ihren literarischen Ausdruck findet dieses pessimistische Theorem im Zusammenhang der Frage von Revolution und Konterrevolution zunächst in ‚Dantons Tod‘. Eigene materialistische Anschauungen lassen sich unschwer herauslesen aus der natürlichen Begründung der Gewalt in der Geschichte ebenso wie aus Dantons Auffassung von der Sinnlosigkeit einer in den Geschichtsmechanismus eingreifenden Revolution. Daß sich die soziale Frage von ihrem materiellen Kern nicht ablösen läßt, auch das ist eine Lehre der hessischen Ereignisse.[67] Im Scheitern der Weiterführung der Revolution erkennt er die historische Notwendigkeit, die begründet liegt in menschlicher Natur überhaupt. Der stimulierende Beitrag auch der politisierten Literatur erscheint ihm dementsprechend gering – Büchner steht kontrovers zur Literaturbewegung der Jungdeutschen.[68] Wenngleich der Glaube an die Aktivität und freie Selbstbestimmung der Subjekte dem Determinismus gewichen ist, der dem Praktischwerden der Vernunft entgegensteht, so ist der ernüchterte Büchner weiterhin überzeugt von den konstitutiven materiellen Interessen im Volk, dem er auch die geistigen Potenzen der Zukunft zuschreibt. Hier wird eine Parallele erkennbar zum Sturm-und-Drang-Dichter Lenz, in dessen Poetik der Begriff „Volkstümlichkeit" eine zentrale Rolle spielt. Weitere Gründe für Büchners Interessiertheit an Lenz, dessen Lebensgeschichte und Werke ihm sehr vertraut waren, lassen sich beibringen:

„Mitleid zuerst mit jenem, der in der Nacht und Einsamkeit versinkt; Gefühl der Verwandtschaft mit dem dahingegangenen Künstler; Protest gegen Zustände und weltanschauliche Haltungen, die auch Lenzens Auflehnung und Rebellion hervorgerufen hatten. Dann wohl ‘Mitleid und Furcht’ in jenem Sinne der Selbstidentifizierung der Seelennot des Verschollenen. Katharsis, Akt der Selbstbefreiung, wäre so die künstlerische Beschwörung von Lenzens Geschick durch den sich verwandt fühlenden Büchner."[69]

---

(65) Vgl. Enzensberger, Hans Magnus (Hrsg.): Georg Büchner, Ludwig Weidig, Der hessische Landbote, Frankfurt/M. 1965; Klotz, Volker: Agitationsvorgang und Wirkprozedur in Büchners ‚Hessischen Landboten‘, in: Helmut Arntzen u. a. (Hrsg.): Literaturwissenschaft und Geschichtsphilosophie, Berlin–New York 1975, S. 388 ff.
(66) Brief an die Braut, Anm. 61, S. 395.
(67) Vgl. Brief an Gutzkow (1836), Anm. 61, S. 435.
(68) Vgl. Brief an die Familie (1. 1. 1836), Anm. 61, S. 430 f.
(69) Mayer (Anm. 64), S. 275; zur Adaption historischer Vorlagen vgl. Pütz,

In der Novelle hat er sich darum bemüht – abweichend von den vorliegenden Materialien –, Lenz' Verfall in seiner Prozeßhaftigkeit unter sozialem Zwang darzustellen. Es ist jene kalte und tote Umwelt, die Lenz' Isolation hervortreibt und den Wahnsinn erzeugt, in dem er schließlich versinkt. Die Langeweile, die Lenz an sich verspürt, ist auch weniger motivisch abgeborgt von romantischer Mode, als daß sie sichtbar würde als Resultat einer gesellschaftlichen Isolation, aus der das Selbstverständnis von Handlungsohnmacht und Sinnlosigkeit entspringt. Die Stadien der Vereinsamung sind in der Novelle, dieser „Anatomie der Lebens- und Gemütsstörung" (Gutzkow), analytisch auseinandergelegt: zunächst die Abspaltung von der Natur, in die sich der in Leben und Kunst Gescheiterte geflüchtet hatte, später – bei Oberlin – der Kontaktverlust zu den Mitmenschen an einem Ort, wo deren Naturverhältnis besonders ausgeprägt ist, und schließlich die Konfrontation mit einer scheinbar toten Natur. Inmitten der Sinnlosigkeit ist er am Kulminationspunkt der Trennung von Subjekt und Objekt erfüllt von lähmender Langeweile.

Büchners intensive, exakt beschreibende, gleichförmige Prosa läßt aus der Distanz die Anteilnahme des naturwissenschaftlich interessierten Erzählers spüren. Der „poetisch stilisierte Krankenbericht" [70] setzt ein mit dem wahnhaften Absturz des Protagonisten aus der Euphorie. Die realistische Naturbeschreibung korrespondiert den geschilderten Seelenzuständen bis hinein in meteorologische und landschaftliche Parallelen. Das gestörte psychische Gleichgewicht der Figur potenziert sich zur Auflösung von Raum und Zeit, später zu verschiedenen Angsterlebnissen. Trotz des beschwörerischen Versuches, die Dinge in Begriffen einzufangen, gipfelt die subjektive Entleerung der Begriffe im Sprachverlust. Vorübergehend nur ist die Beruhigung, die das Leben im Hause Oberlins und in der dörflichen Geborgenheit bei Lenz hervorruft. Im Idyll des Steintales, in das die Entfremdung noch nicht vorgedrungen ist, findet er qualitative Beziehungen vor zwischen Menschen, die sämtlich konkreten Tätigkeiten nachgehen. Büchner, der Lenz' Zustände von Unruhe und Geborgenheit stilistisch in der Polarität von „Bewegung" und „Ruhe" umgesetzt hat [71], bedient sich zur Verdeutlichung der Metaphorik von Licht und Finsternis. Das Lichtblicksmotiv taucht auf z. B. im Zusammenhang mit Leiden, genauer: mit der im Alltag sich sonst nicht mehr einstellenden bestimmten Empfindung, wie sie erzeugt wird durch die sensible Hingabe an den Schmerz. Das spätere Versinken im Wahn bringt Lenz endgültig auf die 'Nachtseite' des Lebens. Der Versuch, als autonomes Subjekt seine Identität zurückzuerlangen, scheitert an der Realität; angesichts der Versperrtheit allen Handelns entstehen halluzinatorische Visionen und messianische Allmachtsphantasien. Die Äußerungen Kaufmanns, der von

Heinz Peter: Büchners ‚Lenz' und seine Quelle, in: Zeitschrift für deutsche Philologie 84. Bd./1965 (Sonderheft), S. 1 ff.

(70) von Wiese, Benno: Georg Büchner, Lenz, in: ders.: Die deutsche Novelle von Hebbel bis Kafka, Interpretationen 2, Düsseldorf ³1963, S. 104.

(71) Vgl. Hasubek, Peter: „Ruhe" und „Bewegung". Versuch einer Stilanalyse von Georg Büchners ‚Lenz', in: Germanisch-romanische Monatsschrift, 19/1969, S. 33 ff.

118

außen ins Idyll einbricht, provozieren Lenz' eruptive Ablehnung. Als Figur stellt Kaufmann wohl den leibhaftigen Widerspruch dar zu den hedonistischen Maximen vom Selbstzweck des Lebens, wie sie Büchner, aber auch der historische Lenz vertreten hatten.[72] Die von Kaufmann vorgetragene utilitaristische These vom notwendigen Aufschub des eigentlichen Lebens, die Inversion von Zweck und Mittel, indiziert die herrschende Geschichtslosigkeit. Das weitergehende Leben, dessen Genüsse suspendiert sind, verläuft im homogenen Kontinuum des Immergleichen und befördert von daher die melancholische Stimmung. Die hier abzulesende kritische Haltung Büchners gegenüber der gesellschaftlichen Verfassung findet sich wieder im „Kunstgespräch". Die Affinität zu dem „unglücklichen Poeten"[73] Lenz ist in dieser antiidealistischen Polemik, in der sich beider ästhetische Konzepte verschränken, am stärksten wahrnehmbar. In einem berühmten Brief hatte Büchner seiner Kunstauffassung pointiert Ausdruck gegeben:

„Der dramatische Dichter ist in meinen Augen nichts als ein Geschichtsschreiber, steht aber *über* letzterem dadurch, daß er uns die Geschichte zum zweiten Mal erschafft und uns gleich unmittelbar, statt eine trockene Erzählung zu geben, in das Leben einer Zeit hinein versetzt, uns statt Charakteristiken Charaktere und statt Beschreibungen Gestalten gibt. Seine höchste Aufgabe ist es, der Geschichte, wie sie sich wirklich begeben, so nahe als möglich zu kommen."[74]

Der politische Impetus dieser Zeilen ist deutlich auch gegen die Illusionen der eigenen, gescheiterten Praxis gerichtet: „Politischer Liberalismus und ethisch-politische Forderungen, Taktik des Überzeugens und Politik der Erziehung sind gemeint, wenn Büchner den Kampf gegen den 'Idealismus' aufnimmt."[75] Die Verteidigung der Realismusdoktrin in der Novelle liest sich wie ein authentisches Büchnerzitat:

„Man muß die Menschheit lieben, um in das eigentümliche Wesen jedes einzudringen; es darf einem keiner zu gering, keiner zu häßlich sein, erst dann kann man sie verstehen [...] Der Dichter und Bildende ist mir der liebste, der mir die Natur am wirklichsten gibt, so daß ich über seinem Gebild fühle; alles übrige stört mich."[76]

Im Leben vermag Lenz diese Haltung nicht durchzuhalten, „Lenz verlangt für die Kunst, was die Wirklichkeit den Menschen versagt"[77]. Dennoch hat Kunst nicht kompensatorischen Charakter – humanes Leben bleibt zu verwirklichen allein in der Naturwirklichkeit selbst. Das Postulat der Orientierung der Kunst an der als harmonisch geordnet und selbstgenügsam vorgestellten Natur, das von Lenz im Sinne der Genieästhetik verstanden werden mußte, korrespondiert Büchners „naturalistischer Geschichtsauffassung"

(72) Vgl. Jancke, Gerhard: Georg Büchner. Genese und Aktualität seines Werkes, Kronberg/Ts. 1975, S. 238.
(73) So Büchner im Brief an die Familie (Oktober 1835), Anm 61, S. 427.
(74) Brief an die Familie (28. 7. 1835), Anm. 61, S. 421 f.
(75) Mayer (Anm. 64), S. 294.
(76) Büchner (Anm. 61), S. 100.
(77) Ueding, Cornelie: Denken Sprechen Handeln. Aufklärung und Aufklärungskritik im Werk Georg Büchners, Bern und Frankfurt/M. 1976, S. 121.

(Mayer), die in ihrer empirischen Ausrichtung aller Teleologie entbehrt. Lenz' Doktrin opponiert aufs entschiedenste Kaufmanns Ansatz von der idealistisch verklärten Instrumentalisierung des Lebens. Für Büchner mußte alles Idealische abprallen an einer statisch fixierten menschlichen Natur. Literatur, deren Kunstcharakter gewahrt bleibt, sollte nicht moralisieren, allenfalls hatte sie in dieser gottlosen Welt Haltungen wie Haß und Mitleid zu artikulieren. Das abstrakte Gottesproblem tritt auch in der evozierten Negation sinnhafter menschlicher Existenz zurück hinter einer in fatalistischer, aber konsequent diesseitiger Geschichtsauffassung begründeten Ethik, hinter das ästhetische Postulat des Mitleidens und der Freundlichkeit in einer Welt, die ohne Hoffnung ist auf Veränderung.[78]

Nach dem „Kunstgespräch" eskaliert Lenz' psychische Deformation zum völligen Verfall. Sein ruheloses Wandern geht einher mit zunehmender Affektlosigkeit und der Empfindung von der Unwirklichkeit umgebender Wirklichkeit, wie sie sich ausdrückt auch in der Erinnerung an die gescheiterte Liebesbeziehung. Büchner hat in der Novelle selbst abgesehen von den vorausgehenden lebensgeschichtlichen Erfahrungen zugunsten der Weiterungen, die sich ergeben aus der psychischen Beschädigung eines Individuums inmitten einer kältestarrenden, aller Sinnhaftigkeit entbehrenden Realität. Langeweile ist die subjektive Erlebnisform solcher zur Geschichtslosigkeit entwerteten Existenz in einem verstümmelten, inhaltsleeren Leben, Realität ist allein noch erfahrbar als zerstückt und sinnlos:

„Die Welt, die er hatte nutzen wollen, hatte einen ungeheuern Riß; er hatte keinen Haß, keine Liebe, keine Hoffnung – eine schreckliche Leere, und doch eine folternde Unruhe, sie auszufüllen. Er hatte *nichts.*"[79]

Obwohl der Rückzug in die Innenwelt für Lenz keine Lebensform darstellen kann, bleibt ihm in seinem ohnmächtigen, zur Schizophrenie gesteigerten Leiden an einer dumpfen Realität nach dem fehlgeschlagenen Selbst-

---

(78) Der Verzicht auf sozialgeschichtliche Deutung hat vielfach dahin geführt, Büchners Auffassung von der Sinnlosigkeit der Welt zu benutzen, um das Werk in den Dunstkreis des Nihilismus zu rücken. Die Psychologisierung der Novelle scheint solche Deutung zu bestätigen. Vgl. Mühlherr, Robert: Georg Büchner und die Mythologie des Nihilismus, in: Wolfgang Martens (Hrsg.): Georg Büchner, Darmstadt 1965, S. 252 ff. Zur existentiellen Überhöhung der ‚Lenz'-Problematik vgl. Kreuder, Ernst: Georg Büchner. Existenz und Sprache, in: Dietmar Goltschnigg (Hrsg.): Materialien zur Rezeptions- und Wirkungsgeschichte Georg Büchners, Kronberg/Ts. 1974, S. 362; Kobel, Erwin: Georg Büchner. Das dichterische Werk, Berlin und New York 1974, darin: „Der leidende Mensch", S. 137 ff. Wenngleich Lenz' Krankheitsbild die Erfassung des Textes als „frühe Schizophreniestudie" rechtfertigen mag, so geht der Text doch keineswegs auf in solcher Interpretation als klinische Fallstudie und Pathographie, vgl. Irle, Gerhard: Der psychiatrische Roman, Stuttgart 1965, S. 73 ff. Die erkennbaren Symptome des Identitätsverlustes, der sein Korrelat hat im Zerfall der äußeren Realität, die von Lenz nurmehr scheinhaft wahrgenommen wird, läßt sich plausibler analogisieren zum – bei Büchner notwendig unbegriffenen – allgemeinsten konstitutiven Prinzip der ökonomischen Struktur der bürgerlichen Gesellschaft: der Wertabstraktion. Vgl. dazu Jancke (Anm. 72), S. 242 ff.

(79) Büchner (Anm. 61), S. 112.

mordversuch nichts als die Anpassung an das über die Menschen verhängte Schicksal der Unbeweglichkeit und Entfremdung. Es gibt keinen Weg, um Moral und Politik, Privates und Öffentliches, Wünsche und Realität, Innenwelt und Außenwelt doch noch zu synthetisieren. Die perennierende Trennung von Subjekt und Objekt, die trostlos leere Zukunft, die Lenz in Straßburg vor sich hat, ist im offenen Schluß der Novelle unmißverständlich bezeichnet:

„Er schien ganz vernünftig, sprach mit den Leuten. Er tat alles, wie es die andern taten; es war aber eine entsetzliche Leere in ihm, er fühlte keine Angst mehr, kein Verlangen, sein Dasein war ihm eine notwendige Last. – So lebte er hin [...]" [80]

## V.

Das für den wirkungsgeschichtlichen Zusammenhang erfragte Differenzmerkmal, das an Schneiders ‚Neuerzählung' sich auch ausmachen läßt, ist zu bestimmen in der Interpretation von Geschichte, in der sich auch die eigenen, subjektiven Schwierigkeiten der Autoren mit Geschichte abbilden. Diese Feststellung erfährt ihre Bestätigung durch die Analyse, die den jeweils historisch disponierten Erfahrungskomplex des Autors als konstitutiv ansieht für die literarische Produktion, auf deren Manifestation die Fragestellung eigentlich abzielt.[81] Schneider liefert keine Nacherzählung, sondern eine gestaltete Aufarbeitung von schwergewichtig eigenen, nicht politisch aufgeschminkten Erfahrungen, die im paradigmatisch bedeuteten Verhältnis stehen zum historisch distanzierten ‚Lenz' des Wahlverwandten Georg Büchner. Angefüllt mit konkreter Erfahrung, handelt es sich bei Schneiders Lenz keineswegs um eine allegorische Figur. Dieser Umstand mag jene schon in früheren Arbeiten anzutreffende genaue, sympathisierend dichte Beschreibung befördert haben, die im allgemeinen nicht auf Poetisierung aus ist.[82] Festzuhalten ist, daß es, abgesehen von inhaltlichen Entsprechungen, auch solche in der Faktur gibt: stilistische Anpassungen etwa im durchgängigen Verzicht auf romantisierende Verklärung, in der Intensität und Erregbarkeit der Sprache, im Mittel der indirekten Rede, im parataktischen Satzbau sowie der absolut unmanieristischen Verwendung Büchnerscher Floskeln, in denen Lenz' atomisierte Wahrnehmung erfaßt wird.

Für Büchners Lenz in seiner Privatheit ist die Kluft zwischen Theorie und

---

(80) Büchner (Anm. 61), S. 117.
(81) Zu den unbefriedigenden Ergebnissen, die durch das Verfahren des akribischen Aufspürens textueller Analogien gezeitigt werden, vgl. Goltschnigg (Anm. 78), S. 52 f. Aus dem Nachweis der Verwendung authentischer Textpassagen von Büchner sowie der „Paraphrasierung literarischen Lehnguts" wird schließlich die „immerwährende Modernität" Büchners gefolgert. Vgl. ders.: Rezeptions- und Wirkungsgeschichte Georg Büchners, Kronberg/Ts. 1975, S. 279.
(82) Diese literarische Tendenz verstärkt sich noch in Schneiders Arbeiten nach 1973. Die autobiographische Bezogenheit ist als allgemein-symptomatische Tendenz des ‚Kursbuches' gedeutet bei: Schlichting, Hans Burkhard: Das Ungenügen der poetischen Strategien: Literatur im ‚Kursbuch' 1968–1976, in: W. Martin Lüdke (Hrsg.): Literatur und Studentenbewegung (Lesen 6), Opladen 1977, S. 33 ff.

Praxis nicht zu überbrücken – seine exilierte Existenz ist gekennzeichnet vom Gefühl der Nutzlosigkeit, das sich in seiner melancholischen Grundhaltung und dem rastlosen Getriebensein manifestiert. Die Antinomie von Sein und Sollen ist in ihrer Begründung auf die Natur des Menschen nicht zu überwinden. Der Anspruch auf Synthetisierung von Politik und Leben erweist sich als nicht realisierbar, Lenz sieht sich als Individuum innerhalb einer Gesellschaft, die sich demokratischem Umbau widersetzt, stets zurückgeworfen auf sich selbst. Schneiders ‚Lenz' beschreibt die Identitätskrise der Linken, den objektiven Niedergang und die „Nachtseite einer ganzen Bewegung" [83], durch den Lenz' Selbstzweifel noch verstärkt werden. Nachdem in Westdeutschland die als Lebensbedürfnis artikulierten Träume der Studentenbewegung von der Realität abgewiesen sind, führt dies bei Schneider gerade nicht zur Weltsicht von der universellen Sinnlosigkeit. Sein Lenz sucht der Vernichtung von Geschichte entgegenzuwirken, indem er seiner eigenen Geschichte habhaft wird, indem er sich selbst verwirklichend weiterarbeitet im Horizont aufklärerischer Theorie. Bezeichnend ist der Wunsch, „auf dem Kopf zu gehen", der von Büchners Lenz anfänglich geäußert wird, während bei Schneider, der dieses Zitat als distanzierendes Motto voranstellt, von dem Wunsch die Rede ist, das Marx-Poster auf den Kopf zu stellen. Dies ist nicht zu deuten als Index idealistischen Rückfalls in eine vorbegriffliche Gefühlskultur [84], sondern als Ausdruck der Skepsis gegenüber einer Praxis, die in der tabuisierten Autorität von Marx eher sanktioniert scheint, als in den Bedürfnissen der Individuen. Büchner wie Schneider geht es um die Bemächtigung der geschichtlichen Wirklichkeit zur Herstellung von Identität. Ausgangspunkt für beide ist das soziale Bedürfnis – nicht das abstrakte Ideal – nach humanem, nicht-entfremdeten Dasein, das eingebunden ist in aufklärerische bzw. sozialistische Gedanken. Und bei beiden ist es die reale Niederlage dieser Wünsche und Erwartungen, durch die sich im Bemühen um Selbstrettung die Flucht vor den Verhältnissen motiviert. Die strukturell zentrale Stelle, die sich bei Büchner im „Kunstgespräch" mit Kaufmann findet, hat ihre Entsprechung in Lenz' Gespräch mit dem Schriftsteller B., der ihn mit Büchners Worten („er verschleudere sein Leben, er solle sich ein Ziel stecken und dergleichen mehr" [85]) auffordert zur Rückkehr in den normierten linken Alltag. Für Lenz, der nicht mehr länger bereit ist, von sich abzusehen, ist dies der Anlaß zur Flucht nach Italien.

Wo Büchners Lenz am Schluß als resigniert-zerstörtes, dem routinierten Alltag angepaßtes Subjekt mit unglücklichem Bewußtsein in fortwährendes Scheitern entlassen wird, steht bei Schneider „das gute Wort 'Dableiben'" [86].

---

(83) Peter Schneider in der Fernsehsendung von Hans Christoph Buch und Thomas Giefer: Literatur muß gefährlich sein (WDR III) am 20. 12. 1974.
(84) Als Gefahr des „Stimmungswechsels innerhalb der intellektuellen Linken" wird dieses beschworen bei Schneider, Michael: Peter Schneider, Von der alten Radikalität zur neuen Sensibilität, in: ders.: Die lange Wut zum langen Marsch. Reinbek 1975, S. 323 ff.
(85) Schneider (Anm. 31), S. 49.
(86) So Wolf Biermann, der, damals noch als Oppositioneller in der DDR lebend mit Blick auf die eigene Situation, Schneiders ‚Lenz' emphatisch begrüßt, in: Der Spiegel, 10. 12. 1973.

In dem lapidaren Wort verbirgt sich der reale Bewußtseinszuwachs, was das Standhalten und Drängen auf real mögliche Verwirklichung menschlicher Glücksansprüche im politischen Kampf angeht. An die Stelle der verzweifelten Einsicht Büchners in die Geschichte als Immergleiches ist Schneiders Konzept rationaler, demokratischer Veränderung getreten, die ein wichtiges Movens in der Triebstruktur der Subjekte findet. Was bei Büchner wahrgenommen wurde als „Apologie der verletzten, der erstickenden Jugend" [87], ist nunmehr, auf der Grundlage veränderter Wirklichkeit, in seinen Determinanten genauer erkennbar. Wo Georg Büchner als der an der Gesellschaft gescheiterte Revolutionär sich auf der Basis des geschichtsphilosophischen Pessimismus der Figur Lenz annimmt, kann Schneider – ungeduldig zwar ob der augenblicklichen Lähmung der Linken im Bann des Objektivismus – festhalten an theoriegeleiteter Praxis. Die Defizite der Theorie und erst recht der Praxis gegenüber den Ansprüchen des Subjekts führen keineswegs zur Auflösung seines Gesellschaftsbildes. Gegenwärtige Gesellschaft ist zwar weiterhin gespalten in Mächtige und Machtlose, in Herrschende und „Erniedrigte und Beleidigte", aber die Mechanismen, die eine linke demokratische Massenpolitik verhindern, lassen sich reflektierend in den Mystifikationen der Warenproduktion lokalisieren. Schneider hat die politisch-literarische Konsequenz im Rückblick auf die eigene widersprüchlich bewegte Geschichte, die sich zumindest partiell im ‚Lenz' abbildet, unmißverständlich formuliert:

„[...] ich glaube nicht, daß der Entwurf einer kollektiven Befreiung jemals ganz frei ist von Egoismus und wäre es der Egoismus der Verzweiflung [...] die restlose Objektivierung persönlicher Erfahrungen und Bedürfnisse säubert den Blick auf die Wirklichkeit nicht etwa von den Splittern der Subjektivität, sie verzerrt ihn." [88]

Der studentische Aktivismus, der in seiner Spätphase mehr auf überkommene Schablonen von Politik schielte, als den Vorgang der Modellierung von Sinnlichkeit theoretisch wie praktisch aufzubrechen, hatte es in der Tat verwirkt, massenpolitische Aktivitäten zu entwickeln. Und dennoch ist Schneiders ‚Lenz' nicht zu begreifen in Analogie zu der für Büchner gültigen „Thermidorthese". Die Mangelerfahrung, die Schneiders Lenz macht, führt zurück auf eine theoriegeleitete Praxis, nicht jedoch in Resignation angesichts allseitig verstellter Praxis. Für die Wiedergewinnung realitätsgerechter Perspektiven der Veränderung weist ‚Lenz' auf einen in der Geschichte immer wieder verdrängten Komplex hin: den bewußten Einbezug von Subjektivität in historische Handlungsstrategie. Schneider begründet seine „gewollte Einseitigkeit" damit, „Widersprüche wieder in Gang setzen" zu wollen, da „die Bewegung in einen Zustand geraten war, wo es wichtig wurde, die Verdrängungen und Verklemmungen, die einen daran hinderten, politisch richtig die Wirklichkeit einzuschätzen, erstmal in ihrer Rohform heraus-

---

(87) So Wolfgang Koeppen in seiner Rede zur Verleihung des Büchner-Preises 1962, in: Büchner-Preis-Reden 1951–1971, Stuttgart 1972, S. 117.
(88) Schneider, Peter: Die Beseitigung der ersten Klarheit, in: ders.: Atempause (Anm. 14), S. 231.

zuholen" [89]. Aufgrund erfahrener Vermissungen und Entbehrungen im Alltagsleben läßt sich gerade für die spätkapitalistische Phase der bürgerlichen Gesellschaft behaupten, daß gesellschaftliche Kommunikation im weitesten Sinn sich als gestört erweist. Das der Produktionsweise entspringende konstitutive Prinzip der Wertabstraktion greift stigmatisierend Raum bis hinein in quantifizierendes Denken, in die Trennung von Gefühl und Verstand, in die psychische Struktur des Individuums.[90] Die Studentenbewegung, die sich stets bewußt war, daß gesellschaftlich verschuldeter Identitätsverlust aufgehoben werden konnte allein in gesellschaftlicher Praxis, hatte sich um die Konstitutionsbedingungen von Klassenbewußtsein – verbunden mit der Intellektuellenfrage – zu kümmern. In einer antikommunistisch geprägten Gesellschaft, deren Zielvorstellung sich fast ausschließlich auf die Steigerung ökonomischer Wachstumsraten verengt hatte, wurde der mechanistische Glaube an eine „positivierte geschichtslogische Präzision" (Brückner), an einen ökonomistischen Zurechnungsmechanismus von Sein und Bewußtsein oder gar an die Advokatenlogik von der „Unvermeidlichkeit des Sozialismus" beinahe täglich diskreditiert.[91] Theoretische Ableitung ebenso wie leidvolle Erfahrung von sensibilisierten Intellektuellen oder gar der utopische Gegenentwurf vom „aufrechten Gang" (Bloch) haben es indes noch niemals vermocht, sich lebenspraktisch aus der totalitären Eingebundenheit freizustellen.

Nach der durchgreifenden faschistischen Zerstörung der Arbeiterbewegung war für die Studentenbewegung das revolutionäre Subjekt kaum noch zu orten – in der Auflösungsphase richteten sich die Bestrebungen auf seine organisatorische und ideologische Rekonstruktion. Linke Öffentlichkeit wurde damit zerstört vom „Revierdenken" [92] neu entstandener Parteien und Gruppen, deren Spektrum vom linken Revisionismus bis zur exemplarisch agierenden Stadtguerilla reicht. Die wiedereinsetzende Bedürfnisversagung und Verdrängung der libidinösen Antriebe und subjektiven Wünsche konnte ihre Legitimation beziehen aus einem mimetisch adaptierten, dogmatischen Marxismus-Leninismus, der solche Diskussionen immer schon als „subjektivistisch", „anarchistisch" und „linksradikal" unterdrückt hatte.[93] Die In-

---

(89) Vgl. Anm. 83.
(90) Dies muß einer verkürzten psychologischen Deutung entgegengehalten werden, die Schneiders ‚Lenz' wie ein Neuroseprotokoll zu lesen bestrebt ist und dabei in der Sache die gesellschaftliche Verschuldung der Deformation aus dem Blick verliert ebenso wie den literarischen Status des Textes. In der Rezeptionsgeschichte Büchners finden sich solche Versuche, die pathologische Psychostruktur des Autors freizulegen, die sich lediglich sozialrevolutionär maskiert habe; vgl. Anm. 78.
(91) Zur positivierten Geschichtsmechanik vgl. Negt, Oskar: Marxismus als Legitimationswissenschaft, in: Nikolai Bucharin/Abram Deborin: Kontroversen über dialektischen und mechanistischen Materialismus, Frankfurt/M. 1969, S. 7 ff.
(92) Brückner, Peter: Kritik an der Linken, Köln 1973.
(93) Vgl. dazu Schneider, Michael: Gegen den linken Dogmatismus, eine „Alterskrankheit" des Kommunismus, in: Kursbuch 25/1971; zur orthodoxen Denunziation der Studentenbewegung als „linksradikal" vgl. Helms, Hans G.: Fetisch Revolution, Darmstadt und Neuwied 1973; zur Tradition dieser Problematik vgl Gente, Hans-Peter (Hrsg.): Marxismus Psychoanalyse Sexpol, 2 Bde., Frankfurt/M 1972.

dienstnahme dieses blockierenden Verdikts muß allemal kurzschlüssig genannt werden, zumal gerade die theoretische Aufarbeitung des Faschismus erwiesen hatte, daß eine ökonomistisch restringierte Ableitung mangelhaft bleiben mußte, solange nicht lebensgeschichtliche Dispositionen bestimmter Öffentlichkeiten unter sozialpsychologischem Aspekt einbezogen wurden.[94] Die frühe Studentenbewegung hatte daran anzuknüpfen versucht, indem – in kritischer Absetzung zum etatistischen Sozialismus – politisch-moralisches Engagement für Freiheit, Kreativität, Universalität und Gesellschaftlichkeit nicht als äußerlich verstanden wurde gegenüber dem Lebenszusammenhang der Individuen und der hier entspringenden Empörung sowie dem andrängenden Bedürfnis nach emotionaler Befriedigung. Seinen Ausdruck fand dies folgerichtig in der Hervorbringung des Antiautoritarismus als Lebensform und Lernprozeß [95], der in seinen Orientierungsmustern nicht von Parteizentralen sanktioniert war. Der notwendig fragmentarische Charakter dieser keimhaften Versuche der Antizipation des Zukünftigen im Bestehenden, die Assimilationskraft der bürgerlichen Ordnung gegenüber allem Widerständigen und die politisch ideologische Radikalisierung der Studenten mit Blick auf die Arbeiterklasse und deren „historischer Mission" verursachte in der „proletarischen Wende" die Liquidation dieser „scheinrevolutionären" Ansätze. Die Kaderlinke hat unter Verdrängung der eigenen Geschichte und im Namen unerbittlicher Objektivität die Ausgrenzung aller Subjektivität betrieben. Angesichts der Niederlage der Studentenrevolte und der in der Entmischungsphase einsetzenden Degeneration von Theorie zu leeren, rituellen Beschwörungsformeln, in denen den Subjekten allenfalls instrumentelle Funktion zugemessen wird, ist es bemerkenswert, daß zeitgleich mit dem Erscheinen von ‚Lenz' eine Diskussion wiederauflebt, in der es um die Koppelung von historisch-materialistischem und psychoanalytischem Diskurs geht, um Fragen der Konstitution von Politik im Horizont von „Öffentlichkeit und Erfahrung", um Fragen des Alltagslebens und der „Verkehrsformen" [96]. Eben dieser Zusammenhang der Vermittlung der Theorie mit Empirie, auch mit subjektiver Konflikterfahrung, wird angemahnt im Postulat, „die analytischen Begriffe der politischen Ökonomie nach unten, zu den wirklichen Erfahrungen der Menschen hin" zu öffnen.[97] Gewiß vor-

94) Vgl. Reich, Wilhelm: Massenpsychologie des Faschismus, Kopenhagen, Prag, Zürich 1933; vgl. auch Bloch, Ernst: Erbschaft dieser Zeit, Frankfurt/M. 1962.

95) Bergmann/Dutschke u. a. (Anm. 4); vgl. auch Kerbs, Diethart (Hrsg.): Die hedonistische Linke, Darmstadt 1972.

96) Vgl. Schneider, Michael: Neurose und Klassenkampf, Reinbek 1973; Wolf, Michael: Individuum / Subjekt / Vergesellschaftung der Produktion, in: Ästhetik und Kommunikation 15/16 (1974); Brückner, Peter: Zur Sozialpsychologie des Kapitalismus, Frankfurt/M. 1972; Lorenzer, Alfred: Die Wahrheit der psychoanalytischen Erkenntnis, Frankfurt/M. 1974; Holzkamp, Klaus: Kann es im Rahmen der marxistischen Theorie eine kritische Psychologie geben?, in: Das Argument 103 (1977), S. 316 ff.; Negt, Oskar/Kluge, Alexander: Öffentlichkeit und Erfahrung, Frankfurt/M. 1972; zur Lippe, Rudolf: Objektiver Faktor Subjektivität, in: Kursbuch 35/1974; zum Thema ‚Verkehrsformen' und ‚Alltag' vgl. auch Kursbuch 37 sowie 41/1975.

97) Negt/Kluge (Anm. 96), S. 16.

läufige Konsequenzen dieser Diskussion, die den Vorteil bietet, abseits von idealisierten proletarischen Riten etwas mit der Wirklichkeit zu tun zu haben, haben sich in der plural facettierten linken Praxis angekündigt, in der Politik nicht mehr nur im konventionellen Sinn als äußerlich-abstraktes Identifikationssymbol sich begreifen läßt, sondern ihren Ausgang nimmt in sinnlichen Erfahrungsdimensionen und Betroffenheiten des Alltags, im subversiven Bedürfnis nach inhaltlichem Leben. Die Nähe von Politik und Leben, von theoretischen und praktischen Verarbeitungsformen von Erfahrung ist das charakteristische Merkmal solcher dezentralen undogmatisch-autonomen Praxis [98], in der allerdings auch irrationale Organisationsfeindlichkeit und ungerichteter antizivilisatorischer Affekt mitschwingen.

Schneiders ‚Lenz‘ erweist sich als brauchbar gerade in seiner ‚Einseitigkeit‘, mit der die Intellektuellenfrage vorgestellt wird. Dieser Aspekt würde deutlicher noch in der Gegenüberstellung mit weiteren literarischen Aufarbeitungen der Studentenbewegung, die erkenntlich anderen politischen und literarischen Konzepten verpflichtet sind.[99] Für seinen realistischen Entwicklungsroman mit pädagogischer Wirkabsicht verzichtet z. B. Uwe Timm nicht auf ein vorgegebenes reißbrettartiges Verlaufsmodell, dessen Fluchtpunkt in der schließlichen Integration des Helden in die DKP an beinahe jeder Stelle des Entwicklungsprozesses dem Leser identifikationsheischend signalisiert wird. Besonders aus dieser Position der Überzeugtheit von der eigenen, langfristig realistischen politischen Strategie der Annäherung an die Arbeiterklasse ist der Einwand erhoben worden von Schneiders Regression und privater Resignation; gerade weil er darauf verzichtet, mit einem deutlichen Schluß abzurunden, gerät er zumindest in den Verdacht, eine „ultralinke Strategie“ [100] zu propagieren. Andere Vorwürfe, vorgetragen im Namen einer festen „revolutionären Weltanschauung“, haben den gleichen Tenor: „Antikommunismus“, „Dritter Weg“, „weltanschaulich unbewältigte Frage des Verhältnisses von Intellektuellen und Arbeiterklasse“[101], „Theorieabstinenz“, „Spontaneismus und Tradeunionismus“, „mangelnde Konsequenz“. Diese Reaktionen, in der von einer vorab dekretorisch festgelegten Position aus die ideologische Schädlichkeit bescheinigt wird, findet sich gleichermaßen im Umkreis der traditionalistischen K-Parteien, wo der am „Nebenwiderspruch“ angebundenen Ratlosigkeit und Skepsis in Schneiders „Seelenschau“ eine am

---

(98) Gedacht ist z. B. an Frauenbewegung und Ökologiebewegung.
(99) Fuchs, Gerd: Beringer und die lange Wut, München 1973; Lang, Roland: Der Hai in der Suppe oder Das Glück des Philipp Ronge, München 1975; Geissler, Christian: Das Brot mit der Feile, München 1973; Timm, Uwe: Heißer Sommer, München 1974. Vgl. dazu Piwitt, Hermann Peter: Rückblick auf heiße Tage, in: ders.: Boccherini und andere Bürgerpflichten, Reinbek 1976; Buselmeier, Michael: Nach der Revolte. Die literarische Verarbeitung der Studentenbewegung, in: W. Martin Lüdke (Hrsg.): Lesen 6 (Anm. 82), S. 172 ff.
(100) Reinhold, Ursula: Literatur und Klassenkampf. Entwicklungsprobleme demokratischer und sozialistischer Literatur in der BRD (1965–1974), Berlin (DDR) 1976, S. 273.
(101) Rezension von Waltraud Schröder, in: Weimarer Beiträge 12/1974, S. 132.

„Hauptwiderspruch" ansetzende organisierte politische Praxis gegenübergestellt wird, der Lenz sich bekennend zu integrieren hätte.[102]
Im Zuge der aufgeregten Rezeption durch die literarischen Meinungsmacher ist ‚Lenz', abgesehen von wenigen hämisch-denunziatorischen Reaktionen[103], enthusiasmiert begrüßt worden[104] als Signal einer „Rehabilitierung der Literatur", dazu gleich noch im Rückgriff auf eine berühmte poetische Vorlage. Schneiders ästhetisches Konzept muß im Zusammenhang begriffen werden mit dem erläuterten geschichtsphilosophischen Fundament, das wesentliche historische Begrenztheiten der Büchnerschen Sicht zurückläßt. Das Desinteresse an der Gesinnungsliteratur manifestiert sich in genauer sensibler Beschreibung und subjektiver Wahrnehmung, in der abseits von meditativem Innerlichkeitsschmuck individuelle Problematik durchstoßen wird bis auf ihre gesellschaftliche Kondition. Der Einwand, hier werde die „Rückkehr in den Elfenbeinturm" mit einer „linken Seelenwanderung übers Gebirge"[105] vollzogen, ist dennoch erhoben worden. Partielle Berechtigung wird sich nicht jenem Einwand absprechen lassen, wonach das politisch-historische Substrat der Erzählung, das sich hineinlesen läßt unter Zuhilfenahme anderer Aufsätze des Autors, im Text selbst nicht genügend differenziert ist.[106] Allerdings dürfte es Schneider kaum darauf angekommen sein, eine literarisch komplette Aufarbeitung der Studentenbewegung vorzulegen.
Gleichzeitig mit Schneiders ‚Lenz' ist offensichtlich eine Literatur in die öffentliche Diskussion geraten, die sich auf das artistische Abtasten von Innenwelten verlegt hat. Bei zahlreichen Autoren, die am Ende der 60er Jahre aus der Unverbindlichkeit aufgebrochen waren zur in Wirklichkeit eingreifenden, handlungsanleitenden Literatur, zur „politischen Alphabetisierung" (Enzensberger), läßt sich durchaus eine Hinwendung zu individuellen und subjektiven Problematiken feststellen. Verstanden werden muß dieser Vorgang als Reaktion auf die Isolation, in die diese Autoren geraten waren, zumal sich die geträumten chiliastischen Hoffnungen auf revolutionäre Veränderung kurzfristig nicht eingestellt hatten. Hinzukommt die politische 'Tendenzwende' mit ihrem Verlust sichtbarer gesellschaftlicher Reform-

---

(102) Rezension: „Die geschlossene Welt der politischen Gruppen und die offene Welt der endlosen Selbstreflexion", in: Sozialistische Zeitschrift für Kunst und Gesellschaft 23/24 (1974), S. 106 ff.
(103) Vgl. Rühmkorf, Peter: Urlaub am Fließband, in: das da Nr. 3/1973; Lettau, Reinhard: Gespräche in Miami, in: Michael Krüger/Klaus Wagenbach (Hrsg.): Tintenfisch 8, Berlin 1975, S. 12.
(104) Inzwischen hat sich ‚Lenz' mit einer Auflage von 84 000 Exemplaren als Bestseller herausgestellt. Im Februar 1974 war der Text von der Darmstädter Akademie für Sprache und Dichtung zum „Buch des Monats" gewählt worden. Zur Präformation der – weitgehend einmütigen – Kritik in ihrem „süchtigen Verfallensein" an das Buch vgl. Lämmle, Peter: Büchners Schatten. Kritische Überlegungen zur Rezeption von Peter Schneiders ‚Lenz', in: Akzente 5/1974, S. 469 ff.
(105) Witte, Bernd: Über die Notwendigkeit des Schreibens, in: Raoul Hübner/ Erhard Schütz (Hrsg.): (Lesen 4) Literatur als Praxis, Opladen 1976, S. 15; vgl. auch Großklaus, Götz: West-östliches Unbehagen, in: Reinhold Grimm/Jost Hermand (Hrsg.): Basis. Jahrbuch für deutsche Gegenwartsliteratur, Frankfurt/M. 1975, S. 98.
(106) Dazu Buselmeier (Anm. 99), S. 166 ff.

potentiale, die sich auf dem Kultursektor abbildet in verlegerischen und juristischen Maßnahmen.[107] Ob der mittlerweile als angestrengt-lässig zu handhabende literarische Mode vermarktete Trend zur kleinmütigen Innerlichkeit wirklich so homogen ist, wie oft polemisch behauptet, sei in Zweifel gezogen. Zumindest aber für den hier diskutierten Text von Peter Schneider muß die Rede vom selbstgefälligen, privatistischen Rückzug aus dem Bereich der Politik in den komfortablen Elfenbeinturm zurückgewiesen werden; die Erzählung läßt sich nicht herunterbringen, wie dies die kritische Invektive gelegentlich will, auf den Status der bloß intimen Innenbesichtigung, auf selbstquälerisches Lamento und poetisierte Wehleidigkeit angesichts von Tristesse und Hoffnungslosigkeit der beschädigten Existenz. Der als Reaktion auf die damalige „Überpolitisierung" [108] sich einstellende, nun beklagte, scheinbare ‘Wirklichkeitsverlust' der Generation von 1968 hat indes nichts zu tun mit etwaiger Selbstentmündigung und narzißtischer Selbstbespiegelung, vielmehr geht es um die Deformation der Subjektivität, der gerade die Linke in diesem Zeitraum nicht entgegenzutreten vermochte. Wo vorschnell losgelassene Subjektivität und monadische Selbstversenkung als Ausdruck von politischer Verdrossenheit oder gar die schlichte, aber konjunkturgerechte These von der „innerlichen Revolution" herausgelesen wurde, handelt es sich bei genauem Hinsehen keineswegs um das Ausstreichen der Geschichte durch die Lizensierung schöner „Fluchtliteratur", sondern um einen eminent politischen Text, der als Korrektiv hinweist auf entmachtete subjektive Momente, die aus politischer Strategiefindung sich nicht aussparen lassen. Subjektive Bedürfnisse und Phantasien ebenso wie psychische Verelendung, in der sich die gesellschaftliche Enteignung von den Sinnen anzeigt, sind wiederentdeckte Momente im politischen Lernprozeß.[109] Das Mißtrauen und die Berührungsangst der Linken gegenüber der Sinnlichkeit hat Tradition, in der besonders erotische und ästhetische Bedürfnisse der Affirmation verdächtigt wurden. Es ist aber kein Zufall, daß der literarische Prozeß des „Hervortretens des Ichs aus den Wörtern" [110] zu dem Zeitpunkt einsetzt, als die nah geglaubte Utopie der Befreiung schonungsloser Desillusionierung Platz machen mußte. Insofern hat sich Schneider bei der Erzählung weniger alter Entwürfe entledigt, als daß er diese weitergedacht hat: Subjektivität und Selbsterfahrung als Bedingung des politischen Widerstandes läßt sich nicht ineinssetzen mit manischem, zum Fetisch erstarrten Subjektivismus und falscher Innerlichkeit. Für die Literatur hat dies die Konsequenz der geschärften Wahrnehmung und eindringenden Beschreibung authentischer Er-

---

(107) Zu denken ist an die ‘Verschlankung' bestimmter Verlagsprogramme sowie die Strafandrohung durch die „Gewalt"-Paragraphen § 88a und § 130a StGB.

(108) Negt, Oskar: Interesse gegen Partei. Über Identitätsprobleme der deutschen Linken, in: Kursbuch 48/1977, S. 180.

(109) Diese Überlegung, die vom Ästhetischen ausgeht, begründet die These von der „Ungleichzeitigkeit" von Literatur und Politik: Schneider, Peter: Über den Unterschied von Literatur und Politik (1976), in ders.: Atempause (Anm. 14), S. 162 ff.

(110) Buch, Hans Christoph: Das Hervortreten des Ichs aus den Wörtern, in: Tintenfisch 8, Berlin 1976, S. 56 ff.

fahrungen und Bedürfnisse, die nicht zu suspendieren sind zugunsten eines gesellschaftlichen Mythos. Darin verbirgt sich die Erfahrung, daß Subjektivität nicht folgenlos dem kollektiven „Wir" sich überantworten läßt.[111] Der Widerspruch von politischen und affektiv-emotionalen Ansprüchen des gesellschaftlich bedürftigen Menschen ist darin nur überdeckt, wo es darauf ankäme, ihn auszuhalten. Das Interesse an der Subjektivität aus der Unbegriffenheit sozialer Umstände oder gar als 'Gegenschlag' zum Versuch der kollektiven Organisation von Praxis erklären zu wollen, wäre eine nur dürftige Konstruktion, verweisen doch gerade die Gründe für das Scheitern dieser Praxis auf den Zustand des Subjekts. Im Rückgang auf individuelle Erfahrungen, auf die Gebrauchswertansprüche des Subjekts zeichnet sich also ein Realitätsgewinn ab gegenüber abstrakter, objektivistisch geronnener Theorie. Immerhin weist der vage Schluß der Erzählung auf die Möglichkeit hin, individuelle Glücksansprüche und politische Praxis zu synthetisieren.[112] In der Betrachtung der historischen Konstitution erweist sich die Ungleichartigkeit des scheinbar Gleichartigen. Am Endpunkt eines gescheiterten Umbruchversuches zeigen Büchner und Schneider Gründe und Weiterungen des Scheiterns. Beide Male lassen sich die Lebensbedürfnisse der praxishungrigen Subjekte nicht zusammenbringen mit den politischen Anforderungen der Realität. Wo Büchners Lenz seiner Beschädigung nicht mehr entkommt, nimmt Schneiders Geschichte einen gedämpft hoffnungsfrohen Ausgang. Von der Vorlage her wächst Schneiders ‚Lenz' Bedeutung zu, gerade auch in der Differenz: Büchners ästhetische Konsequenz aus der verstellten Praxis wird kontrastiert mit ästhetisch proklamierter, verändernder Praxis. Der Geschichtsfatalismus muß damit ebenso weichen wie der objektivistische Determinismus, der zu verflüssigen ist in die Dialektik von Subjekt und Objekt. Kollektive, politisch besetzte Subjektivität hätte darin einen anderen Stellenwert als ein nur messianisches Kollektivbewußtsein. Die Abdrängung nicht kapitalisierbarer Sinnlichkeit durch die bürgerliche Produktionsweise hat eine Entsprechung in der Endphase der Studentenbewegung, in der sich Öffentlichkeit auflöst in die unleidliche Konkurrenz monopolistischer Gruppen und selbsternannter Avantgarden, deren von Purismen und Rechthabereien bestimmte apriorische Auslegung von Klassikertexten den Versuch der totalitätstheoretischen Erfassung von Wirklichkeit verdrängt hat. Immer aufs Neue klischeehaft vorgezeigte Theorie, die der Geschichte lediglich abgeborgt ist, tritt nun an die Stelle der empirischen Realität, die zu begreifen wäre. Peter Schneider hat sich selbst beteiligt an jener erneuten Diskussion um die politisierende Besetzung des Lebenszusammenhanges[113], mit der der bestehenden „Unterernährung an sozialistischer Phantasie" (Bloch) und sinnlichen Armut des linken Alltags entgegengetreten wird. Die Bedingungen

(111) Schneider (Anm. 26), S. 231.
(112) Vgl. dagegen die apokalyptischen Visionen in den Fallbeschreibungen des Nicht-Gelingen-Wollens und der Vergeblichkeit der Synchronisierung von leidvollen Erfahrungen, individuellen Ansprüchen und realer gesellschaftlicher Praxis bei Kluge, Alexander: Lernprozesse mit tödlichem Ausgang, Frankfurt/M. 1973.
(113) Vgl. Anm. 28.

der Politisierung lassen sich demnach nicht so sehr in rationaler Willensentscheidung, sondern vielmehr in subjektiven Antrieben und spontanen Impulsen aufsuchen: „Radikalität ist keine Sache des Willens, sondern der Erfahrung".[114] Als theoretisch fingiertes, 'reines' Bewußtsein, ohne konkretes, in den lebensgeschichtlichen Bedürfnissen und Versagungen angebundenes Substrat wird gesellschaftliches Bewußtsein und Praxis über einen fragilen Charakter nicht hinauskommen. Vor dem Erfahrungshintergrund der Studentenbewegung macht Schneiders Erzählung aufmerksam auf den notwendigen kulturrevolutionären Anteil an der qualitativen gesellschaftlichen Veränderung, in der der Mensch im Horizont von Geschichte als Gattungswesen zu sich selbst kommt.[115] Die humane Qualität dieses konkret geträumten utopischen Zustandes der Herrschaftsfreiheit, in dem „die Menschen hauptsächlich freundlich sind und die Dinge nichts weiter als nützlich" [116], die sich bemessen muß an den veränderten Verkehrsformen, wird sich auf dem Weg in das 'Reich der Freiheit' schon gegenwärtig kaum suspendieren lassen – dies wird in Schneiders ‚Lenz' sinnfällig bezeugt. Gerade im Zeichen bedrohlicher Formen der „präventiven Konterrevolution", die sich mitsamt der ideologischen Begleitfiguren einordnen in den „gegenrevolutionären Zug in der deutschen Geschichte" [117], besteht die Bedingung von glaubwürdiger und konsistenter Praxis in der Etablierung repressionsfreier Öffentlichkeit und erfahrungsbezogenen Gegenmilieus. Wenn dabei jenseits aller Subjektfetischisierung die ansatzweise Herstellung der Einheit von Politik und Leben versucht wird, so geht es nicht um die Illusion, der Totalitätsbegriff könnte unmittelbar in Lebenspraxis aufgehen oder deckungsgleich werden mit dem empirisch-psychologischen (Klassen-)Bewußtsein, sondern um die Ermöglichung von Praxis, die in ihren widersprüchlichen und weiterhin notwendig unbefriedigenden Handlungsformen ohne Scheuklappen von den handelnden Subjekten sich aushalten läßt. In der literarischen Wirkungsgeschichte Georg Büchners stehend, markiert Peter Schneiders ‚Lenz' die veränderte Stellung des Subjekts im historischen Prozeß: die Einsicht in die emanzipatorische Veränderbarkeit von Wirklichkeit durch eine Politik, die sich allerdings kaum länger verstehen läßt als entsubjektiviertes Reglement, dem die aktuellen Wünsche und Erfahrungen der Individuen ausgetrieben sind.

(114) Kluge, Alexander/Negt, Oskar: Kritische Theorie und Marxismus, Gießen 1974, S. 23.
(115) Zum geschichtsphilosophischen Hintergrund vgl. Marx, Karl: Ökonomisch-philosophische Manuskripte, in: MEW EB 1, Berlin (DDR) 1968, S. 568 ff.
(116) Schneider (Anm. 11), S. 42.
(117) Negt, Oskar: Die Misere der bürgerlichen Demokratie in Deutschland, in Keine Demokratie ohne Sozialismus, Frankfurt/M. 1976, S. 17 f.

# Oskar Sahlberg

# Peter Schneiders Lenz-Figur

### I. Mögliche Beziehungen zwischen den beiden Lenz-Erzählungen

In der frühesten ausführlichen Rezension wurde Schneiders Lenz* als „der erste erzählerische Versuch" bezeichnet, „die ganze Erfahrungssumme der Studentenbewegung der späten sechziger Jahre darzustellen"; Lenz sei „ein Phänotyp dieses historischen Augenblicks geworden". „Sein privater Versuch, die Klassenschranke zwischen den kleinbürgerlichen Intellektuellen und dem proletarischen Mädchen durch eine Liebesbeziehung zu überwinden", hänge zusammen mit dem „Wunsch, die intellektuelle Vereinzelung aufzugeben und sich in den Dienst des ausgebeuteten Proletariats zu stellen", was „ein Hauptmotiv der Studentenbewegung war" und „durchaus auch Züge einer kollektiven Liebesbeziehung" hatte. „Lenz jedenfalls, einerseits durch intensiven emanzipatorischen Kontakt für proletarisches Denken sensibilisiert, andererseits durch die Erfahrung des Scheiterns zur analytischen Selbsterforschung getrieben – also von wachsenden Rätseln und Einsichten quer durchkreuzt –, gerät in einen Prozeß der Verstörung", dessen „geheimes Zentrum" darin besteht, daß „eine Liebesbeziehung zerbrochen" ist. Lenz sieht nun „seine studentischen Genossen mit anderen Augen", er erkennt die „Beziehungslosigkeit ihres Lebens, das Unverständnis, mit dem sie der alltäglichen Sinnlichkeit begegnen, immer bestrebt, sie unter dem Druck politischer Begriffe auszupressen", und es stellt sich für ihn die Frage, „ob sich Glücklichsein mit der politischen Arbeit verbinden lasse". „Lenz bricht dann plötzlich aus." Nach einem Aufenthalt in Rom kommt er durch Zufall nach Trento, und dort wird er „mit einem Leben bekannt, in dem es ihm gelingt, immer öfter Gedanken und Gefühle, Empfindungen und Wahrnehmungen zur Deckung zu bringen, seine Lebensangst zu verlieren und das Glück in der Identität zu finden".[1]

Über das Verhältnis zu Büchners Lenz meint Schütte, Schneider habe „Erfahrungen gemacht (um 1968 herum), die ihm Büchners ‚Lenz' sehr nahe brachten; und er hat zu dem eigenen Erleben Distanz gewonnen, womit er es reflektierend darstellen konnte, indem er es am ‚Lenz'-Thema und der Figur sich abarbeiten ließ." Der Einfluß Büchners scheint also vor allem als Anregung in der kreativen Phase gewirkt zu haben, ohne im Inhalt noch bemerkbar zu sein. Tatsächlich erscheint Büchner in offensichtlicher Weise

---

(*) Ich zitiere nach Peter Schneider: Lenz. Rotbuch Verlag, Berlin 1973.
(1) Schütte, Wolfram: Zeitgenosse Lenz – Peter Schneiders erstaunliches Prosastück: Subjektive Erfahrungen 1968 und danach, in: Frankfurter Rundschau, 13. 10. 73. – In dem Aufsatz ‚Büchners Schatten – kritische Überlegungen zur Rezeption von Peter Schneiders Lenz' (in: Akzente 5/1974, S. 469 ff.) schrieb Peter Laemmle, daß Schüttes Besprechung „das Beste ist, was über Schneiders Buch geschrieben wurde". (Seither erschien Michael Schneiders Aufsatz, s. Anm. 12.)

nur im Namen der Titelfigur und im Zitat am Anfang des Buches; ohne diese beiden Hinweise würde der Leser kaum auf den Gedanken kommen, eine Beziehung zu Büchner herzustellen.[2] Doch kann man diese Hinweise auch als bedeutungsvoll betrachten – etwa analog zum Verweis auf Homer im Ulysses von Joyce –, womit Schneiders Lenz gleichsam eine zweite Dimension erhält: Es ist, als verberge sich in ihm ein unsichtbarer Doppelgänger aus einer früheren Zeit. Stellt man sich Schneiders Erzählung in dieser Perspektive vor Augen, so wird die Tatsache bedeutsam, daß in dem Buch selbst – also ohne die literarhistorischen Bezüge – eine Zweizeitigkeit anzutreffen ist: Die Vergangenheit von Lenz, genauer: seine Kindheit, bildet eine Hintergrundsdimension, in die Lenz immer wieder 'zurückfällt' (vgl. 85). So erinnert er sich am Anfang des Buches an die Schulzeit (7, auch später: 63), dann an die Zeit des Krieges (66, auch 85), schließlich an Begebenheiten, die wohl einige Jahre nach dem Kriege stattgefunden hatten (85). Das Thema der inneren Gespaltenheit zwischen Verstand und Gefühl, zwischen Worten und Gesten, das in verschiedener Weise immer wieder behandelt wird, läßt sich mit dieser zeitlichen Zweidimensionalität in Verbindung bringen, und Schneider stellt diese Verbindung selbst explizit her, indem er Lenz' unglückliche Liebe am Ende des Buches aus vergessenen Kindheitserfahrungen ableitet, womit der Vergangenheit eine gewichtige Funktion für die Gegenwart beigemessen wird: Die Gefühle des gegenwärtigen Lenz werden von einem vergangenen Lenz bestimmt. Man kann daraus die Vermutung ableiten, daß sich in letzterem der frühere, der Büchnersche Lenz verbirgt und daß dieser besonders etwas mit der Liebesgeschichte des gegenwärtigen Lenz zu tun hat. Das Hauptthema des Buches läßt sich als Darstellung einer politisch-psychologischen Identitätskrise bezeichnen, doch ist die Liebesgeschichte für den Aufbau der Erzählung wesentlich; mit ihr wird der Anfang gestaltet; in ihr liegt die Ursache für die Wende, die Abreise nach Italien, und sie erscheint auch am Ende wieder, gleichsam als Beweis dafür, daß die Krise überwunden ist. Auch ist die Beziehung zu L. die einzige, die sich durch das ganze Buch hindurchzieht, wohingegen die übrigen Figuren nur ein- oder zweimal auftauchen und eher anekdotisch und aus-

(2) Peter Laemmle untersuchte die Rezensionen von Schütte, R. Baumgardt (Süddeutsche Zeitung, 6. 12. 73), U. Greiner (Frankfurter Allgemeine Zeitung, 29. 12. 73) und anderen unter dem Gesichtspunkt, wie sie die Beziehung zwischen den beiden Lenz-Erzählungen sehen. Baumgardt scheine „auf poetisch-atmosphärischen Umwegen" zu gehen, für Schütte handele es sich bei beiden Erzählungen um „das Motiv der Entzweiung des Menschen von der Natur", Greiner sehe die „Liebesenttäuschung von Lenz I und II" als Parallele. Laemmle zweifelt an der Relevanz dieser Ausführungen und stellt am Ende seines Aufsatzes die Frage: „Wäre dieses Buch unter einem anderen Titel und ohne das vorangestellte Zitat erschienen, hätten seine Kritiker mehr darin gesehen als einen ausgezeichneten Erfahrungsbericht der Zeit von 1968 und danach?" – Zu erwähnen ist, daß tatsächlich eine größere Anzahl von Sätzen und Satzteilen von Büchner übernommen wurden, was Dietmar Goltschnigg nachwies. (Goltschnigg: Rezeptions- und Wirkungsgeschichte Georg Büchners, Kronberg 1975, S. 273 ff.) Bei Goltschnigg findet sich (S. 274) ein wichtiger Satz (der aber nicht weiter ausgeführt wird): „Wie Büchners Figur leidet auch die Schneiders an einer unbewältigten Vergangenheit; an einer unglücklichen Liebesbeziehung und an einem Mutterkomplex."

tauschbar wirken (nur B. macht eine gewisse Ausnahme). Ich werde im folgenden vor allem diese Liebesgeschichte betrachten und werfe zuerst einen Blick auf Büchners Lenz.

## II. Die Phantasie des Muttermordes als Wurzel des Wahnsinns von Büchners Lenz

Büchner schildert den Aufenthalt von Jakob Michael Reinhold Lenz bei Pfarrer Oberlin im Januar und Februar 1778. Lenz ist offenbar wahnsinnig, gegen Ende seines Aufenthalts versucht er, sich umzubringen, und wird schließlich von Oberlin, der sich dieser Situation nicht mehr gewachsen fühlt, nach Straßburg geschickt. In Büchners Schilderung der Stimmungen und Phantasien, von denen Lenz heimgesucht wird, findet sich eine Reihe von konkreten Szenen und Motiven, die einen inneren Zusammenhang erkennen lassen und auf die frühen Beziehungskonflikte deuten, die dieser Psychose zugrunde lagen.[3]

So heißt es eines Morgens: Ein „heimliches Weihnachtsgefühl beschlich ihn, er meinte manchmal, seine Mutter müsse hinter einem Baume hervortreten, groß, und ihm sagen, sie hätte ihm dies alles beschert." (69)[4] Eines Tages erzählt er, er habe geträumt, daß ihm „seine Mutter erschienen sei: Sie sei in einem weißen Kleid aus der dunklen Kirchhofmauer hervorgetreten [...] sie sei gewiß tot; er sei ganz ruhig darüber." (70) Ein andermal sagt er kryptisch: „ich muß weg, zu *ihr* – aber ich kann nicht, ich darf nicht." (76) Eines Tages hört er, „ein Kind [...] sei gestorben, das Friederike hieß; er faßt es auf wie eine fixe Idee. Er zog sich in sein Zimmer und fastete einen Tag." Am nächsten Tag hatte er sich „das Gesicht mit Asche beschmiert und forderte einen alten Sack. [...] Er wickelte den Sack um sich wie ein Büßender." (77) Er versucht, das Kind zum Leben zu erwecken, mit den Worten „Stehe auf und wandle." (78) Einige Tage danach fragt er, „was das Frauenzimmer mache". „Ach, ist sie tot? Lebt sie noch? Der Engel! Sie liebte mich – ich liebte sie, sie war's würdig – o der Engel! Verfluchte Eifersucht, ich habe sie aufgeopfert – sie liebte noch einen anderen – ich liebte sie, sie war's würdig – o gute Mutter, auch die liebte mich – ich bin euer Mörder!" Dann

---

(3) Ich benutze dabei die psychoanalytische Betrachtungsweise, wie sie Alfred Lorenzer als „szenisches Verstehen" beschrieb, das besonders bei *„Phantasien"* anzuwenden sei. „Phantasien sind nichts anderes als imaginierte Objektbeziehungen, szenische Arrangements." Die „Vorstellungen des Subjekts" sind „als Realisierung von Beziehungen, als Inszenierungen der Interaktionsmuster" zu begreifen. (Lorenzer: Sprachzerstörung und Rekonstruktion, Frankfurt/M. 1970, S. 108.) – Die traditionelle psychiatrische Betrachtungsweise verwendet eine abstrakte und diffus wirkende Deskription, so etwa Irle, Gerhard: Der psychiatrische Roman, Stuttgart 1965 (S. 73 ff.: Büchners Lenz, eine frühe Schizophreniestudie). Irle sagt, „wir spüren die Ratlosigkeit, die immer stärkere Zerrissenheit, die Unmöglichkeit, einen gewissen Standpunkt zu finden, eine Sicht auf die Welt und das Ich zu haben." Irle spricht von „Spaltungstendenzen", von einem „Fremdheitserlebnis", von einem „Erlebnis des Nichtmehrbewältigenkönnens".
(4) Zitiert nach Büchner, Georg: Werke und Briefe, München (dtv) 1974, S. 65 ff.

holt er „ein Bündel Gerten" und gibt sie Oberlin „mit dem Begehren, er sollte ihn damit schlagen". (79) Am folgenden Tag erscheint er „mit Asche bestreut", den Arm verrenkt, „er hätte sich zum Fenster heruntergestürzt". Er besucht dann das Grab des Kindes und erzählt, er sei ein „Mörder" (81). Es folgen die „halben Versuche zum Entleiben" (83), er stürzt sich wieder aus dem Fenster, bis er schließlich fortgebracht wird.

In diesen Phantasien erscheint die unglückliche Liebe zu Friederike Brion, deren Bild sich mit dem der Mutter vermischt. Es deutet sich eine Geschichte an: Die Ablehnung durch Friederike erzeugte Haßgefühle und Tötungswünsche, die dann Schuldgefühle hervorriefen und Akte der Buße und Selbstbestrafung nach sich zogen.[5] Anlaß der Psychose war vermutlich der nahende Tod der Mutter, die 1778 starb; wahrscheinlich war sie vorher erkrankt, was Lenz als Ankündigung ihres Todes verstand. Lenz stellt sie sich im Traum als tot vor; da ein Traum die Erfüllung eines Wunsches (der unbewußt sein kann) verbildlicht, hat er sie getötet. Ein kindlicher Tötungswunsch erschuf den Traum. Die Wurzel einer Psychose pflegt in frühen Frustrationen durch die Mutter zu liegen, in Entbehrungen und Verlusterlebnissen, die einerseits mit Haßgefühlen, andererseits mit Wunschphantasien beantwortet werden, mit Vorstellungen, mit der Mutter zu verschmelzen, um sie festzuhalten, zu besitzen, zu beherrschen. Diese Phantasien werden an mehreren Stellen erkennbar. Lenz meinte, „er müsse den Sturm in sich ziehen, alles in sich fassen, er dehnte sich aus und lag über der Erde, er wühlte sich in das All hinein, es war eine Lust, die ihm wehe tat". (65) (Kurz davor glaubt er, „ein Wiegenlied" im Wind zu hören.) Es wird hier das „Größen-Selbst" des frühen Narzißmus [6] sichtbar, das auch in der Identifizierung mit Christus beim Versuch der Auferweckung des Kindes hervortritt.[7] Diese Phantasie sinkt dann jeweils wieder in sich zusammen und hinterläßt den Zustand, aus dem sie entstand, das Gefühl der Leere (Resultat von emotionaler Nichtzuwendung der Mutter). Das Eifersuchtsmotiv deutet daraufhin, daß die frühe Erfahrung des Verlustes in der späteren ödipalen Phase wieder ausagiert wurde. In der Liebe zu Friederike Brion tauchten diese Beziehungsstrukturen wieder auf: das Gefühl der Niederlage wurde durch Erlebnisse in Weimar noch verstärkt. In dieser bereits angespannten Lage evozierte der nahende Tod der Mutter das ursprüngliche Trauma mit dem Gefühl, endgültig allein und verlassen zu sein. Die Reaktion darauf ist der Übertritt in den Wahn, in eine Phantasiewelt, die seinerzeit als Kompensation aufgebaut worden war.[8]

---

(5) Der Zufall, daß das Kind Friederike hieß, evozierte dieses Szenarium noch besonders stark. (In den beiden Erstdrucken fehlt dieses Detail, es findet sich aber in Oberlins Tagebuch, vgl. Hinderer, Walter: Büchner – Kommentar zum dichterischen Werk, München 1977, S. 168 und 161 (dort weitere Hinweise).

(6) Kohut, Heinz: Narzißmus, Frankfurt/M. 1973, S. 127 ff.

(7) Cornelia Ueding verwendet bei diesen Stellen die Termini „Allmachtsphantasien", „messianischer Wahn", „Omnipotenzvorstellung". (Ueding: Denken, Sprechen, Handeln – Aufklärung und Aufklärungskritik im Werk Georg Büchners, Bern/Frankfurt/M. 1976, S. 116 und 124 f.)

(8) Soweit ich sehe, ist dieses „szenische Arrangement" (Lorenzer, s. Anm. 3) bisher nicht beachtet worden (nur bei Goltschnigg könnte es sich andeuten, s. Anm. 2).

## III. Die Lenz-Phantasie bei Peter Schneider und ihre Auflösung durch den Anschluß an das revolutionäre Proletariat

Es scheint im ersten Moment erstaunlich, daß in Schneiders Lenz, der in einer Fabrik arbeitet oder auf Festen tanzt und diskutiert oder mit Frauen im Bett liegt, der von Büchner dargestellte Wahnsinnige und Selbstmörder verborgen sein soll, doch bei genauerem Hinsehen zeigt sich, daß der Liebesgeschichte mit L. Phantasien zugrunde liegen, die denen von Büchners Lenz sehr ähnlich sind, was besonders am Ende von Schneiders Lenz klar wird: er fühlt sich als „der Mörder seiner Mutter". (85) [9]

Diese Liebesgeschichte beginnt merkwürdig genug: Lenz sieht L. an einer Bushaltestelle:

„Als er sie ansah, traute er zuerst seinen Augen nicht, und dann hatte es ihn wie ein Blitz durchfahren. Als er später mit einem Freund darüber sprach, hatten sie sich darüber lustig gemacht, weil es keine vernünftige Erklärung für dieses Gefühl des Wiedererkennens gab. Was genau passierte denn, wenn es einen so durchfuhr, war das nicht Einbildung? Aber dann hatte er in einem Buch gelesen, daß die Leute in Sizilien ein solches Ereignis genau mit diesem Namen bezeichneten, sie nannten es einen Blitzschlag, und wenn es passierte, richteten sich alle danach." (42)

Diese Erfahrung von Lenz wird man als eine ‚Liebe auf den ersten Blick' bezeichnen, wie der ‚coup de foudre' (Blitzschlag), den Stendhal beschrieb, meist übersetzt wird. Das Gefühl des ‚Wiedererkennens' ist ein typischer Aspekt dieser ‚großen Liebe': „Ach, du warst in abgelebten Zeiten/Meine Schwester oder meine Frau." [10] Schon Plato versuchte, diese intensive Liebe zu begreifen, eine ‚vernünftige Erklärung' lieferte Freud.[11] Ein altes Wunsch-

---

H. Pongs schrieb 1935, aus „dem *schuldbewußten Unbewußten drangen die Dämonen herauf, die ihn zerrissen*" und fügte 1964 hinzu, Lenz sei „eine pathologische Studie, die Freudsche Entdeckungen vorausnimmt". Zitiert nach: Georg Büchner, hrsg. v. Wolfgang Martens (= Wege der Forschung), Darmstadt ³1973, S. 145 und 149. (In diesem Band noch die Aufsätze über Lenz von P. Landau von 1909 und K. Viëtor von 1937). – Gerhard Schmidt-Henkel schrieb 1967: „Seit der eigentlichen Entdeckung Büchners ist sich die Forschung einig, daß hier kein psychopathologisches Protokoll einer ausbrechenden Schizophrenie mit manisch-depressiven Zügen vorliegt." (Schmidt-Henkel: Mythos und Dichtung, Bad Homburg/Berlin/Zürich 1967, S. 19.) – Hans Mayer beschreibt „Lenzens Wahnsinn" als „Vereinsamung" und „Versteinerung" (Mayer: Georg Büchner und seine Zeit, Frankfurt/M. ²1974, S. 279.) – Gerhard Jancke verwendet die Begriffe „Derealisation" und „Depersonalisation" in dem Kapitel „Die schizophrene Symptomatik in ‚Lenz'" in seinem Buch: Georg Büchner, Kronberg 1975, S. 245. – Zu C. Ueding s. Anm. 7.

(9) Soweit ich sehe, ist diese Stelle nur von Goltschnigg (s. Anm. 2) zur Kenntnis genommen worden: „Seine verstorbene Mutter ragt visionär in sein Bewußtsein und er hält sich für ihren Mörder." (S. 274)

(10) Goethe: An Charlotte v. Stein, 14. April 1976. Zitiert nach Specht, Ernst-Konrad: Die psychoanalytische Theorie der Verliebtheit – und Platon, in: Psyche 2/1977, S. 102.

(11) Vgl. zu diesem Thema den Aufsatz von Specht (s. Anm. 10), bei dem mir besonders wichtig erscheint, daß er diese Phantasien als in der Kindheit entstandene erklärt (S. 121 f.), was ich als Resultat einer Produktion ‚subjektiver Strukturen' begreife (im Sinne von Alfred Lorenzer, vgl. Lorenzer: Sprachspiel und Interaktionsform, Frankfurt/M. 1977, S. 195 ff., und ders.: Zur Dialektik von Indi-

bild aus der Kindheit taucht auf und wird auf eine andere Person projiziert. Dieses Wunschbild wurde einst als Kompensation für einen traumatischen Verlust aufgebaut. Es war überlebensnotwendig, da es die Grundlage für die Hoffnung auf Wiedergewinnung der für das Kind notwendigen emotionalen Zuwendung bildete. Da es mit großen Energien aufgefüllt war, wirkt sein Wiederauftauchen wie ein Blitz. Im Hintergrund eines solchen Bildes pflegen die schlimmen Erfahrungen, die es hervorbrachten, zu stehen: das Bild einer bösen Mutter, und damit auch der Haß, die Zerstörungswünsche, die gleichfalls durch die Trennung erzeugt wurden. Diese 'großen Lieben' enden meist unglücklich, sei es, weil sich die Haßgefühle in die Beziehung einmischen, oder weil überhaupt keine wirkliche Beziehung hergestellt wird, da der Projizierende nicht den realen Partner sucht, sondern eine Figur, die die frühen Frustrationen heilt, d. h., er verharrt narzißtisch im Szenarium seiner Phantasien.

So verhält es sich auch mit Lenz und L.[12]

Für Lenz wird die „Geliebte" der „Schlüssel zur Welt, er wirft sein ganzes Nachholbedürfnis nach praktischem Leben, seinen Hunger nach Erfahrung in diese Beziehung und beginnt, sie als Sprungbrett benutzend, die Welt mit den Sinnen zu erobern. [...] Jetzt, wo er auf den Geschmack gekommen ist, will er auch mal allein tanzen gehen, allein nach Amerika fahren, allein, ohne durch die Bewunderung für die Schönheit seiner Freundin seine Startchancen zu verbessern, eine fremde Frau erobern." (45)

L. soll also die Funktion einer gebenden, gewährenden Mutter einnehmen, sie hingegen möchte die Rolle der Frau spielen, „heiraten und Kinder kriegen" (45), und sie sagt treffend: „Du sprichst nur von dir, [...] ich komme in dem, was du sagst, gar nicht vor" (43), was Lenz im übrigen auch selbst erkannt hat: „L.s Empfindungen [...] kamen in seinem Brief überhaupt nicht vor." (17) Wenn Lenz meint, er fühle sich durch die Beziehung zu L. „versklavt, kastriert, entmündigt" (43), so leitet er diesen Zustand aus seiner Verfallenheit an L. und aus der gegenseitigen Unterdrückung ihrer Bedürfnisse ab, doch ist die eigentliche Ursache dieses Gefühls eben in der Rückkehr zu frühen Phantasien zu sehen, die aus einer Zeit stammen, als Lenz noch in kindlicher Abhängigkeit war, noch nicht 'frei, erwachsen, mündig'.

Das Auffällige an dieser ersten Begegnung ist im übrigen nicht so sehr das Klischee des 'Blitzes', sondern die Reaktion von Lenz, nämlich, daß er sich mit einem Freund „darüber lustig gemacht" hatte. Es ist, als ob etwas ganz Fremdes mit ihm geschehen sei, zu dem er in Distanz steht. Noch bezeichnender für Lenz ist schließlich die Tatsache, daß er die Stelle in einem Buch über Sizilien als 'vernünftige Erklärung' für sein Erleben empfindet:

---

viduum und Gesellschaft, in: Produktion, Arbeit, Sozialisation, hrsg. v. Th. Leithäuser und W. R. Heinz, Frankfurt/M. 1976).

(12) Michael Schneider schreibt, „man ist geneigt, selbst L. weniger als Zeichen einer Wahlverwandtschaft, denn für eine (vielleicht unbewußte) Abbreviatur von Lenz zu halten". (Schneider: Die lange Wut zum langen Marsch, Reinbek 1975, S. 324.)

Dieser Berliner Intellektuelle von 1969, Leser von Marx und Freud, begreift sich selbst paradoxerweise aus den Gebräuchen einer archaischen, bäuerlichen Gesellschaft – es ist ihm offensichtlich etwas sehr Fremdes, gleichsam Archaisches zugestoßen.

Am Ende des Buches findet Lenz dann in Erlebnissen seiner Kindheit eine 'vernünftige Erklärung' für die Beziehung zu L.

„Es war Krieg. Sein zehnjähriger Freund zeigte ihm, wie dort oben seine Mutter mit einem Mann, der nicht sein Vater war, im Geröll spazieren ging. [...] Er spürte eine unerträgliche Angst, daß seine Mutter ihn mit diesem fremden Mann verließ. [...] Er erinnerte sich, wie er als achtjähriger Junge mit einem Freund nächtelang durch die Wälder und Dörfer der Umgegend streifte und erst in den frühen Morgenstunden nach Hause kam. Eines Morgens, als es schon hell wurde, hatte ihn seine Mutter im Nachthemd und mit einem Stock erwartet. Sie hatte ihn blutig geschlagen, und am nächsten Morgen war sie weggefahren zu seinem Vater, der in einer anderen Stadt lebte, und war dort gestorben. Das vor Wut und Ratlosigkeit verzerrte Gesicht seiner Mutter war das letzte, was er von ihr gesehen hatte. [...] Ihm fiel das Gefühl des Triumphes ein, das er hatte, wenn er nachts und verspätet zu L. zurückkam und sie wütend aus dem Haus lief. Es war ihm, als habe er sie immer wieder in Situationen gebracht, die sie verletzten, als wollte er beweisen, daß es ihm nichts ausmachte, der Mörder seiner Mutter zu sein." (85)

Lenz hatte also Angst gehabt, daß ihn seine Mutter verlassen würde; er möchte dann intensive Liebesbeweise der Mutter erlangen, und zwar, indem er sie durch Ungehorsam provoziert. Sie schlägt ihn, was Haß und Zerstörungswünsche im Kind erzeugte. Als die Mutter danach stirbt, meint das Kind, es habe sie umgebracht. L. soll dann diese Schuldgefühle wegnehmen, indem die gleiche Situation wiederholt wird und in Verzeihung enden soll.

Ein weiterer Aspekt des Bildes des 'Blitzes' deutet sich in den Erinnerungen an, die in Ostia auftauchen:

Lenz erinnert sich „an einen auf freier Strecke haltenden Zug, dem sich Tiefflieger näherten, [...] jemand im Abteil riet Lenz' Mutter, im Wagen zu bleiben, der Wald sei ein besseres Ziel als der Zug". „Dann fiel ihm ein, daß er den ganzen Krieg über in Zügen gefahren und nirgends länger als ein halbes Jahr geblieben war. [...] Er sagte: 'Vielleicht hängt es tatsächlich mit diesen frühen Fahrten, diesem ständigen Unterwegssein zusammen, daß ich mich später immer, wenn ich unterwegs war, eher zuhause fühlte, als wenn ich irgendwo blieb und mich einzurichten versuchte.'" (66)

Zu dieser Erklärung paßt es, daß gerade bei der S-Bahnfahrt in Berlin die Kindheit auftaucht (7), und auch, daß der 'Blitz' an der Bushaltestelle, bei einer Abfahrt, einschlug. Weiterhin liegt es nahe, den Tieffliegerangriff symbolisch [13] zu sehen und mit dem Blitz zu verbinden. Ein Blitzschlag ist eine Katastrophe, ein schockartiges Überwältigtwerden wie ein Tiefflieger-

---

(13) Symbolisch im Sinne von Kenneth Burke als „implizite Gleichungen" und „Assoziations-Komplexe"; „durch 'statistische' Untersuchung und objektive Herausarbeitung von Einzelheiten können wir [...] die zugrundeliegende Motivstruktur aufzeigen". (Burke: Dichtung als symbolische Handlung, Frankfurt/M. 1966, S. 25.)

angriff; wenn die Liebe als Blitz erlebt wird, so handelt es sich offensichtlich um eine derartige Überwältigung – die zugleich lustvoll erlebt wird. Hier deuten sich tiefgehende Ambivalenzen an. Vermutlich hatte Lenz als Kind die Prügel als Form der Zuwendung, als Liebesbeweis gesucht.[14] Dieser Hintergrund steckt sicher auch in der Tieffliegerszene. Bleibt ein Ereignis aus so früher Zeit im Gedächtnis, so pflegt es sich um eine Deckerinnerung zu handeln: der Vordergrund verbirgt eine andere Szene, meist von entgegengesetzter Bedeutung, was hier leicht einsichtig ist. Lenz fuhr mit seiner Mutter im Zug, d. h., er hatte sie für sich. Zugfahren wurde zum Symbol des Besitzes der Mutter [15]; war er „unterwegs", fühlte er sich „zuhause". Die beiden Wünsche aus dem achten Lebensjahr, die dann L. gegenüber wieder ausagiert wurden, waren vereinbar bzw. vereint: er war frei und auf Fahrt und bekam doch Liebe.[16]

Die tiefste Schicht von Lenz' Vergangenheit wie auch seiner Beziehung zu L. deutet sich in dem Traum an, mit dem das Buch beginnt:

„Er war mit L. kilometerlang in einem Förderkorb durch ein Gebäude ohne Türen und Fenster gefahren. Um sie herum nichts als Wände. Dann war er einen dunklen Schacht hintergefallen, viele hundert Meter tief, ohne aufzuschlagen. Ein Fließband hatte ihn aufgenommen, das seinen Sturz in einen waagrechten Flug nach vorn verwandelte. Am Ende des Fließbandes wurde er aufgefangen. Er war erwartet worden: Frauen mit riesigen Brüsten, Zauberer, Clowns, saltoschlagende Kinder, die ganze kaputte Fellinitruppe. Ein Mann in einem flimmernden Kostüm drückte ihm einen Kuß auf den Mund." (5)

Dieser Traum besteht aus typischen Elementen, deren Bedeutung leicht einsichtig ist.[17] Es geht um eine Fahrt in die Tiefe, ins Unbewußte, in die Vergangenheit (vielleicht bis in den Mutterschoß). Unten ist ein Zirkus, das Reich der Kinder, der ungehemmten Wünsche. Die Frauen mit riesigen Brüsten sind Muttersymbole. Der Mann im Kostüm, ein Zauberer mit magischer Macht der Verwandlung, ist als Vaterfigur zu sehen. Das Ende des Traums ist sein Ziel, hier erfüllt sich der Wunsch, der den Traum konstruierte. Wieder zeigt sich, daß L. als Person nicht das Ziel der Wünsche von Lenz ist, sie hat hier die Funktion einer Seelengeleiterin, mit ihrer Hilfe will er

*alters reality 4 him*

---

(14) Vgl. Freuds Aufsatz ‚Ein Kind wird geschlagen', in: GW XII, S. 195 ff.
(15) Daß Eisenbahnfahren auch ein sexuelles Symbol sein kann, mag hinzukommen.
(16) Interessant scheint mir hierzu eine Ausführung von Jürg Willi über die „analsadistische Entwicklungsphase": Charakteristisch für sie sei „die Situation, wo das Kind der Mutter davonläuft, dabei vor Vergnügen kreischt, wenn die besorgte Mutter es vergeblich zurückruft und ihm schließlich nachrennt, um es einzufangen, womit die Symbiose wieder hergestellt ist". (Willi: Die Zweierbeziehung, Reinbek 1975, S. 107 f.)
(17) Zur Deutung literarischer Träume vgl. Freud: Der Wahn und die Träume in W. Jensens Gradiva (Fischer-Taschenbuch 1973). Bei Schneider wird es sich vermutlich – anders als bei Jensen – um eine bewußte Konstruktion mit den von Freud erforschten Traumsymbolen handeln. Zur Symbolik des Fliegens, des Gleitens, des Fallens, des Schachtes, der Maschinen vgl. Freud: Vorlesungen zur Einführung in die Psychoanalyse, GW XI, S. 156–159, und ders.: Die Traumdeutung, GW II/III, S. 398–400.

zurück zu frühen Wunschobjekten gelangen. Gesucht werden die Brüste, aber diese oralen, auf die Mutter gerichteten Wünsche werden im Traum von dieser nicht erfüllt. Der Liebeswunsch richtet sich dann auf den Vater und findet hier seine Befriedigung. Dann heißt es: „Lenz wurde wütend. Er sprang aus dem Bett." Lenz ist offensichtlich wütend über seinen Traum, über die Wunscherfüllung, d. h., er wehrt den Wunsch nach einer Liebesberührung durch den Vater bzw. durch einen Mann ab, wohl weil er sie als homosexuelle Regung empfindet bzw. weil er sich bei dieser Szene insgeheim als Mädchen fühlt. Derartige Empfindungen eines Jungen gegenüber dem Vater treten in einer bestimmten Phase der Entwicklung auf, die schließlich zur Identifizierung mit der männlichen Rolle führt.[18] Erscheinen die Gefühle dieser Phase im Leben des Erwachsenen wieder, so ist anzunehmen, daß diese Entwicklung nicht zu ihrem Abschluß kam oder daß eine aktuelle Krise frühere analoge Situationen wieder belebt. Letzteres ist bei Lenz recht deutlich, er befindet sich auf der Suche nach einer neuen Identität.[19]

Die Wurzeln einer solchen Problematik in bezug auf den Vater pflegen bereits in der mangelnden Zuwendung der Mutter zu liegen[20], worauf die „riesigen Brüste" weisen: Hier haben sich Wünsche, die nicht erfüllt wurden, in einer frühen, fetischistisch gewordenen Form erhalten, die auch sonst an Lenz erkennbar ist, für den die erotischen Partner in starkem Maß auf ihre äußeren Sexualattribute reduziert sind. Die Gestalt der L. wird eigentlich nur durch ihre Brüste plastisch gemacht, und zwar in einer Weise, die diese Faszination betont: „Er schaute auf den neuen Pullover, den L. trug, und, natürlich, schon wieder auf diese unverschämten, hochansetzenden Brüste darunter." (43) An Marina hat er allerlei auszusetzen, „die Brüste waren ihm zu klein, die Beine zu kurz" (46), an Pierra fallen vor allem „ihre ziemlich dicken Beine" (bzw. „Pierras komische Beine") auf. (61) Lenz hat ein Vollkommenheitsideal im Kopf, was ihm auch klar ist (er spricht von den „vorher fertigen Vorstellungen" [63]). Ein derartiges Ideal hat frühe Wurzeln, sein konkreter Inhalt wird durch die jeweiligen gesellschaftlichen Stereotypien bestimmt.[21]

Im Zusammenhang mit dieser Charakterstruktur steht auch, daß die Sexualität für Lenz in großem Maße die Funktion hat, sich die eigene Potenz zu beweisen, was in Formeln wie „eine fremde Frau erobern" (45), „jede Frau,

(18) Vgl. Klein, Melanie: Die Psychoanalyse des Kindes, Wien 1932, S. 250 („Weiblichkeitsphase").
(19) Der Traum enthält im übrigen auch wieder das Element des Fahrens, bzw. der Suche nach etwas anderem, hier nach Italien. Interessant ist auch der Übergang von der Fabrik (wohl ein Tagesrest) zum Zirkus: Das kann bedeuten, daß Lenz bei den Arbeitern sich kindliche Wünsche zu erfüllen sucht; zugleich läßt sich dieser Übergang als historische Regression ansehen: Antibürgerliche Tendenzen verbildlichten sich im 19. Jahrhundert oft in der Gestalt des Clowns (etwa bei Baudelaire).
(20) Vgl. Pellegrino, Helio: Versuch einer Neuinterpretation der Ödipussage, in: Psyche XV, 1961/62, S. 475 ff.
(21) Vgl. Haug, Wolfgang Fritz: Kritik der Warenästhetik, Frankfurt/M. 1971, sowie Schneider, Peter: Die Sache mit der „Männlichkeit". Gibt es eine Emanzipation der Männer? in: Kursbuch 35, 1974, S. 115 (über die „Idealfrau").

die ihm gefiel, herumkriegen zu können" (84) zum Ausdruck kommt.[22] Diese Problematik erscheint auch in dem zweiten Traum, der eine Reaktion auf die Nachricht ist, daß L. mit dem „Studentenführer W." gesehen wurde. Lenz träumt, daß „L. auf dem Schoße eines Negers" sitzt, während W. „zu Tode erschöpft oder wirklich tot hinausgetragen wurde". (57) Auf die Eifersucht, bzw. auf die Angst vor Rivalität reagiert Lenz, indem er L. mit einem Neger, Symbol großer Sexualpotenz[23], zusammenbringt. Auf der Oberfläche ein quälender Traum; als Wunscherfüllung gelesen ergibt sich, daß Lenz selbst der Neger ist (ein Gedanke, der der Traumzensur verfallen ist).[24]

Der Wunsch, den der erste Traum (er hat eine expositorische Funktion und ist meisterhaft gebaut) vorführt – Liebeszuwendung durch einen Mann als Grundlage einer männlichen Identität –, bildet dann einen roten Faden, der sich durch die verschiedenen, miteinander nicht weiter verbundenen Szenen des Buches hindurchzieht. Programmatisch dafür ist folgende Stelle: „Es faßt einen ja keiner an, ohne daß es gleich sonstwas bedeutet, wir haben das nie geübt. Neulich wurden mir die Knie weich, nur weil mir ein Mann, den ich nicht näher kannte, einfach so den Arm um die Schulter legte." (17) Als Lenz mit einem türkischen Arbeiter zusammensitzt, heißt es: „Für einen Augenblick war es ihm, als müßte er ihm um den Hals fallen, ihn sich zum Freund machen." Bezeichnenderweise beginnt der Gedankengang von S. 17 bei L. und führt dann zu dem Mann, was ähnlich eine Seite vorher zu beobachten ist, wo sich mit den Arbeitskollegen direkte sexuelle Assoziationen verbinden: Während der Arbeit in der Fabrik, bei der ihn „der Gedanke an L. erregte", so daß er meinte, „sein Körper müßte explodieren", geht er aufs Klo, „um sich mitten zwischen dem Drücken, Pfeifen, Furzen aus den Nachbarkabinen zu erleichtern. Er war empört darüber, allein mit seiner Erregung zu sein. Am liebsten hätte er die Zwischenwände, die ihn von seinen Nachbarn trennten, eingerissen, um sie wenigstens zu einer gemeinsamen Nummer zu veranlassen." Als in der Betriebsgruppe ein Mao-Text diskutiert wird, heißt es von Lenz: „Er schaute auf die Hosen der Männer und fand heraus, auf welcher Seite ihr Schwanz lag. Er stellte sich ihre Schwänze in Erregung vor und dann die Folge von Veränderungen, die stattgefunden haben mußten, bis alle wieder so sitzen und sprechen konnten." (29) Im Zug nach Rom wird Lenz von einem Italiener für einen Schauspieler gehalten und es entwickelt sich ein gespieltes Boxen, das in

(22) „Selbst in reflektierenden Passagen beschreibt Lenz seine Beziehungen zu Frauen mit Vokabeln wie 'erobern' oder 'herumkriegen' – Termini des Krieges und des Betruges, die wenig zu der sonst proklamierten neuen Menschlichkeit passen." (Karsunke, Yaak: Die Verarbeitung von Büchners Lenz in der BRD und in der DDR, Funkmanuskript, NDR 1975.)
(23) Zur Bedeutung des Negers vgl. Peter Schneider, Anm. 22, S. 127.
(24) Vielleicht enthält der Traum auch den Gedanken, L. sei eine 'Negerhure' (da sie als schamlos dargestellt wird).

einer leichten Berührung endet. (53 f.) (Boxerhaft waren auch die Bewegungen des Türken.) In Rom wird Lenz von einem Italiener, der ihn auch für einen Schauspieler hält, angesprochen; da er friert, gibt ihm Lenz seinen Mantel (einen Manteltausch gab es übrigens auch in Berlin [16]). Als Lenz seinen Mantel zurückhaben will, entsteht ein Streit, Passanten schimpfen, Lenz hört das Wort „porco" (Schwein): Offensichtlich wird er als Homosexueller angesehen. (60)

Die Wendung in dieser Thematik erfolgt dann im Auto von B. auf der Fahrt nach Trento (Lenz ist also wieder 'unterwegs'). B. ist ein Freund von Lenz, marxistischer Theoretiker, verheiratet, mit zwei Kindern, also ein Vater.[25] Der Besuch bei B. ist neben der Begegnung mit L. als Anlaß für die Abreise nach Italien anzusehen. „Als sie wieder im Auto saßen, warf Lenz B. von hinten die Arme um den Hals und küßte ihn. Lenz merkte, wie der Schreck, den er selber hatte überwinden müssen, B. in die Glieder fuhr. Er kannte B. seit vielen Jahren, aber so eine Berührung hatte noch nie stattgefunden. [...] Zum ersten Mal roch Lenz B.s Haut." (77) (Der Geruch erschien früher im Zusammenhang mit L.: 12 und 16). Hier wird nun der Wunsch nach dem Kuß aus dem Traum nicht nur akzeptiert, sondern Lenz nimmt jetzt die aktive Rolle ein. Er küßt den symbolischen Vater und hat zugleich die Rollen vertauscht, er nimmt nun die Rolle der Vaterfigur aus dem Traum ein.

Die eigentliche Wandlung und Heilung erfolgt in Trento, im Kontakt mit den italienischen Arbeitern. Man fordert Lenz auf, zu bleiben. „Er ließ sich anstecken von der Unbefangenheit, mit der sie mit ihm und miteinander umgingen. Er gewöhnte sich daran, daß jeder jeden anfaßte, wenn es ihm in den Sinn kam, ohne daß es sich dabei um irgendeine Anspielung gehandelt hätte." (82) Indem Lenz seine Berührungsängste verliert, ist es, als sei er auch vom Trauma des Umherfahrenmüssens geheilt und mache einen Neubeginn: „Er sehnte sich nirgends zurück und nirgendwo hin. Er lernte wie ein Kind sprechen". (83) „Es ging ihm gut, wenn er durch die paar Straßen des Zentrums ging. Er sah alles und wurde gesehen. [...] Er strengte sich an, die Erwartungen, die an ihn herangetragen wurden, zu erfüllen. Er fühlte deutlich, daß er tatsächlich Pflichten übernommen hatte." (84) Nun tauchen die Erinnerungen mit dem Thema des Muttermordes auf. Als Lenz davon erzählte, „kam es ihm nicht mehr so wichtig vor". (85) Schließlich wird er ausgewiesen; zurück in Berlin, fragt man ihn, was er nun tun wolle und er sagt: „Dableiben."

---

(25) B. ist ein Vater und ein Marxist. Durch diese Eigenschaften vereinigen sich in ihm der Mann aus dem Traum und Marx (das Marxbild), die auf der Ebene der literarischen Symbolik als identisch anzusehen sind (vgl. Anm. 13), da sie direkt aufeinander folgen und zudem durch das Thema der Lust bzw. des Glücks verbunden sind, das dann auch wieder in den Gesprächen mit B. erscheint (50 und 73). – Schneiders Erzählung ist sehr dicht gebaut, es empfiehlt sich, das „close reading" des New Criticism anzuwenden.

Vergleicht man die beiden Lenz-Erzählungen, so wird die anfängliche Vermutung bestätigt: Die gleiche Phantasie liegt ihnen zugrunde. Man könnte Büchners Lenz als Symbol des Unbewußten von Schneiders Lenz bezeichnen: Dieser trägt einen latenten Wahnsinn in sich, den Orestkomplex des Muttermörders. Büchners Lenz geht im Wahnsinn unter, Schneiders Lenz wird geheilt, er ist ein Anti-Lenz.

Interessant ist die These, die Schneiders Erzählung impliziert: Wahnsinn ist heilbar durch den geglückten Anschluß an das Proletariat. Diese These richtet sich, wenn auch unausgesprochen, gegen die Psychoanalyse, die ja – nicht im Zusammenhang mit den Problemen von Lenz, sondern in bezug auf Pierra – diskutiert und abgelehnt wird. (66) Ähnlichkeiten· mit der psychoanalytischen Therapie sind offenkundig; in dieser wird (mit Hilfe der Traumdeutung oder durch andere Methoden) das Vergessene und Verdrängte, die Beziehungsmuster der Kindheit, die das gegenwärtige Verhalten in undurchschaubarer Weise bestimmen, ausgegraben. In diesem Prozeß der „Selbstreflexion" [26] vollzieht sich eine Änderung des Selbstbildes, worauf eine neue Praxis mit neuen Beziehungsweisen folgen kann. Bei Schneider wird zuerst die neue Praxis gefunden, ein neues Selbstbild entsteht, und nun erscheinen die verdrängten Erfahrungen, zugleich hat sich ihre Gewalt über das Individuum aufgelöst. Man kann sich fragen, ob ein solcher therapeutischer Prozeß tatsächlich möglich ist. Freud beschreibt, wie sich Individuen, die sich zu einer Masse zusammenschließen, über ein gemeinsames Ich-Ideal miteinander identifizieren und dabei von ihren Verdrängungen befreit werden, wobei spontane Heilungen von Neurosen auftreten können.[27] Das Anschauungsmaterial, das Freud in der Vermittlung durch Le Bon u. a. vor Augen hatte, waren die „revolutionären Massen [...] der großen französischen Revolution" [28], zu denen man die revolutionären Arbeiter von Trento in Parallele setzen kann. Als Grundmodell dieser Art von Therapie könnte man die Orestgeschichte ansehen, in der die Erynnien, die Wahnsinnsbilder aus der mütterlich-feudalen Vergangenheit, durch den Areopag, die Vertretung der neuen, demokratischen Gesellschaft, gebannt, bzw. verwandelt werden.[29]

Bedenkt man Schneiders Therapiemodell kritisch, so wird man sagen, daß

(26) Habermas, Jürgen: Erkenntnis und Interesse, Frankfurt/M. 1968, S. 262 ff („Selbstreflexion als Wissenschaft: Freuds psychoanalytische Sinnkritik"). |
(27) Ich resümiere hier Gedanken aus Freuds Massenpsychologie und Ich-Analyse GW XIII, Kap. VII, S. 115 f. Über die Identifizierung als Abkömmling des Oralen vgl. S. 116.
(28) Freud, GW XIII, S. 90.
(29) Nach der Interpretation von Thompson, George: Äschylos und Athen, Berlin 1952, S. 308. – Eine andere Schicht akzentuiert Ernest Bornemann: Er sieht in der Orestie „den Übergang vom Mutterrecht zum Vaterrecht, die Protorevolution der griechischen Geschichte" dargestellt. (Bornemann: Das Patriarchat, Frankfurt/M 1975, S. 330.) – Heranzuziehen wäre hier auch noch Brown, Norman O.: Love's Body, New York 1966.

die Erinnerungen, die in Lenz auftauchen, etwa aus dem 5.–8. Lebensjahr stammen, also aus einer Zeit *nach* der eigentlich prägenden Phase der primären Sozialisation. Diese Phase erscheint im ersten Traum, und ob die Frustrationen aus jener Zeit überwunden wurden, ob Lenz also auch einer anderen erotischen Praxis fähig sein wird, bleibt offen, theoretisch wie ja auch im Buch selbst.

## IV. Der historische Inhalt von Schneiders Lenz

Ich habe bisher versucht, die Struktur der sinnlich-erotischen Beziehungen von Lenz sowie deren Wurzeln in der Kindheit nachzuzeichnen, und mich dabei auf eine isolierend-individualistische Perspektive eingeschränkt. Die Thematik des Buches, die Identitätskrise eines bürgerlichen Intellektuellen, der versucht, seine Klasse zu verlassen und zum Proletariat überzugehen, ist aber auch von der allgemeinen, der gesellschaftlichen Seite her zu sehen. Die Erfahrungen von Lenz sind Resultat einer bestimmten (zu rekonstruierenden) historischen Situation, die bis in die erotischen Beziehungen hineinwirkt. Er selbst versucht, seine Liebesgeschichte als politisch-gesellschaftliches Phänomen zu begreifen:

„Ein junger Intellektueller verknallt sich in ein schönes Mädchen aus dem Volk. Er hat bisher wenig gesellschaftliche Erfahrungen gemacht, als gehorsamer Sohn seiner Klasse hat er sich mit dem Leben hauptsächlich theoretisch auseinandergesetzt, auch dann noch, als er die politischen Begriffe dafür fand, das bürgerliche Leben, das er aus dem sicheren Abstand entweder des Besitzes oder der Theorie die Kämpfe an der gesellschaftlichen Basis betrachtet, zu verwerfen. Zum ersten Mal stößt er auf einen Menschen, der alles direkt und praktisch durchgelebt hat, was in seinem Kopf nur als Wunsch und Vorstellung existierte. Seine Geliebte wird für ihn der Schlüssel zur Welt, er wirft sein ganzes Nachholbedürfnis nach praktischem Leben, seinen Hunger nach Erfahrung in diese Beziehung und beginnt, sie als Sprungbrett benutzend, die Welt mit den Sinnen zu erobern." (45 f.)

Nach dem Gespräch mit L. heißt es:

„Ist das tatsächlich alles, fragte er sich, daß ich den unmöglichen Versuch unternommen habe, den Widerspruch zwischen den Wahrnehmungs- und Lebensweisen der Klassen privat durch eine Liebesgeschichte zu überwinden?" (46)

Lenz distanziert sich von diesen Sätzen, indem er sie als „prachtvolle Formel" bezeichnet. Die Wahrheit dieser Ironie ist eine mehrfache. Schon die Wendung „aus dem Volk" hat etwas Unwahres, Altmodisches, es handelt sich um ein Klischee aus dem 19. Jahrhundert bzw. aus noch früherer Zeit (der vorbürgerliche Klassengegensatz von Adel und Volk klingt darin an). Auch deutet bei L. nichts darauf hin, daß sie der Arbeiterklasse entstammt. Über ihren Beruf wird nichts gesagt; sie ist attraktiv, probiert gern teure Kleider an, möchte heiraten und Kinder haben und redet wie eine Studentin („Wir können uns gegenseitig unsere Bedürfnisse nicht erfüllen, was wir stattdessen tun, ist uns gegenseitig Komplexe zu machen." [46]) Das praktische Leben, das sich für Lenz durch diese Beziehung eröffnet, hat nichts Proletarisches: Er hat nun Lust, allein tanzen zu gehen oder nach Amerika zu fahren. In der Anziehung, die L. auf Lenz ausübt, lassen sich keine proletarischen Elemente entdecken, sie ist primär eine sexuelle (vgl. etwa 12).

Auffällig ist, daß Lenz den Gegensatz zwischen den Klassen vor allem als einen Gegensatz zwischen 'Theorie und Praxis' empfindet, was als politisch-ökonomische Aussage nicht sehr zutreffend ist; doch enthält dieses Selbstverständnis von Lenz vermutlich Beobachtungen der klassenspezifischen Verschiedenheit der Verhaltens- und Lebensweisen [30], ein Aspekt, der für die Studentenrevolte der sechziger Jahre von großer Bedeutung war, aber auch schon in früheren bürgerlichen Protestbewegungen eine Rolle spielte.[31] Für Lenz ist bürgerlich gleichbedeutend mit theoretisch, mit abstrakt, begrifflich, also, wie viele Szenen zeigen, mit starr, unlebendig, tot. Auf dem Fest in Berlin möchte er „die Starre loswerden"; er tanzt und schließlich heißt es: „sein Gehirn hielt sich nicht mehr im Kopf und rutschte nach unten in die Arme und Beine." (40 f.) Die Kommunikationsfähigkeit, die Sinnlichkeit des Bürgerlichen sind durch Berührungsängste blockiert. Dieses Verhalten findet sich bei den linken Intellektuellen auf dem Fest in Berlin wie auch auf dem Fest in Rom, aber auch bei der maoistischen Betriebsgruppe in Berlin. Der „Charakterpanzer" (Reich) der bürgerlichen Erziehung wird hier vorgeführt, nur sind die Inhalte des Über-Ichs ausgewechselt worden, die unterdrückende Funktion wird jetzt von der linken Theorie ausgeübt.

Lenz versucht, sich zu befreien; er erhofft durch den Kontakt mit den Arbeitern seine innere Gespaltenheit aufzuheben, doch gelingt ihm dies in Berlin nicht. Es scheint dann so, als sei diese Gespaltenheit, also die theoretisch-bürgerliche Haltung, etwas spezifisch Deutsches. Bei der Ankunft in Rom kommt Lenz auf einen Markt, „von überall wurde er angefaßt". (55) Es scheint in Italien noch Lebendigkeit und Spontanität zu herrschen („die kleinen Kinder im Dorf, die ungestraft ihre Mütter schlagen durften" [56]). Eine solche Szene mußte Lenz beeindrucken. Gleichwohl ändert er sich in Rom

---

(30) Die Arbeitswelt der Mittelschichten ist in starkem Maße durch Vorstellungen der Karriere und Konkurrenz, des Kampfes aller gegen alle, bestimmt, was charakterprägende Wirkung hat. Im Gegensatz dazu machen die Arbeiter die Erfahrung, daß sie als einzelne hilflos sind und sich nur durch die Solidarität in der gemeinsamen Aktion behaupten können. Man könnte (idealtypisch) einem bürgerlichen 'Konkurrenz-Ich' ein proletarisches 'Beziehungs-Ich' gegenüberstellen. Vgl. Leontjew, Alexejew Nikolajew: Probleme der Entwicklung des Psychischen, Frankfurt/M. 1973, S. 244–254. Holzkamp-Osterkamp, Ute: Grundlagen der psychologischen Motivationsforschung 1, Frankfurt/M. 1975, S. 298 f. (Vgl. zu diesem Thema meinen Aufsatz ‚Ein Nachmittag in Sachsenhausen', in: Kontext 2: Subjektivität und Geschichte, hrsg. v. M. Gerhard und G. Mattenklott, München 1978.) Als Illustration s. etwa Schneider, Michael: Gegen den linken Dogmatismus, eine „Alterskrankheit" des Kommunismus, in: Kursbuch 25, 1971 (S. 78: „In proletarischen Gruppen und Gemeinschaften geht es nicht so entfremdet zu" usw.).

(31) Man könnte dies an den 'linken' Vertretern des deutschen Expressionismus und des französischen Surrealismus zeigen. Diese Erfahrung wurde auch schon im 19. Jahrhundert gemacht, vgl. etwa Baudelaires Prosagedicht ‚Das Spielzeug des Armen' sowie seinen Dupont-Aufsatz von 1851 (in: Baudelaire 1848: Gedichte der Revolution, Berlin 1977, S. 111 und 75 ff.).

kaum. „Lenz ging es ziemlich schlecht." „er ging mit sich um wie mit einem kranken Kind." (59) Die Heilung erfolgt erst in Trento, im Kontakt mit den kommunistischen Arbeitern, als deren Verkörperung Roberto vorgestellt wird. Er ist das Gegenteil des umherfahrenden Lenz, er lebt in seiner Heimat, jeder kennt ihn; als Arbeiter ist er Gewerkschaftler und Kommunist, er hat rationale Gründe für sein Handeln: Er ist mit sich identisch. Den Studenten gegenüber ist er freundlich und aufgeschlossen, doch mit einer gewissen Distanz, da diese als Bürgerliche sich eben nicht in der gleichen ökonomischen Situation wie die Arbeiter befinden und daher nicht die gleichen Interessen haben. (88)

Anscheinend hat sich in Italien ein nicht-neurotischer, nicht-gespaltener Menschentyp erhalten (wie ihn ja schon Goethe suchte). Man wird bemerken, daß Roberto verheiratet ist, im Gegensatz zu den Berliner Maoisten, die „alle unverheiratet waren". (27) (Übrigens scheitert auch B.s Ehe am Ende [90].) Was besonders hervorgehoben wird, ist die Tatsache, daß sich Robertos Frau große Mühe mit dem Essen gibt, zumal wenn Lenz zu Gast ist; auch versucht Roberto, Lenz für seine Lieblingsbücher zu interessieren. Es werden also die eigenen Interessen sogleich dem Mitmenschen vermittelt und zu ihm in Beziehung gebracht. Lenz bemerkt auch die Ordnung in Robertos Wohnung, da gab es „keinen Wäscheberg im Badezimmer und keinen fünf Tage alten Abwasch in der Küche". Es ist dort selbstverständlich, einen „Stuhl wieder an seinen alten Platz zurückzustellen", und „jedes Möbelstück hatte einen festen Platz". Die Möbel wurden „peinlich sauber gehalten". Peinlich sauber – diese Wendung läßt aufhorchen, da es sich um ein typisch deutsches Klischee handelt (man denkt an Frau Saubermann und an die deutsche Mutter). Bedenkt man noch einmal die Charakterisierung Robertos, so ist darin eigentlich nichts typisch Italienisches zu finden – das Bild eines kommunistischen deutschen Arbeiters wird sichtbar. Er war es, den Lenz suchte. Warum fand er ihn nicht in Deutschland, in West-Berlin, in der SEW? Lenz kennt die Studentenbewegung, er nimmt an einer maoistischen Betriebsgruppe teil, er demonstriert, er arbeitet in einer Fabrik – der SEW begegnet er nirgends. Wenn er gegenüber dem Studenten Dieter von den „Reihen der Arbeiterklasse" spricht, „die ja durch uns gebildet werden" (8), so verbirgt sich hinter der Ironie auch die historische Wahrheit, daß die Kommunistische Partei in West-Berlin bzw. in der BRD als Massenpartei nicht existiert, wohingegen sie in Trento so zahlreich ist, daß auch das tägliche Leben von ihr geprägt ist.[32]

Stellt man sich die Erzählung als Ganzes vor Augen, in ihrer zeitlichen Struktur – mit der Abgespaltenheit der Vergangenheit, die gleichwohl die Gegenwart und ihre Wünsche bestimmt –, so zeigt sich die Parallelität der erotischen und der politischen Motive. Die Beziehung zu L. wurzelt in Erfahrungen aus der Kriegszeit, und dieser Krieg ist auch der Schlüssel für die

---

(32) Zu den historischen Gründen, daß die DDR nicht als Alternative für Lenz erscheint, vgl. Michael Schneider, Anm. 12, S. 263–272 („Die DDR – *das* unbewältigte Problem der westdeutschen Linken", 1).

politischen Erfahrungen und Wünsche von Lenz. In der kleinen Szene des Tieffliegerangriffs ragt der deutsche Faschismus in die Erzählung bzw. in das Bewußtsein von Lenz hinein: Die Zerschlagung der deutschen Arbeiterbewegung ab 1933, der Versuch der Vernichtung des ersten sozialistischen Staates im Zweiten Weltkrieg mit seinen fünfzig Millionen Toten, mit Buchenwald, Auschwitz usw., ab 1948 dann die Neuformierung der antikommunistischen Strategie mitsamt der systematischen Verleugnung und Verdrängung des Geschehenen, das hinter der Fassade des Wirtschaftswunders vergessen wurde und erst Mitte der sechziger Jahre im Gedächtnis einzelner wieder auftauchte. Symptomatisch dafür wirkt das Buch ‚Die Unfähigkeit zu trauern' von A. und M. Mitscherlich, wo dieser Prozeß der kollektiven Verdrängung im Interesse der Herrschaft des Kapitals beschrieben wurde. Dieses Buch erschien 1967, als die Studentenbewegung ihren ersten Höhepunkt erreichte. Der Protest gegen den Vietnamkrieg war ein wesentliches Element dieser Bewegung (wenn nicht die eigentliche Ursache überhaupt, jedenfalls was ihr moralisches Engagement betrifft). In allen jenen, die den Zweiten Weltkrieg noch erlebt hatten, setzte ein Erinnerungsprozeß ein, die Massenmorde des US-Imperialismus riefen die Bilder der Massenmorde des deutschen Imperialismus wieder ins Gedächtnis, und es dämmerte zugleich die Ahnung, daß die Verantwortlichen von damals, die Rüstungskonzerne, das Großkapital, die gleichen waren wie jetzt. In den ökonomischen Besitz- und Machtverhältnissen hatte sich nichts geändert.

Dieser verborgene Zusammenhang zwischen dem einstigen, vergessenen Imperialismus und dem gegenwärtigen bildet die tiefere, die real-historische Struktur von Schneiders Erzählung; diesen verborgenen Zusammenhang versucht Lenz, im Medium seiner individuellen Erlebnisse, zu begreifen. Erinnerungen an den Krieg erscheinen schattenhaft, spukhaft, immer wieder: Bei der S-Bahnfahrt am Anfang heißt es: „Der Bahnhof war alt, fast eine Ruine. Zwischen den Gleisen, die nicht mehr befahren wurden, wucherte Gras." (7) Solche Impressionen weisen in die gleiche Richtung wie die Erwähnung von „Ost-Berlin" (28) oder des „Amerikahauses" (23). Wenn Lenz (während der S-Bahnfahrt!) die „alte kindische Vorstellung" hat, „das Hochhaus des Verlegers sackt brennend in sich zusammen", so ist das Adjektiv „kindisch" sicher korrekt: Diese Vorstellung hat ihre Wurzeln in der Kindheit, sie läßt sich als Umkehrung der Aggression durch die Tieflieger verstehen, es ist ein Haßausbruch gegen den Krieg des Kapitals.

Die Schwierigkeiten bei der Wiedergewinnung der historischen Erfahrung zeigen sich vor dem VW-Salon, wo Lenz die Passanten beobachtet.

„Er stellte fest, daß die gleichen Veränderungen, die ihm vergleichsweise unwichtig erschienen, von den meisten Betrachtern als groß und einschneidend wahrgenommen wurden. Er fragte sich, was ihn die ganze Zeit daran gehindert hatte, sich für diese Veränderungen zu interessieren, und ob umgekehrt die gesellschaftlichen Veränderungen, die von ihm und seinen Freunden als groß und einschneidend wahrgenommen wurden, von den Betrachtern als unwichtig angesehen würden." (32)

Die Stelle ist komplex. Große Veränderungen haben am VW (mit dem übrigens auch wieder ein Stück Hitlerzeit hereinragt) in Wirklichkeit nicht stattgefunden; die Passanten unterliegen den Lügen der Reklame, sie leben im Bereich der Mode. Aber die gesellschaftlichen Veränderungen, die von Lenz und seinen Freunden angenommen werden, haben ebensowenig stattgefunden, und so deutet Lenz an, daß auch die linken Intellektuellen einer Mode unterliegen. Dieses Thema klingt im Zusammenhang mit L. an, es erscheint indirekt im Gespräch mit dem Kritiker Neidt (38) und wird dann besonders deutlich auf dem Fest in Rom, wo die kommunistischen Millionäre „aus teuren Stoffen gefertigte Nachahmungen von Kleidungsstücken" tragen, „die als Gebrauchs- und Arbeitskleidung dienten". (68) Lenz bewegt sich in einem Gruselkabinett des falschen Bewußtseins, als dessen symbolische Konzentration man die Vampire ansehen kann, von denen der Arbeiter Wolfgang aufgrund seines Umgangs mit den Studenten angefallen wird.[33]

Die verschiedenen Formen der inneren Gespaltenheit, die Lenz an sich und an seiner Umgebung wahrnimmt, dieses Nichtübereinstimmen von Worten und Gesten, von Gefühl und Verstand, lassen sich letztlich auf diese Abgespaltenheit von der eigenen historischen Wirklichkeit zurückführen, und die Inhalte wie die Ursachen dieser Abgespaltenheit liegen für Lenz im Zweiten Weltkrieg. Nimmt man an, daß Lenz etwa das gleiche Alter hat wie Schneider, der 1940 geboren wurde, so liegt die Tieffliegerszene im fünften oder sechsten Lebensjahr; als ihn die Mutter schlug, war er ein „achtjähriger Junge" (85). Lenz erlebte also die Kriegsszenen in einer Zeit, wo sie sich noch stark mit den kindlichen Konflikten vermischten. Achtjährig war er etwa 1947/48. Wie aus der Erzählung hervorgeht, vergaß er dann alles, entsprechend dem normalen Vergessen, dem die Kindheitsszenen verfallen. Der von Mitscherlich beschriebene kollektive Realitätsverlust, der Verdrängungsprozeß, der die Bevölkerung der BRD von ihrer Vergangenheit abtrennte, setzte 1947/48 ein, womit die individuellen Erfahrungen von Lenz historisch repräsentativ werden.

Die Aufhebung der Gespaltenheit, die mit der Aneignung der Vergangenheit parallel geht, erfolgt in Trento, gleichsam angekündigt während der Fahrt dorthin durch die Bemerkung, Paolo habe die „Neigung, die Vergangenheit zu benutzen, statt sie auszumerzen". (77)[34] In Trento ist die historische Kontinuität gewahrt, man weiß dort noch, daß „die Stadt und das Gebirge ein Zentrum des Partisanenkampfes gegen die Faschisten gewesen" ist (77), daß das Tal „seit etwa hundert Jahren von einer Familie beherrscht" wird; Lenz erfährt, eines Tages „brach der seit Jahren und Jahr-

---

(33) Michael Schneider nennt diese Szene ein „Schlüsselerlebnis" für Lenz (s. Anm. 12, S. 319).
(34) Der Beginn dieses Satzes heißt: „Dann fiel Lenz ein, wie in Rom die neuen Straßen und Häuser um die Ruinen herumgebaut wurden." Auf S. 69 wundert sich Lenz, „daß ihm die Leute in dieser mit Denkmälern und Ruinen vollgestopften Stadt viel lebendiger und phantasievoller vorkamen als in den geschichtslosen Städten, die er aus Deutschland kannte". (Auch letzteres wieder eine Wirkung des Krieges, des Bombenkrieges.) – Es erscheint mir interessant, daß Lenz bei dieser Suche nach der Vergangenheit Architekturbilder benutzt, wie es ähnlich auch Freud zur Veranschaulichung des Unbewußten, das ins Bewußtsein hineinreicht, tat.

zehnten gestaute Haß der Bevölkerung gegen ihre Feudalherren los". (80) In dieser Welt der praktischen, aktiven, kämpferischen Auseinandersetzung wandelt sich Lenz und kann nun seine traumatische Vergangenheit zulassen. „Es gab keinen Grund, irgendetwas von sich zu verstecken. Vielleicht erlebte er deswegen ganz unerwartet Szenen aus seiner Kindheit wieder. [...] Wie er dasaß, war dieser Riß wieder da" (84), der „Riß", den es ihm beim Tod seiner Mutter „gegeben hatte" (85); auch beim Treffen mit L. „gab es ihm einen Riß" (41). Der Riß taucht auch in der Schlußphase von Büchners Lenz auf:

„Sein Zustand war indessen immer trostloser geworden. Alles, was er an Ruhe aus der Nähe Oberlins und aus der Stille des Tals geschöpft hatte, war weg; die Welt, die er hatte nutzen wollen, hatte einen ungeheuren Riß; er hatte keinen Haß, keine Liebe, keine Hoffnung – eine schreckliche Leere, und doch eine folternde Unruhe, sie auszufüllen. Er hatte *nichts*." (S. 81)

Bei Schneider hingegen (wo sich in der Beschreibung der Berglandschaft von Trento die Büchner-Übernahmen noch einmal sehr verdichten) folgt auf die Erfahrung des Risses die Einführung von Roberto: „Lenz befreundete sich mit einem Arbeiter, den er an einem der ersten Tage kennengelernt hatte." (86)

Das Thema der Freundschaft durchzieht das Buch; es beginnt mit dem Türken, den sich Lenz „zum Freund machen" möchte (11), es folgt der „Freund Walter" (14), Wolfgang, „mit dem er sich angefreundet hatte" (33) und der „Freund" B. (47). Distanzierter steht Lenz zu Dieter (8), zu dem „sehr jungen Bekannten" (24), zu den anderen Mitgliedern der Betriebsgruppe (schließlich sind noch der Boxer [53] und der „junge Mann" aus Rom [59] zu erwähnen und als Zerrbilder der „Gönner" [25] und der „Kritiker Neidt" [38]). Wie die Betrachtung von Roberto ergab, lassen sich die Eigenschaften, die ihn auszeichnen und die Lenz anziehen, durchaus als deutsche verstehen; Roberto wirkt wie ein Wunschbild, das Lenz in sich trägt, und man kann folgern, daß dieses ebenfalls den „Szenen seiner Kindheit" entstammt, die hier am Ende, durch den Kontakt mit den Arbeitern von Trento, der sich in der Freundschaft mit Roberto konzentriert, in Lenz aufsteigen. In diesen „Szenen" erscheint der „zehnjährige Freund" von Lenz (85), der wohl mit dem „Freund" identisch ist, mit dem Lenz als „achtjähriger Junge" durch die Wälder streifte. Bedenkt man die Art, wie er die durch das Fernglas beobachtete Szene genau beschrieb, so daß Lenz sie „zu erkennen glaubte", und nimmt hinzu, daß dieser Freund anscheinend älter als Lenz war, so läßt sich folgern, daß er die Rolle eines Vorbildes spielte. Man kann annehmen, daß Lenz die diesem Alter entsprechende Neugier in den Gesprächen mit dem Freund befriedigte, zugleich sein Bedürfnis nach Abenteuern, nach Unternehmungen und auch seine Wünsche nach Kontakt, nach Solidarität. Hier erschien ein Ausweg aus der konflikthaften Beziehung zur Mutter, eine Möglichkeit der Reifung, der Entwicklung.[35]

(35) Zur psychologischen Funktion einer solchen Freundschaft vgl. Peter Dettmering: „Die homoerotische Bindung hat wiederum die Funktion, durch Männlich-

Nimmt man an, daß dieser Freund ein Arbeiterkind war, so wird Lenz von seinen Gefühlen her verständlich.[36] Es sind ja offensichtlich emotionale Bedürfnisse, die ihn zu den Arbeitern führen, tiefreichende Gefühle, die in früheren, in frühen Erfahrungen wurzeln, die vergessen wurden; sie wurden verdrängt und unterlagen so vielfältigen Umbildungen, Idealisierungen wie auch Simplifizierungen, was in dem Gespräch mit Wolfgang zum Ausdruck kommt: „In Wirklichkeit stellst du dir unter mir so jemanden vor, wie du selber gern sein möchtest." (34) Wolfgang meint am Ende, „wahrscheinlich muß ich euch eben doch mal in die Fresse schlagen, bevor wir wirklich was zusammen machen können". (37) Auch in dieser Passage (die an das Boxermotiv erinnert [11 und 53]) erscheint das Problem von Berührungswunsch und Berührungsangst, das schon den Inhalt des Traumes am Anfang bildet und sich durch das ganze Buch hindurchzieht; oft erscheint es in dem Stichwort „Anfassen" (9, 17, 55, 63, 79, 82). Lenz sucht eine Welt, wo man sich anfassen darf; er sucht Menschen, die fähig sind, sich die ursprünglichen Wünsche nach Kontakt, Kommunikation, Solidarität zu erfüllen. Dieser Menschentyp ist als Charakterstruktur, als psychologisches Phänomen beschreibbar, doch ist er als historisch-gesellschaftliche Erscheinung zu verstehen. Marxistische Psychologen wie Leontjew und Holzkamp-Osterkamp [37] weisen darauf hin, daß die Arbeiter aufgrund ihrer ökonomischen und gesellschaftlichen Situation eine Charakterstruktur entwickeln, die nicht durch Vorstellungen von Aufstieg, Karriere, Konkurrenz bestimmt ist, sondern von den Erfahrungen der Solidarität und des gemeinsamen Kampfes. Sie leben in Beziehungen, ihre Identität umfaßt die eigene Gruppe, d. h. die eigene Klasse. Man könnte sagen, ihr Ich ist offen (nach außen wie nach innen. Bezeichnenderweise sagt Roberto am Ende zu den Studenten: „Aber ihr verbergt irgendwas." [88]). Von diesen Verhaltensweisen bzw. psychischen Strukturen werden auch die Kinder der Arbeiter geprägt. Die Erfahrungen,

---

keitsverstärkung und magische Wir-Bildung den Absprung in eine reifere heterosexuelle Beziehung zu ermöglichen." (Dettmering: Dichtung und Psychoanalyse, München 1969, S. 62.)
(36) Diese Annahme kann sich nicht auf Fakten (über die Herkunft dieses Freundes) im Text stützen, aber auf dessen Struktur: In der Gegenwart sucht Lenz Freunde und findet sie bei den Arbeitern. Da seine gegenwärtigen Gefühle Wurzeln in der Vergangenheit haben (wie der Text selbst sagt), ist zu folgern, daß auch das Urbild des Freundes ein Arbeiterkind war. Das literarische Symbolsystem macht Unbewußtes, Verdrängtes anschaulich, freilich nur indirekt. (Zum literarischen Symbolsystem s. Anm. 13.) Zu diskutieren wäre hier das Verhältnis von Erkenntnis und Abwehr in literarischen Texten. Vgl. dazu Holland, Norman: The Dynamics of Literary Response, New York 1968 (S. 104 ff.: „Form as Defense"), sowie Bergler, Edmund: The Writer and Psychoanalysis, Garden City 1950. – Im übrigen ist zu sagen, daß die Kindheitserinnerungen eines bürgerlichen Erwachsenen, die die Klassenverhältnisse betreffen, meist stärker verdrängt sind als die Erinnerungen an Sexuelles. Liest man Schneiders Lenz in der Perspektive einer 'Wiederkehr des Verdrängten', so bildet diese Leerstelle (die ich durch meine Annahme auffülle) das dynamische Zentrum der Erzählung.
(37) Siehe Anm. 30. Zu den Erfahrungen von Arbeiterkindern vgl. etwa Wieser, Harald: Arbeiterkinder und Solidarität, in: Kursbuch 34, 1973.

die Lenz als Kind mit seinem Freund machte, erzeugten den Wunsch, die eigene, bürgerliche Klasse zu verlassen, und dieser Wunsch, der auch in das Verhältnis zu L. einging [38], entfaltet sich in Schneiders Erzählung.

## V. Die Funktion Büchners für Schneider

Am Ende der Lektüre, nach der Realisierung der Einzelheiten und der Herstellung der Zusammenhänge [39], stehen dem Leser die durch Schneiders Erzählung evozierten Bedeutungsdimensionen vor Augen. Ein Film aus dem Bereich der Geschichte und aus dem Bereich der Seele, des Gedächtnisses, läuft ab. In Schneiders Lenz aus dem Berlin von 1969 ist auch Büchner mit seiner Lenz-Phantasie sichtbar, und schließlich Jakob Michael Reinhold Lenz selbst, auf einer Bühne, wo das Stück 'Die deutsche Misere' gespielt wird. Das Elend der Verhältnisse; der Protestierende, der keine Mitkämpfer findet, in Einsamkeit versinkt und sich der Regression in frühe Phantasien überläßt und in eine Wahnwelt übertritt. Büchner hatte sich -- die Französische Revolution vor Augen -- am Versuch einer Revolution beteiligt, die gescheitert war; auch er erlebte die Einsamkeit, und seine Phantasien stiegen auf [40]; er erkannte sich in J. M. R. Lenz wieder, es war eine „Selbstidentifizierung" mit „der Seelennot des Verschollenen": „Katharsis, Akt der Selbstbefreiung" durch die „künstlerische Beschwörung von Lenzens Geschick" [41]. Schneider schließlich war wieder in einer ähnlichen Lage, nach der Enttäuschung durch die ergebnislose Studentenrebellion, die beim 'Volk' keine Resonanz gefunden hatte, und er erkannte sich in der Lenz-Gestalt wieder, doch war die historische Situation eine andere; in Italien fand er das revolutionäre Proletariat, und so war eine Umkehr möglich: Lenz konnte endlich aus den „Kämpfen, die er auf dem Schauplatz seiner Seele austrug" (81), herausfinden, um an den realen Kämpfen der Geschichte teilzunehmen. [42]

Im Hintergrund des historischen, literarhistorischen Dramas sieht man ein Stück mit anderen Figuren: In den Kostümen von 1778 und 1835 agieren in Schneiders Lenz Hitlers Armeen und die Tiefflieger der Alliierten, im grauenhaften Höhepunkt der 'deutschen Misere' -- Wahnsinnsbilder für das Kind Lenz, dessen Lebensgefühl durch das Fahren aus der Kriegszeit be-

---

(38) Das Bild des Freundes ist wohl auch in der Vorstellung, die Lenz von L. hat, mitenthalten (als homoerotische, idealisierende Komponente).

(39) Dieser Leseprozeß wird beschrieben von Naumann, Manfred et al.: Gesellschaft–Literatur–Lesen, Berlin/Weimar 1973.

(40) Dies wird im Märchen vom elternlosen Kind, das die Großmutter in Woyzeck erzählt, recht deutlich. Büchner, Anm. 4, S. 130.

(41) Mayer, Anm. 8, S. 275.

(42) Man könnte auch sagen, daß sich Lenz (als Lenz) gleichsam in seinen erfolgreichen Rivalen Goethe verwandelt (tätig wie dieser), der im übrigen mit dieser Thematik auch vertraut war; er gestaltete Orest und zwar eben dessen Heilung (bei welcher der Freund, Pylades, allerdings nur eine untergeordnete Rolle spielt)

stimmt wurde, die für ihn also auch in die Studentenrevolte hineinspielt, was historisch korrekt war.

Schließlich sieht man eine dritte Bühne: In den historischen Kostümen werden zugleich frühe Konflikte zwischen Mutter und Kind, Haßliebe und Einsamkeit und Hoffnung auf einen Neubeginn, ausagiert, in drei einander ähnlichen „subjektiven Strukturen" [43].

Büchner vollzog eine Katharsis in einem traditionellen Sinne, durch die Darstellung des Schrecklichen; bei Schneider ist die Katharsis eine inhaltliche, Lenz selbst verwandelt sich. Angesichts des Interesses und der Neugier, die die Erzählung im Leser erweckt, könnte sich der Gedanke einstellen, ob dieser Lenz sein Hin- und Hergerissensein „zwischen den Neurotikern und den Theoretikern" (49), seinen Wunsch nach Aneignung der eigenen Sinnlichkeit, nach Bewältigung der eigenen Vergangenheit, nicht in vollständigerer Weise hätte verwirklichen können. Vielleicht hätte ihn Schneider doch eine Analyse machen lassen sollen, die ja nicht nur das „Gesellschaftsspiel" (70) ist, wie es bei Pierra erscheint, sondern die radikale Methode der Selbsterkenntnis, der Aneignung der eigenen Vergangenheit und Gewordenheit, der Erfassung der eigenen Sinnlichkeit [44], eben eine Weise, „die Vergangenheit zu benutzen, statt sie auszumerzen" (77), statt sie als unwichtig zu erklären: Es erschien ihm „nicht mehr so wichtig, darüber zu sprechen" (82), jetzt „kam es ihm nicht mehr so wichtig vor". (85) Andererseits sind diese beiden Stellen eben Zeichen, daß Lenz seine „Wehwehchen" (47), seine „Macken" (37), seine Leiden und Phantasien überwunden hat und sich mit der gegenwärtigen Realität aktiv auseinandersetzt, was ja Zeichen einer geglückten Therapie ist und angesichts des Inhalts dieser Auseinandersetzung geradezu als Modell einer Therapie anzusehen ist, wie sie marxistischen Psychologen vorschwebt.[45]

In einer Perspektive, die psychisch-individuelle Strukturen, Phantasien und auch Störungen konsequent mit ihren gesellschaftlichen Ursachen in Verbindung bringt und von daher Änderungsstrategien entwickelt, läßt sich auch die Funktion der literarischen Tradierung der Lenz-Figur ins Auge fassen. In diese Traditionsreihe gehört schon Oberlin, der den Besuch von Lenz in seinem Tagebuch festhielt [46], das dann Büchner als Vorlage diente.[47] Schneider knüpfte an diese Tradition an. Er fand in Büchners Lenz eine Darstellung eigener Probleme, ein Projektionsobjekt, um sich Gefühle und Phantasien bewußt zu machen, als ersten Schritt heraus aus Depression und Isolierung, eine Hilfe auch, um Ängste und Einsamkeiten zu formulieren, die mit seinem Bewußtsein eines politischen Aktivisten nicht vereinbar waren. Durch die Identifizierung mit dem früheren Autor fand Schneider den Weg zu

---

(43) Lorenzer, s. Anm. 11.
(44) Damit hätte sich die literarische Gestaltung der psychologischen Thematik auf dem zeitgenössischen Erkenntnisstand abgespielt.
(45) Vgl. etwa Holzkamp-Osterkamp, Ute: Motivationsforschung 2, Frankfurt/M. 1976, S. 457 ff.
(46) Zu Oberlin und den Stöbers s. Mayer, Anm. 8, S. 276 f.
(47) Zu den Einzelheiten der Entstehung und Veröffentlichung s. Mayer, Anm. 8, S. 277.

einem dichterischen Ich (das sich als kollektives Ich begreifen läßt[48]) und versuchte dabei, einen literarischen Anspruch zu entfalten, der mit dem politischen verbunden werden konnte. Er vollzog eine Aneignung des Erbes als dessen progressive Umgestaltung, im Sinne der in dieser Tradition angelegten Möglichkeiten und Hoffnungen.

Private & public Ich link.

(48) Vgl. Sachs, Hanns: Gemeinsame Tagträume, in: Literatur und Psychoanalyse, hrsg. v. W. Beutin, München 1972, S. 71 f.

# Literaturwissenschaft — Gesellschaftswissenschaft

## Materialien und Untersuchungen
### herausgegeben von Theo Buck und Dietrich Steinbach

*Die Reihe wird fortgesetzt*

Klett – Cotta